過渡期世界経済論の課題と方法

マルクス＝宇野経済学の再構築とグローバル・ソーシャリズム史観

松 本 和 日 子 著

学 文 社

はしがき―過渡期世界経済なる概念について―

　マルクスとエンゲルスは150年前,『共産党宣言』において「一つの妖怪がヨーロッパをさまよっている――共産主義の妖怪が」と論じたが,現在の世界には共産主義という亡霊しかさまよっていないように見える。今,世界に徘徊しているのは,〈グローバリゼーションという妖怪〉と,失業を逃れかつ豊かさを求める〈労働力の世界的流動化〉現象である。前者は巨大企業の国境を越えた資本の統合と世界のいたる地域,国々への資本の進出と暴走であり,後者は先進資本主義諸国への難民・移民・出稼ぎである。

　拙著『現代資本主義分析の課題と方法』(学文社　1994年)を上梓してから7年すぎた。以後歴史は大きく変動したが,明確になったことが四点ある。第一はソ連型社会主義の崩壊＝「市場経済化」が確定的事実となったこと,第二は資本のグローバル化現象が世界を支配していること,第三は産業の「IT化」の世界経済におよぼす影響が(現在ハイテク株価が下落して世界不況の様相を呈していることも含めて)決定的潮流になったこと,第四はマルクス派のみならず宇野学派が解体の危機に直面したことである。

　この間,多くの宇野経済学の方法的修正の提唱が出されたが,事態に大きな変化はないようである。その原因の第一は,第一次大戦後の世界経済の現状分析的把握の不十分さ,とりわけソ連型社会主義の理解のあいまいさにあり,第二は過渡期としての現代を未来世界に継承・展望する理論の喪失にあるといわざるをえない。

　そこでまず書名を「現代資本主義」ではなく「過渡期世界経済」とした理由を簡単にのべよう。詳しくは各章で展開されているのでそこを参照されたい。第一の理由は,資本主義の基本的矛盾が労働力商品化の無理にあり,第一次大戦後はその解決を世界的に模索せざるをえない時代である,という点である。国際分業の破綻によって世界的大量失業が構造化したからである。ソ連型社会主義の登場は反戦・反帝国主義を契機としていたが,その目標は労働力問題の解決にあった。他方ワイマールもニューディールもファシズムも,第二次大戦

後のドル体制を基軸とする高度経済成長政策による福祉国家体制も，完全雇用という政策目標は共通である。とくに20世紀は戦争と革命の世紀であったといわれるが，同時に難民の世紀でもあった。それらはすべて労働力商品化の無理に起因する。しかしソ連型社会主義は地滑り的に崩壊し，福祉国家体制も限界に直面した。その意味するところは第一次大戦後の世界史が過渡期にあるということである。つまり「過渡期世界経済」とは，宇野三段階論の「現状分析＝世界経済論」の大幅な修正による，① 現代資本主義（ワイマール，ニューディール，ファシズム，福祉国家体制）と，② ソ連型社会主義の登場・拡大と崩壊を，すべて包摂する世界史の過渡期を意味する。現代資本主義とソ連型社会主義を，労働力商品化の矛盾の解決を模索する一見異なった二つの国家体制として把握しようというのである。そして現在その両体制も限界に直面したのである。

そして第二は，その解決が労働力問題の国民国家的包摂という限界によって阻害されているために，幾多の困難を世界経済と各国経済に課している点にある。つまりその限界は労働力問題をめぐる国家の共同体としての他国の排他性にある。福祉国家体制の限界もソ連型社会主義の崩壊も，戦争や経済摩擦，環境・資源問題の解決の困難の原因も，すべてそこに根差している。とくに環境・資源問題は自国中心の経済発展による雇用政策によって激化され，労働力問題の東西，南北間の格差を形成して問題解決を極めて困難にしている。宇野経済学は，労働力の商品化を資本主義の基本的矛盾として，マルクスの『資本論』を極点に昇華させた意義がある。すなわち労働力を資本が生産できないという矛盾を基軸とした恐慌論の構築である。しかしそれは，国家も世界貿易も捨象された原理論の世界にすぎない。段階論，現状分析論においては，労働力が国民国家に包摂されざるをえないこと，したがってその矛盾が，国家共同体的利害対立に転化して現象することを明確化しえなかった。ただ段階論において，重商主義期は労働力の暴力的創出，自由主義期はその吸引と反発，帝国主義期は慢性的過剰人口論を，抽象的に論じたにすぎない。宇野派はこの点を反省し，修正しなければならない。

第三は現在，労働力の世界的流動化と資本のグローバル化現象を進展させ，世界史が激動期に入ったことである。「国家独占資本主義」や「福祉国家」とよばれた戦後の一国的雇用・福祉国家体制は，世界的な資本の過剰化を契機として限界に直面し，グローバリゼーションという新たな現象に遭遇した。すなわち，今まで資本主義の矛盾を解決する困難として立ちはだかっていた国民国家経済が危機に直面したのである。もちろんこれに対して伝来のナショナリズムのほかに，新たなローカリズムやリージョナリズム，NGOなどの対抗勢力も登場している。また2001年7月のジェノバ・サミットでは，反グローバリズムを掲げる大規模なデモが発生し，先進8ヵ国が世界を決定することに疑問が提起された。だがそれこそまさに，過渡期の象徴ではないのか。なぜならそれらは，暫定的な意味はもちうるが，多かれ少なかれ大小の共同体の利益を代弁するにすぎず，その間の調整を不可能にするからである。現在のグローバル化も，アメリカの国益と主導による先進資本主義諸国を中心に進展している。

　このような激動と国家間の利害対立は，労働力商品化の無理をグローバルに解決させる方向に向かわせざるをえない。それはグローバルな社会主義の経済的土台を準備しつつある過程である。もちろんそれで直ちにグローバル・ソーシャリズムが成立するわけではない。まだ多くの解決されるべき課題が残されているし，そのためのグローバルかつ民主主義的な変革主体の形成が不可欠である。実際，第一次大戦後にはじめて登場した国際連盟や国際連合そして各種国際機関の創立はその証左の一つであるが，未だ労働力問題の国民国家的包摂の限界によって十分な機能を果たしえないでいる。その質的変化にはまだ永い時間が必要であろう。だが現在の世界的な労働力と資本のグローバル化状況が，少なくとも問題解決の最大の阻害要因をなしている国民国家経済を危機に直面させていることに間違いはない。問題は変革主体形成のグローバルなインパクトの如何にある。現代はグローバル・ソーシャリズムへの過渡期と展望される。以上が第三の理由である。

　こうして第一次大戦後の世界経済を概念化し，かつ宇野経済学の現状分析論の対象とするには，「過渡期世界経済」としたほうが論点をより明確にできる

ことになる。もちろん現代資本主義のみならずソ連型社会主義の登場・崩壊をも内包する概念である。実際，「現代資本主義」という概念は，重商主義＝商人資本，自由主義＝産業資本，帝国主義＝金融資本という蓄積様式に対してあいまいさを免れない。国家独占資本主義という概念も国家の比重増大，管理通貨制度にその内容が偏っている。またソ連型社会主義を外部に措定した議論であって，その世界史的意義を説明できないものである。しかし以下の諸章では，二つの異なった国家体制として，通説どおり現代資本主義，ソ連型社会主義と表現する。それは経済学の方法としての新概念普及までの猶予でもある。

　「過渡期」とは本来，未来世代が規定することである。自由主義期のマルクスが帝国主義の到来を予想できなかったように，われわれにも今なる現状しか把握できない。しかしマルクスの『資本論』と宇野三段階論を擁し，またその限界を経験し，さらに未来世代に半歩踏み入れたと考えられるわれわれは，今なにがどう変化しつつあるかをより無駄なく把握しうるし，どこに問題があってどう変革されるであろうかを不十分ながらも展望しうると考えられるのである。なお第一次大戦後の世界経済が過渡期としてはあまりにも時間的に永いという疑問があるかもしれないが，重商主義期がそうであったように，歴史の決定的転換には，永い，個別的必然性による対応が不可避である。とくに現代における階級関係のあいまい化と労働力問題の国民国家的包摂の限界によって問題解決が阻害されている歴史的大転換期には，極めて永い期間が必要と予想れるのである。

　かくして序章では現代資本主義の福祉国家体制とソ連型社会主義についての新たな経済学的課題と方法を提起する。そして第１章において，第一次大戦後の世界経済を過渡期と規定する根拠を解明し，かつその表象として労働力の普遍化の特性を検討する。第２章では現在の資本のグローバル化状況から過渡期世界経済の現状を解明し，その表象として資本の普遍化の特性を検討する。第３章は，日本を事例として第二次大戦後の福祉国家体制の限界を検討することによって，現代資本主義の過渡期性を論証する。第４章は，宇野派の社会主義論を批判的に検討することによって，過渡期としての現代世界経済の規定から

グローバル・ソーシャリズム史観を提起するとともに，その経済学的限界を明らかにする。

　なお拙著には第一次大戦後の世界史を「過渡期世界経済」と規定するに十分な，ソ連型社会主義の登場と崩壊の現状分析が欠如しているが，それはひとえに著者の限界に由来する。しかし4分の3世紀におけるソ連型社会主義の登場・拡大・崩壊とその世界経済的インパクトが，現代世界史の過渡期の一つの証左であることは理解いただけるのではないかと考えるのである。それは巷間いわれる実験ではない。歴史的必然性の産物である。歴史に実験はありえないし，二度と繰り返すことができないからである。今までソ連型社会主義については，正統派からはあまりにも美化され，反対派からはスターリニズムの悪の部分のみが強調されてきた。しかしそうしたイデオロギーから解放されて，現在，その世界史的な意義を客観的に確定する作業が必要になっているのではないかと考えている。この点についてはいずれ明確にしたい。もちろんナチス・ドイツについても同様な視点が不可欠である。

　また，旧著でものべたことであるが，経済学はあくまで経済学批判である。どのような緻密な現状分析でも，すべてを自分で分析できるものではない。内外の他者の文献や政府・企業統計を活用するか，あるいはそれらの認識および議論を摂取ないし批判しなければならない。それは現状分析にかぎらず，原理論，段階論でも同様である。拙著で，誤りのないようできるかぎり他説の引用にページをさいた所以である。

　最後になったが，拙著の出版については，学文社の稲葉由紀子さんのお世話になった。謝意を表したい。

　　2001年8月25日

著　者

目 次

はしがき―過渡期世界経済なる概念について―

序 章 現状分析の課題と方法―宇野経済学の危機と再構築―

第1節 宇野経済学の危機 ―――――――――――――――13
第2節 現状分析の課題と方法―宇野経済学の再構築― ―――16
  A 宇野・現状分析論の意義と限界　16
  B 福祉国家体制とソ連型社会主義　19

第1章 過渡期世界経済と労働力の普遍化

第1節 宇野三段階論の展開と限界 ―――――――――――27
  A 宇野・帝国主義論と世界経済論の意義と限界　27
  B 大島清の世界経済論　34
第2節 パクス・アメリカーナの新段階論の潮流 ―――――39
  A 馬場宏二の富裕化・金融資本と現代資本主義論　39
  B 加藤榮一の福祉国家化史観と中期資本主義論　47
  C 柴垣和夫の国家独占資本主義論を基礎理論とする現代資本主義論　55
  D アルブリトンのコンシュマリズム段階論　60
  付論 レギュラシオン理論　64
第3節 新段階論の系譜 ―――――――――――――――73
  A パクス・ブリタニカと〈世界資本主義論〉　73
  B パクス・アメリカーナと〈国家独占資本主義論〉　76
第4節 過渡期世界経済と労働力の普遍化の特性 ―――――81
  A 過渡期としての現代　81
  B 戦争・貧困＝体制問題への国際的対応と労働力問題の相剋　84
  C マルクス，エンゲルスの〈世界革命論〉の批判的検討　87
  小 括　91

第2章 過渡期世界経済と資本の普遍化

第1節 マルクスの世界市場論の意義と限界 ――――――93

第2節　多国籍企業論 ──────────────── 98
　A　宮崎義一の多国籍企業　98
　B　大内力の多国籍企業論　102
　C　大島清の戦後型資本過剰と多国籍企業論　107
　D　小括─平田喜彦と鬼塚豊吉および榎本正敏の多国籍企業論─　110
第3節　現在のグローバル化論 ──────────── 115
　A　伊藤誠の逆流する資本主義論　116
　B　横川信治の超国籍資本主義論　121
　C　新田滋（高杉公望）の超資本主義論　125
　D　高橋洋児の「サバイバルのための生産」論　135
第4節　過渡期世界経済と資本の普遍化の特性 ─────── 140
　A　グローバリゼーションの根拠─アメリカの対外政策と国内政策─　141
　B　グローバリゼーションの展開1─世界的集中・合併運動─　144
　C　グローバリゼーションの展開2─IT革命の歴史的意義と限界─　151
　小　括　160

第3章　戦後日本型福祉国家財政の展開と限界

第1節　戦後福祉国家体制の三類型 ──────────── 161
　A　アメリカ型福祉国家体制　161
　B　ヨーロッパ型福祉国家体制　162
　C　戦後日本型福祉国家体制の基本構造と規定要因　163
第2節　戦後日本型福祉国家財政の形成と展開 ─────── 166
　A　戦後日本型福祉国家財政の形成　166
　B　戦後日本型福祉国家財政の展開　172
第3節　戦後日本型福祉国家財政の動揺 ────────── 178
　A　戦後日本型福祉国家財政・動揺の経費構造　178
　B　戦後日本型福祉国家財政・動揺の租税構造　188
　C　戦後日本型福祉国家財政・動揺の公債構造　191
第4節　戦後日本型福祉国家財政の限界 ────────── 193
　A　財政危機対策の展開と限界　193
　B　戦後日本型福祉国家財政・限界の現状と構造　195

小　括　203

第4章　宇野派の社会主義論とグローバル・ソーシャリズム史観
第1節　宇野弘蔵の社会主義論 ────────────── 205
第2節　宇野派の社会主義論 ──────────────── 208
　A　大内力の自主管理社会主義論　208
　B　岩田弘の世界資本主義と地域共同体社会主義論　211
　C　降旗節雄の先進国革命と世界革命論　217
　D　馬場宏二の過剰富裕化論とエコ社会主義論　220
　E　柴垣和夫の日本的経営とクリーピング・ソーシャリズム論　222
　F　伊藤誠の復活する社会主義論　224
第3節　グローバル・ソーシャリズム史観と経済学の限界 ──── 226
　A　新たな労働力の普遍化現象の課題と方法　226
　B　新たな資本の普遍化現象の課題と方法　235
　C　グローバル・ソーシャリズム史観と経済学の限界　239

主要参考文献　242
あとがきに代えて　245

過渡期世界経済論の課題と方法

マルクス＝宇野経済学の再構築とグローバル・ソーシャリズム史観

序　章　現状分析の課題と方法―宇野経済学の危機と再構築―

第1節　宇野経済学の危機

　降旗節雄は『解体する宇野学派』（論創社　1983年）でつぎのように論じた。「宇野氏によると，ロシア革命以後は典型的帝国主義段階とはいえず，この現代資本主義には原理―段階論―現状分析という三段階論的認識は直接適用できず，その分析のためには新しい理論装置を必要とすることになる。にもかかわらず宇野氏は，この新しい現代資本主義分析の方法を体系的に提示はしなかった……。……宇野氏は，経済学研究の窮極目標は現状分析であるといい，現代はすでに帝国主義段階ではないといいきりながら，現代を分析する明確な方法を与ええなかった。ここに宇野理論のアキレス腱があります。
　宇野理論を継承する研究者が，一斉に現代資本主義論の構築を志向したのは当然のことです。その現代資本主義論は世界資本主義論と一国資本主義（国家独占資本主義）論とに分極し，前者を岩田弘氏が，後者を大内力氏が代表することになる」（12～13ページ）。
　しかし岩田理論は，原理と現状分析の二段階論であり，第一次大戦後を，生産力と生産関係の矛盾の政治的軍事的世界再編成過程と，それを前提とする経済的世界編成過程，そのゆきづまりによるさらなる暴力的世界編成過程という激動の時代＝戦争と革命の時代ととらえることになる。だがそれは「万年危機論の一変種」にすぎず，「崩壊したのは，世界資本主義よりも，空想的世界資本主義論の方だった……」（14～15ページ）。
　他方，大内国家独占資本主義論は，宇野理論の中枢をなす労働力商品化に論理基軸をおいている。だが「労働力の商品化が原理論の核心だからといって，……原論のナマの適用も感心しない……」。「『資本と労働の交換関係を国家が

媒介する』という抽象性において現代資本主義を捉えると，それは30年代以後の資本主義諸国に共通な性格であるため，結局一国モデル的な現代資本主義論になり……」「世界経済的制約への認識が欠落する」(16ページ)という決定的難点が生ずる。実際，大内氏は社会形態とかかわりのない人間と自然との関係，つまり経済原則＝資源・環境問題という「自然の限界」が現代資本主義を制約していると論じ，かつ人間の欲望の「自粛的社会主義」を主張している。(1)しかしそれは「世界資本主義的収奪機構（―南北問題など・筆者―）を見失った一国資本主義論者の視野狭窄から生じた幻影―それこそが大内氏の経済学を越えた人類の危機と自粛社会主義の提唱の根拠だった……」(18ページ)。

(1) 大内力「マルクス経済学の公準」（宇沢弘文・竹内敬・伊藤誠・石井寛治編『経済学と現代』東京大学出版会 1974年）を参照。

「かくて宇野学派は解体をとげました。しかし奇妙なことに，かれらは，宇野氏が現代資本主義分析のために遺した，二労作『資本主義の組織化と民主主義』『世界経済論の方法と目標』を全く無視しました。前者は，現代国家が経済過程に介入せざるをえない根拠とその限度を明らかにし，後者は，世界農業問題をもって世界経済論の焦点とする方法的理由を説明しております。宇野三段階論を前提とするかぎり，現代資本主義の基本的枠組みは，この二点（国家による経済の組織化と世界農業問題）を基軸として構成されるべきでしょう」(18～19ページ)。もっともこの二論文は戦間期を対象としているために多少補足が必要である。つまり，新生産力としての重化学工業と福祉国家体制の視点の追加である。かくして降旗は，宇野学派は解体したが，現代資本主義論構築の基軸はその延長線上に保証されている，という。しかしそれは本当に保証されているのだろうか。答えは否である。

実際，降旗のいう宇野学派の解体はまだ終焉していなかった。社会主義国の生産力の停滞と1989年の東ドイツ・1991年のソ連邦の崩壊そして東欧社会主義国の消滅によって第一次大戦後を現状分析の対象とする宇野三段階論への疑義が一挙に噴出したからである。宇野は第一次大戦後の資本主義は，金融資本を越える段階的規定を与ええないし，社会主義に対立する資本主義であると規

定して，結論的には現代をソ連型社会主義への過渡期と把握していた。しかしそれは宇野のイデオロギー的，歴史的限界として誤った認識であった。かくして宇野三段階論は解体の危機に直面した。

この結果，第一次大戦後の資本主義を，帝国主義期につづく資本主義の発展段階とする新段階論＝パクス・アメリカーナの段階論が宇野学派のなかから多種多様に登場し，新たな潮流をなすに至った。馬場宏二，加藤榮一，柴垣和夫，ロバート・アルブリトンなどがそれである。それは第一次大戦後を世界経済論の対象とする現状分析を欠如した二段階論の提唱となり宇野学派を危機に直面させることになった。またそれは，4分の3世紀つづいたソ連型社会主義の存在を無視した議論となっている。この点については第1章を参照されたい。

それだけではない。現在急速に進展するグローバリゼーションに対しても，宇野派は理論的な処理をなしえないでいる。伊藤誠の逆流する資本主義論，横川信治の超国籍資本主義論，新田滋の超資本主義論，高橋洋児のサバイバルのための生産論など，議論は混迷を極めている。それはもはや分裂状態といってもよく，求心力を失いつつある。それがビッグ・バンとなって新たな経済学宇宙を形成するのか，たんなる藻屑と消えるのかは予測できないが，後者への憂慮が筆者には強い。このような現状は宇野の歴史的限界のみに帰せられない。それらは宇野経済学の基軸である労働力商品化の矛盾を無視するか，あるいは理解しえない議論であって，ただたんに現象論や文明論的議論に終始している。もう一度宇野経済学の基本問題に立ち戻って，その成果と限界を確定すべき時ではないのだろうか。もちろん筆者に大小を問わず共同体的発想はない。宇野派共同体イデオロギーもない。ただ現在までの経済論理として，欠点はあるものの宇野経済学を越えるものがないからにすぎない。この点については第2章を参照されたい。

さらにこのようなマルクス＝宇野経済学の危機に対して，それまで控え目であった宇野派の社会主義論が一挙に噴出するに至った。たとえば降旗氏は「世紀末大不況の歴史的位相」(『状況と主体』第278号　1999年) において，現在の資本主義史上三度目の大不況は重化学工業資本の世界的過剰化を背景としてお

り，かつその後進国への移転による経済的不安定性（たとえばヘッジファンドやアジアの通貨危機）とモータリゼーションの世界化による環境破壊・資源問題をともなっている，という。そして「唯物史観では，生産力が発展しつくして，もはや旧来の生産関係ではその生産力をカバーできない段階で，次の歴史段階にはいっていくことになっている。ロシアや中国は資本主義的生産が発展しつくして形成された社会主義ではない。その点ではイレギュラーであり，正常な社会主義ではない」。しかし「21世紀はそうではない。おそらく歴史は先進国からの革命，しかも世界革命の鉄の必然性をもって導くであろう」(48ページ)と論じている。(2) だが現状からして，氏の議論は読者に空虚な響きしか伝えない。その可能性がまったく見えないし，先進国はいずれもグローバリゼーションへの対応と自国の不況対策に汲々としている。また唯物史観の「ナマの適用も感心しない」。これについては第4章で検討する。もちろん宇野派のみならず，マルクス派のすべてがこれをなしえていない。いずれにしろ宇野派は現在危機的状況にある。

(2) 降旗節雄「ソ連型社会主義はなぜ崩壊したか―現代資本主義と社会主義―」（降旗編『マルクス主義改造講座』社会評論社　1995年）も参照されたい。

第2節　現状分析の課題と方法―宇野経済学の再構築―

A　宇野・現状分析論の意義と限界

宇野弘蔵の三段階論は原理論，段階論，現状分析論によって構成され，前二者は『経済原論』(3) と『経済政策論』(4) に代表される。しかし現状分析については世界農業問題の発生や資本主義の民主主義的組織化をその焦点とした意義はあるが，(5) 明確な議論は展開されていない。現状分析には，固有の意味での世界経済論，各国資本主義論と各論があるが，ここでは前者を検討しよう。

(3) 宇野弘蔵『宇野弘蔵著作集』（第1巻，第2巻）岩波書店　1973年参照。
(4) 宇野弘蔵『宇野弘蔵著作集』（第7巻）岩波書店　1974年参照。
(5) 宇野弘蔵「世界経済論の方法と目標」『宇野弘蔵著作集』第9巻　岩波書店

1974年),同「資本主義の組織化と民主主義」(『宇野弘藏著作集』第8巻　岩波書店　1974年)参照。世界農業問題の発生に焦点をおいた現状分析に,大島清編『世界経済論』勁草書房　1965年,同編『戦後世界の経済過程』東京大学出版会　1968年がある。沼澤誠『ラテンアメリカ経済論』学文社　1996年も参照。なお宇野論文を検討した拙著『現代資本主義分析の課題と方法』学文社　1994年,第1章「宇野経済学の再検討」も参照されたい。

　宇野は第一次大戦後の資本主義を世界経済論としての現状分析の対象とする根拠について,『経済政策論』改訂版「補記」において,「資本主義諸国の発展は顕著なるものを見せながら,それはこれらの社会主義諸国の建設を阻止しうるものではなかったようであり,しかもその発展に新たなる段階を画するものがあるとはいえない」,「かくて第一次世界大戦後の資本主義の発展は,それによって世界史的発展の段階論的規定を与えられるものとしてではなく,社会主義に対立する資本主義として,いいかえれば世界経済論としての現状分析の対象をなすものとしなければならない。もちろん,それは各国の,特に主要諸国の特殊の情勢に対する現状分析を前提とするわけであるが,その各国がまた世界経済の動向によって多かれ少なかれ規定せられる関係にあり,殊に社会主義諸国の経済建設のいかんに影響されるものといってよいであろう」(244～248ページ)と論じている。すなわち第一次大戦後の資本主義は,①段階論的規定を与ええない(その根拠はいうまでもなく金融資本を越える資本の蓄積様式はない点である),②社会主義に対立する資本主義であり,a世界経済の動向と(その焦点は世界農業問題にある),b社会主義建設に影響されるもの,とされている。それは,③現代をソ連型社会主義への過渡期と把握していることになる。①,②aは正当な議論であるが,②bについては1991年のソ連崩壊以後は妥当しない。それは東欧社会主義国の崩壊,中国の「市場経済化」,ドイモイのベトナム,残った北朝鮮とキューバの経済状況から明らかである。したがって③は,宇野のイデオロギー的,歴史的限界として誤った認識であったことになる。

　このような歴史の変化を背景として,宇野派のなかから第一次大戦後を帝国主義期につづく資本主義の発展段階として把握しようとする動きが大きな潮流

をなすに至った。その特質はパクス・アメリカーナの段階論であり，馬場宏二，加藤榮一，柴垣和夫，ロバート・アルブリトンなどに代表される。諸説の内容とその難点については，第1章で詳述する。だがその議論の最大の難点は，第一次大戦からソ連崩壊までの世界が，資本主義とソ連型社会主義に二極分化し，とくに第二次大戦後は米ソの冷戦体制が形成された歴史的事実を論理的に説明できないことである。つまり崩壊したとはいえソ連型社会主義の存在を無視して，第一次大戦後の世界史を一方的に資本主義の発展段階としてよいのか，という難点である。またそれは金融資本を越える蓄積様式を提示できない難点がある。実際，馬場，柴垣は金融資本のタイプ変化として経営者資本主義や会社主義（または法人資本主義）をあげるにとどまっている。さらに第一次大戦後，資本主義世界が大量失業問題に直面してその解決を最大の体制的課題とせざるをえなくなった現代的特質＝資本主義の過渡期性を無視している。すなわち第一次大戦後の資本主義は労働力商品化の無理を資本の自律的蓄積によっては解決しえなくなったのである。それは第二次大戦後に先進資本主義諸国に普及した福祉国家体制に典型的に示されている。

　労働力は本来資本の生産物ではなく外部に措定せざるをえないものである。それは，①資本が生産できないだけでなく，②生身の人間の労働能力であるから，売れなければ腐ればよいという商品でもない。長期の構造的かつ世界的失業問題は体制問題となるからである。資本主義は，重商主義期はその暴力的商品化と原始的蓄積によって，自由主義期には周期的景気循環をめぐる相対的過剰人口の形成によって，帝国主義期には農民層分解の緩和や中小企業の温存そして対外的膨脹を図ることによって（もっともそれは戦争を引き起こす体制として帝国主義の爛熟性の根拠をなすのであるが），その段階の蓄積様式によってそれを処理したのであるが，第一次大戦後はそれが不可能となったのである。その基軸は第一次大戦後の重化学工業化による国際分業関係の破綻にある。前掲宇野の二論文，前掲大島編の諸著，前掲拙著第1章，本書第1章を参照されたい。資本主義の新段階論では，これらの最も重要な二つの世界史的体制（福祉国家体制とソ連型社会主義の並存）の解明ができない。

B　福祉国家体制とソ連型社会主義

したがって，第一次大戦後の，①資本主義と②ソ連型社会主義を，世界経済論としての現状分析においていかに整合的に把握するかが最重要な課題となる。宇野は，①を②への過渡期，②を世界史の未来形としていた。しかし，②ソ連型が窮乏と収奪のもっとも過酷であった後進国や植民地であったことを別にすれば，両体制ともに第一次大戦後の人類史の現在形，すなわち労働力商品化の矛盾の解決を模索する一見異なった二つのタイプの国家体制ではなかったのか，というのが筆者の主張である。ここでは福祉国家体制とソ連型社会主義に焦点をおいて基軸論理を提示しよう。

まず福祉国家体制とソ連型社会主義には，第一に帝国主義期につづく同時代性と政策目標の共通性がある。大戦中にロシアは革命を成就させたが，ドイツはその流産の結果ワイマール体制を形成した。[6] 後者は後にナチスにとって代わられたが，世界史上はじめての民主主義的な国家を構築した。それは福祉国家＝生存権保障体制の前史をなすといってよい。他方ソ連もその目指したものは，労働力をも統制する，したがって労働諸権利のない，中央指令統制型の，しかし完全雇用と社会保障の実現をめざす体制であった。スターリンの独裁政治体制の負の遺産を別にすれば，失業と労働者の窮乏そして大多数の小作の収奪という革命前の状況に比べれば，いちじるしい経済的発展と国民所得の向上を果たした。他方資本主義諸国は，1929年大恐慌後には経済のブロック化を原因とする戦時体制に移行するが，ナチスの主要政策が完全雇用にあったことは否定できない。もっともそれは労働諸権利を剥奪した体制であった。スターリング・ブロックへの対抗上軍事化を背景とするドイツ広域経済圏が必然化されたのである。つまり戦時完全雇用体制だったのである。またアメリカではニューディール政策が展開され，第二次大戦後の福祉国家体制の先駆をなした。[7]

(6)　加藤榮一『ワイマル体制の経済構造』東京大学出版会　1973年参照。
(7)　降旗節雄編『現代資本主義論―方法と分析―』社会評論社　1983年，同，前掲編『マルクス主義改造講座』，同編『世界経済の読み方』御茶の水書房　1997年，降旗・伊藤誠編『マルクス理論の再構築』社会評論社　2000年の降旗

と榎本正敏の執筆部分，榎本正敏編『現代資本主義の基軸』雄松堂出版　1984年，小松聰『ニューディールの経済体制』雄松堂出版　1986年などを参照。

　そして，第二にそれを支えた産業的特性は両者ともに重化学工業化であった。戦後資本主義諸国は，完全雇用のためにアメリカ型耐久消費財産業＝フォーディズムを導入して基軸産業とするが，ソ連は主に軍需産業に特化してそれを行った。それは戦時完全雇用に近いものであった。その最大の理由は資本主義に対抗して社会主義体制を維持し，かつ社会主義圏を拡大する軍事戦略にあった。現代産業＝重化学工業は耐久消費財と軍需産業の双面神である。しかもその原料，エネルギーとしての石油の支配は世界の支配へと連なる。[8] 第一次大戦によって現代産業の軍事戦略的性格が明確となり，かつ第二次大戦を経験したソ連にとっては必然的政策であった。したがって重化学工業を確立しなければ体制崩壊の原因となる。実際，原子力発電や宇宙開発，ICBMではソ連が先陣を切った。もっとも軍需偏重が耐久消費財の普及を困難にして体制崩壊の一因となった。他方アメリカ資本主義は，ニューディールによっても処理しえなかった過剰生産力を第二次大戦によって処理するが，戦中に拡大された生産力を戦後は産軍複合経済によって処理せざるをえなくなる。米ソの冷戦体制によるドル散布がそれを可能にした。日欧も重化学工業化によって完全雇用の実現を図った。

(8)　拙稿「現代資本主義論の基底」（『岐阜大学教育学部研究報告＝人文科学＝』第44巻第2号　1996年），拙稿「現代産業の歴史的位置と意義」（大野和美・鎌田一義編『現代世界経済の研究』学文社　1994年），瀬木耿太郎『石油を支配する者』岩波新書　1988年，ダニエル・ヤーギン（日高義樹・持田直武訳）『石油の世紀』上・下　日本放送出版協会　1991年を参照。

　また，第三に二体制を支えた経済制度は異質性と同時に同質性も有している。たとえば国有や中央指令型統制経済と私有や自由主義，そしてイデオロギーにおいては際立った異質性を示している。だがソ連型計画経済ほどではないが，第二次大戦後の資本主義諸国も経済計画や成長政策を実施している。混合経済とか国家独占資本主義とよばれたのは国家の経済過程へのいちじるしい介入を

理由としている。すなわち両制度ともに完全雇用の実現のためには国家の役割を不可欠としたのである。そしてそれを支える貨幣制度は，ロシアは1914年以降，資本主義諸国は大恐慌後に再建金本位制を順次放棄して管理通貨制度へ移行している。戦後のIMF体制もアメリカと他国の中央銀行間の金・ドル兌換を認めているが，国内で金兌換を認めている国はない。また第二次大戦中は資本主義国も戦時統制経済によってきわめてソ連型社会主義に近い体制をとっている。(9)

(9) ソ連型統制経済を模倣した日本の戦時経済への政治過程については，小林英夫・岡崎哲二・米倉誠一郎・NHK取材班『「日本株式会社」の昭和史』創元社1995年が手短なので参照されたい。なお，ナチス（Nazis）が国家社会主義ドイツ労働者党（1919年結成，33年政権獲得）と社会主義を名乗ったのも，イタリアのムッソリーニが前大戦勃発とともに「国際社会主義行動革命ファッシ」（後に「革命行動ファッシ」と改名）を結成したのも興味深い。1921年国家ファシスタ党結成，22年政権獲得。

さらに，第四に両体制ともに一国社会主義ないし一国福祉国家体制という難点を有していた。ソ連は戦後処理の過程で，東欧を原料・資源の供給地ないし軍事基地化することによって支配圏の拡大を図った。しかしそれはポーランドやハンガリー問題，中ソ紛争，中越紛争にみられるように国民国家間の利害対立を超克できなかった。戦時経済がそうであったように準戦時ソ連型統制経済は，国民生活を犠牲にする一方で，常に拡大を必要とする。しかし戦後は核戦争の回避という限界を有していた。そして西側とのハイテク・情報技術の格差が広がることによって官僚体制の無駄が暴露され，かつ耐久消費財の未熟や食料難が世代交替を背景に不満を噴出させるに至れば，また生産過程の基軸をなす労働力を大量流出させるに至れば（ベルリンの壁構築の原因は優秀な労働者の西側への大量亡命にあったといわれているし，壁の崩壊が国民の大量流出を契機としたことは周知の事実である），さらに従属国のソ連圏からの独立が頻発するに至れば，積木が下部の欠落によって倒壊するように，ソ連型社会主義は崩壊せざるをえない。(10)

(10) ソ連崩壊については，前掲拙著第1章，降旗前掲『マルクス主義改造講座』第3講，中山弘正「ソビエト社会主義計画経済―生成・発展・没落―」(橋本寿朗編『20世紀資本主義Ⅰ』東京大学出版会　1995年)も参照されたい。

また福祉国家もあくまで国民国家を中心とする体制であって，資本主義諸国間の利害対立を超克できない。実際ドル体制もアメリカの過重な負担によってその限界を露呈したのである。(11)以後，一国の成長と輸出増大が他国の停滞と失業を生むという貿易摩擦が激化した。それは停滞が税収減の原因となり福祉国家体制の危機を構造化した。さらに資本に国境はない。戦後資本主義諸国の重化学工業化によって形成された世界的な過剰生産力は，「IT革命」を背景に資本のグローバリゼーションを必然化した。それは新自由主義イデオロギーの土台をなすとともに，福祉国家体制を危機に陥れている。一方におけるソ連型社会主義の崩壊，他方における福祉国家体制の限界である。それはソ連型社会主義も福祉国家体制も労働力商品化の矛盾を解決できない体制であったことを意味している。冷戦の終結が一挙に世界的な民族紛争を激化させた所以である。基本的原因は，労働力問題の国民国家的包摂の限界，すなわち共同体としての国家間の利害対立にある。第一次大戦後にはじめて登場したその調停機関としての国際連盟も，戦後の国際連合もIMFも世界銀行も十分な機能を果たしえないでいる。以上が第四の理由である。

(11) 戦後のドル体制とその危機については，大島清編『戦後世界の通貨体制』東京大学出版会　1972年を参照。

ソ連とアメリカが(戦時のナチスを加えてもよい)，相互に相手を資本主義，共産主義の体制として恐怖と脅威をいだいたのは，完全雇用の政策目標は共通でありながら，一方が他方の目標を破壊する恐れがあったからである。実際ソ連邦の崩壊によってロシアの労働・社会保障は一挙に悪化した。なお経済のグローバル化が国民国家の崩壊現象を招いているといわれるが，それが問題解決の経済的土台を形成するか否かについては第4章で論ずる。

最後に戦時・準戦時完全雇用について付加しておきたい議論がある。まず，①ソ連型社会主義については，スターリン体制下の粛正を体制安定企図とする

政治的理解が一般的であるが，強制労働力の創出によるシベリア開発等の経済的意味があったともいわれている。つまり粛正が完全雇用＝労働力不足下で結果的に強制的労働配分を実現したのである。生産力の低いスターリン体制下のソ連にとって，それは人海作戦による統制的地域開発を意味していた。また，②資本主義も戦時完全雇用時には，労働者・女性の地位向上と社会保障を不完全ながらも実施している。すなわち社会主義の政治的影響が不可な時でも，二度の世界大戦下の戦時完全雇用＝労働力不足は資本主義国家にこのような政策を必然化させたのである。[12]

(12) 社会主義の政治的インパクトと 1929 年大恐慌後の恐慌回避策＝インフレによる労賃切下げ説を基軸とする現状分析論，すなわち国家独占資本主義論については，大内力『国家独占資本主義』東京大学出版会 1970 年，同『国家独占資本主義・破綻の構造』御茶の水書房 1983 年，同『大内力経済学大系 6 世界経済論』東京大学出版会 1991 年を参照。なおこの議論の難点と批判については，前掲拙著第 3 章「大内力・国家独占資本主義論の検討」を参照されたい。戦時下の労働問題については，戸塚秀夫・徳永重良編『現代労働問題』有斐閣 1977 年を参照されたい。

このような福祉国家体制とソ連型社会主義の現状分析的課題設定と方法によってはじめて，宇野経済学の再構築が可能となる。つまり宇野「現状分析＝世界経済論」を大幅に修正して，「過渡期世界経済論」として再構築しようというのである。

第1章　過渡期世界経済と労働力の普遍化

はじめに

　社会主義諸国の経済的停滞と資本主義諸国の生産力と生活水準の向上を背景として，第一次大戦後を現状分析の対象とする宇野弘蔵の三段階論への批判が1980年代後半からはじまっていたが，1991年12月のソ連邦崩壊によって，それは一挙に一大潮流をなすに至った。批判の中心点は，経済学を原理論・段階論・現状分析論とする宇野の三段階論による経済学体系の（歴史）段階論についてである。周知のように，宇野は段階論を資本主義の発生期としての重商主義期，成長期としての自由主義期，爛熟期としての帝国主義期に区分し，資本主義の世界史的発展を帝国主義期で終わるものとし，第一次大戦後の歴史は社会主義への過渡期であると規定することによって現状分析の対象であるとした。現状分析には各論や一国分析のほか，固有の意味での世界経済論があるが，宇野は第一次大戦後に失業問題と農業問題が世界化したことをもって後者を現状分析の中心課題としたのであった。

　しかし，ソ連邦の崩壊は第一次大戦後の歴史をいかに理解するかという問題を提起した。マルクス経済学や宇野体系を放棄する説もあった。だがそれを修正して現実を把握しようとする説もある。その一つは，第一次大戦後は帝国主義期につづく資本主義の発展期であるとする理解である。したがってソ連型社会主義は一過的，部分的なものとされ，新たな段階論の構築が必要とされる。宇野・段階論批判の一大潮流がそれである。

　そこで本章は，第1節において宇野・帝国主義論と世界経済論の意義と限界を検討する。しかし宇野は現状分析＝世界経済論については重要な示唆を残してはいるものの，ほとんど未完に終えた。そこで宇野の経済学体系を継承しながらそれを発展させた有力な議論を検討し，その意義と限界に論及する。つぎ

に第2節において，宇野への段階論批判と主要な新段階論を紹介する。その基本的特徴は，起点をどこにするかで若干の相違はあるものの，ほぼパクス・ブリタニカに対するパクス・アメリカーナの二つの歴史段階論であるといってよい。そしてそれらの理論的系譜を第3節で検討する。

第4節は本章の主張部分であり，内容は第一次大戦後の世界史を過渡期世界経済と規定するものである。その特徴はソ連型社会主義の取扱いにあるといってよい。従来の諸説は，ソ連型社会主義を資本主義体制とは異質なものとして，せいぜいその政治的インパクトが資本主義におよぼした影響を論及するにとどまった。新段階論も同様に社会主義を排除した理論になっている。しかし本章はそれを第一次大戦後の資本主義の変質と同列の位置に据えようとするものである。だがそれはかつてのトニー・クリフの〈官僚制国家資本主義論〉[1]や〈赤色帝国主義論〉を蒸し返そうとするのではない。そうではなく資本主義と同じ経済的困難＝労働力商品化の無理を，後発ロシアが別の方法で解決しようとした体制だというのである。したがって，それは資本主義を上回る解決を示さなければ崩壊せざるをえない。

(1) T. Cliff, *Stalinist Russia*, London, 1955.（対馬忠行・姫岡玲治訳『ロシア＝官僚制国家資本主義論』論争社　1961年）

筆者は前掲拙著『現代資本主義分析の課題と方法』ですでにこの見解を提示していたが，ソ連型社会主義の扱い方について明確な論点を提起できなかった。本章の議論の要点を先取りすれば，論理の基軸は，第一次大戦後は労働力商品化の無理が世界経済過程から現出し，その解決を模索する時代だという点にある。労働力商品の無理の基軸は資本が生産・調整できないことにあり，重商主義期には労働力創出の原始的蓄積過程として，自由主義期には循環的恐慌として発現した。帝国主義期には，宇野がいう〈金融資本の蓄積様式〉による〈慢性的過剰人口〉ではなく，ドイツとイギリスの第一次大戦を引き起こす国民と国民，国家と国家の〈発展の制限〉と〈失業〉をめぐる対立として現出した。すなわち資本には国境がない資本主義といえども，労働力問題の解決は国民国家の共同体的利害の枠を越えられないのである。

しかし労働力商品の矛盾は，①資本が生産できない特殊な商品というだけでなく，②生身の人間の労働能力であるから売れなければ腐ればよい，というものでもない。とくに構造的，長期の大量失業は体制問題を形成するからである。第一次大戦後それが世界経済問題となった。その矛盾はとりあえずは国民国家の共同体的体制問題として処理せざるをえない。しかしそれは他国の労働力問題を深刻化し排他的関係を形成することになる。ここに第一次大戦後の現状分析の世界経済的課題があり，過渡期としての特質がある。

　大戦の結果ソ連は反戦・反帝国主義の社会主義として成立するが，それは同時に労働力問題としての雇用・生活水準，社会保障の向上において資本主義を上回ることを迫られる。したがってソ連型社会主義は一国的な社会主義的解決方策を展開せざるをえない。なおソ連型体制については，第4節で再度論じる。他方資本主義諸国は，アメリカ重化学工業の発展→国際分業の破綻→世界的失業・農業問題に直面する。こうして資本主義は，新たにワイマール，ブロック経済，ファシズム，ニューディールなどの諸体制を模索，展開することになる。しかしそれらは労働力問題の国民国家的限界を越えられないで，第二次大戦が勃発する。戦後はアメリカの経済的・軍事的覇権が確定しニューディール体制が一般化するとともに社会主義国も拡大して米ソの冷戦体制が成立するが，結局は雇用・生活水準をめぐる労働力問題の解決を基本的課題とする二大陣営の熾烈な対立にほかならなかった。

　さらにグローバルな環境破壊は，資本主義的生産様式と現代産業の特質自体にあるが，二度の大戦と（戦争が最大の環境破壊の原因であったという意味で），このような労働力問題の国民国家的包摂の限界および米ソ二大陣営が生産力向上第一主義によって労働力問題を解決しようとした結果加速された。

　第一次大戦後，政治・経済の国際化によってそれらの矛盾を解決する方策が展開されたが，労働力問題の国民国家的包摂の限界は未だに解決できないでいる。世界史はその解決への過渡期にある。

第1章　過渡期世界経済と労働力の普遍化　27

第1節　宇野三段階論の展開と限界

A　宇野・帝国主義論と世界経済論の意義と限界

　宇野弘蔵はマルクスの『資本論』⁽²⁾から，社会主義への移行の論理と上部構造にかかわる部分を排除し，それ自身永遠に繰り返すかのような資本主義の原理論⁽³⁾を構築した。それはまた資本が生産できない労働力商品を自らの矛盾としながらも，周期的景気循環のなかで相対的過剰人口として形成することによって解決するものであることを解明した⁽⁴⁾。なお宇野・原理論の意義と限界については，前掲拙著第1章第1節を参照されたい。

(2) K. Marx, *Das Kapital*, Band 1-3, 1867, 1885, 1894, *Karl Marx-Friedrich Engels Werke*, Band 23-25, 1962, 1963, 1964, Dietz Verlag, Berlin.（岡崎次郎訳『資本論』［マルクス＝エンゲルス全集，第23a～25b巻］大月書店　1965, 1966年）

(3) 宇野弘蔵『経済原論〈上・下〉』岩波書店　1950, 1952年（『宇野弘藏著作集』第1巻　岩波書店　1973年），『経済原論』岩波全書　1964年（『著作集』第2巻　1973年）。以下『著作集』と略す。

(4) 経済原論と恐慌論の課題と相互の関係，および宇野・恐慌論の問題点については，拙稿「恐慌論の課題とその対象範囲について」（『岐阜大学教育学部研究報告＝人文科学＝』第45巻第1号　1996年）を参照されたい。

宇野・帝国主義論の意義

　宇野は資本主義の歴史段階を，『経済政策論』（『著作集』7　1974年）において，その発生期を羊毛工業を基軸産業とする商人資本の蓄積様式＝重商主義期，成長期を綿工業を基軸産業とする産業資本的蓄積様式＝自由主義期，爛熟期を重工業を基軸産業とする金融資本的蓄積様式＝帝国主義期に区分した。帝国主義については，ヒルファディングの『金融資本論』⁽⁵⁾が『資本論』に継続する論理を展開していた方法を，またレーニンの『帝国主義』⁽⁶⁾が生産の集積が自生的に各国に独占段階を形成するとした方法を，それぞれ批判的に摂取して，ドイツにおける銀行と結合した株式制度の利用による重工業の発展をもって金融資本の典型とした。また資本輸出によって寄生化したイギリス金融資本の特徴を

解明し，前者の積極性に対し後者の防衛的な性格を明らかにしたのであった。さらにそれは，ドイツの発展に対しあまりにも少ない植民地がイギリスとの間に帝国主義的対立を引き起こし，第一次大戦の根拠となったことを明らかにした。

(5) R. Hilferding, *Das Finanzkapital*, Wien, 1910（Dietz Verlag, 1955）.（岡崎次郎訳『金融資本論〈上・中・下〉』岩波文庫　1955, 1955, 1956 年）
(6) В. И. Ленин, *Империализм, как высшая стадия капитализма*, 1917, *В. И. Ленин, Сочинения*, издание четвертое, том 22, Москва , 1952.（宇高基輔訳『帝国主義』岩波文庫　1956 年）

　それは自由主義期の資本主義の純化傾向が逆転傾向に転じたことを明らかにした。資本家と労働者への二極分化が小農や中小企業の温存傾向に転じ中間層を形成するとともに，独占が形成され，イギリスの凋落とドイツの発展そして軍事的対立傾向を示したことは，あきらかに資本主義が爛熟期に移行したことを示すものであった。しかもそれが後発国ドイツの金融資本的発展によるものであり，先進国イギリスが自生的にたどった歴史傾向ではなかった。そこに帝国主義期を段階論として提起した意味があった。すなわち，資本主義の歴史は各国一様な方向に発展するのではなく，基軸産業と蓄積様式の変遷によって，指導的先進国を交替させるものであった。したがって宇野・段階論は，後発資本主義国の分析指針と基準を与えるものでもあった。

　しかし，ドイツは重工業の発展と典型的な金融資本の蓄積様式を展開したことで指導的先進国になったのであって，覇権国とはなりえなかった。それはパクス・ブリタニカへの挑戦でしかなかった。世界は二つの陣営に分かれて第一次大戦を引き起こした。本来自由競争を建て前とする資本主義は，戦争という非常手段で市場・資源供給地としての植民地の再分割を図ったのである。しかもその過程でソ連型の社会主義体制を排出した。その意味で，帝国主義期はまさに爛熟期であった。後述の新段階論は，第一次大戦と社会主義を極端に過小評価した議論となっている。

その限界

しかし宇野にも限界があった。ここでは後の議論とかかわる重要な問題点のみを列挙しよう。第一は，重工業と重化学工業の産業としての相違を明確にしなかったことである。帝国主義期の基軸産業は重工業であった。それはすでに自由主義期の綿工業に対して鉄・石炭を中心とする動力・蒸気機関や鉄道などの輸送機関＝生産手段として19世紀中葉に発展したものであったが，まだ景気循環，輸出などでは基軸産業たりえなかった。しかしドイツにおける新技術による製鉄業の発展は，鉄道や関連施設の生産と輸出をもって世界の基軸産業としたのであった。他方化学工業の発達もあったが，それは主に農薬，染料＝生産手段が中心であった。電気業も発展したが，工業動力や鉄道関連，通信など生産手段が主であった。これらをもって重化学工業ということもあるが，それは広義のものであって，現代の石油化学を中心とする重化学工業ではない。後者は石油の分解技術の発展によって可能となったものであるが，その端緒は第一次大戦直前の分解法（重炭化水素分子を高圧で分解し，重質油からガソリンをはじめ各種燃料を生産する方法）と第二次大戦後発展したナフサから石油化学製品[7]＝消費手段を生産する方法であった。1913年までは灯油の生産が中心で単蒸留法による質の悪いものであった。自動車はアメリカでさえ大衆普及の前にあり，ガソリンの大量使用の方法もなかった。現代は〈石油の時代〉とよばれるが，その実質的転換は石油の戦争＝戦略的意味が明らかとなる第一次大戦後であった。[8] 大戦は兵員・物資輸送のためのトラックや戦車，ディーゼル戦艦，Uボート，飛行機など重化学工業品と石油の重要性をはじめて知らしめたからである。また鉄道，電気，化学の生産手段に対し，第一次大戦後は自動車，家電などの耐久消費財が中心をなした。

(7) 原油からナフサ，ガソリン，灯油，軽油，重油，潤滑油などが生産され，さらにナフサからエチレン，プロピレン，ブタジエン，ベンゼン，トルエン，キシレンなどの〈石油化学基礎製品〉が生産される。それはさらに，プラスチック，合成繊維原料，合成ゴム，塗料原料・溶剤，合成洗剤・界面活性剤原料などの〈石油化学誘導品〉が生産され，自動車部品，家電部品，繊維，洗剤，医薬などの無数の製品が生産される。これについては，拙稿「現代資本主義論の基底」

(『岐阜大学教育学部研究報告＝人文科学＝』第44巻第2号　1996年），32ページの図1を参照されたい。宇野が重工業と重化学工業を明確に区別しなかった点については，同31ページを参照のこと。
(8) これについては，拙稿「現代産業の歴史的位置と意義」（大野和美・鎌田一義編『現代世界経済の研究』学文社　1994年）を参照されたい。

　第二は，金融資本の蓄積様式を一国的に，というよりは原論レベルに近いところで論じたために，その特質を〈慢性的過剰人口論〉に逸してしまったことである。これについてはすでに前掲拙著第1章第2節で論じたが，宇野の議論を要約すると，株式制度による多様な資金を動員した不断の資本の有機的構成の高度化は，恐慌の形態変化の原因となり，労働力の吸収を弱めて不断に資本の過剰化の傾向を呈する，というものである。
　しかしそれは，原理論における生産力の発展による一般的利潤率の低落傾向に相応する，段階論的な論理基準にすぎない。なぜならドイツ重工業の発展はイギリスを凌駕しつつ行われたのであって，国際競争力の強化はただちに過剰人口を慢性化するものではないからである。むしろドイツの成長はイギリスに停滞と失業を形成しつつ，自らは高雇用と賃金の上昇を可能とするのである。(9)だがドイツの高生産力に対しあまりにも少ない植民地は，その発展を制限するものであるから，〈発展の制限〉と〈失業〉をめぐってドイツ国民とイギリス国民，国家と国家は対立的とならざるをえない。したがって金融資本の蓄積様式は，労働力商品化の無理をめぐって，イギリスとドイツの間に国家対立を招いた点に特質がある。とくにドイツ資本主義のはじめから機械制大工業をもってする発展は，旧社会関係の分解（＝原始的蓄積）を徹底して行わず農業や中小企業を温存させるため，〈発展の制限〉が恩恵に浴せない国民の不満を増幅させ，国家主義を台頭させる。このような世界史的対立関係においてはじめて，金融資本の蓄積様式が理解されうるのであり，第一次大戦の意味も明らかとなるのである。

(9) ドイツ社会保険は1883年疾病保険，1884年労災保険，1889年老齢保険が成立している。私見によれば，一般にいわれる社会主義に対するたんなるアメの政

策ではなく，発展する重工業への資本的配慮と急速な労働人口の地域間移動および共同体関係の破壊にともなう諸問題に対する政策であり，〈後発国特有の国家の保護育成策〉であった。これに対しイギリス社会保障は1897年労災保険，1908年老齢保険，1909年最低賃金法，1911年医療保険のほか，1911年失業保険，1912年炭鉱（最低賃金）法および各種教育・児童法が成立している。その根拠は経済的停滞による失業・貧困の増大とボーア戦争時（1899～1902年）の志願兵の貧困による体位低下である。そこに重工業で台頭する後発国ドイツ社会保険と停滞し世界編成権を喪失しつつあるイギリス社会保障の相違がある。

労働力商品化の矛盾は，帝国主義期において，その国民国家的包摂の限界として，つまり賃金・失業を巡る国家対立として現出したのである。原理論における労働力商品化の矛盾は，国家も世界貿易も捨象された世界である。もちろん重商主義期の矛盾が労働力の暴力的創出，自由主義期がその吸引と反発による恐慌，そして帝国主義が既述の現象であることは論じられている。しかしこの点については，宇野の重大な限界があるといわざるをえない。だがまだドイツとイギリスを中心とする対立，すなわち前者のパクス・ブリタニカへの挑戦であって，世界経済が構造変化に直面するのは，重化学工業化によって国際分業が破綻する第一次大戦後であった。労働力問題の国民国家的包摂の限界が，アメリカ新産業の発展による欧州の停滞，そして農業問題の発生による植民地独立運動として，世界的に発現したからであった。宇野の農業問題を世界経済論の焦点とするという議論も，このような意味に修正されて理解されるべきである。

宇野・世界経済論の意義と限界

宇野は日本の地租改正についての現状分析を残しているが，世界経済論としての現状分析は方法論しか残していない。「資本主義の組織化と民主主義」1946年（『著作集』8）と「世界経済論の方法と目標」1950年（『著作集』9）がそれである。

前者の論文で宇野は，大恐慌後資本主義は金本位制を放棄して国家的政策に頼った，資本主義は恐慌と失業の克服を資本主義の組織化によって克服せざるをえなくなった，ナチス・ドイツは失敗したが戦後は民主主義的に組織化され

なければならない，資本主義は国際連合によるその実現を期待している，それは〈世界資本主義の組織化〉を一歩進めたものであるとのべ，その可能性を株式制度の所有と経営の分離＝経営技術の組織化に求めた。すなわち，失業と恐慌の克服には労働者階級の監視による国家の資本の管理＝資本主義の民主主義的組織化が不可欠であるというのである。またもしそれが実現されれば，金融資本の形態を脱した〈国家資本とでもいうべき形態〉，〈国家による資本の管理＝資本主義の組織化の最高の形態〉，〈民主主義による新たな資本の形態〉だとのべた。

　その意義は，第一次大戦後に失業問題の解決が世界的に体制的課題となったことを提起したことである。そのためには金融資本の組織化を越える国家による資本主義の組織化が不可欠だとした点である。またその解決は一国的にではなく，世界的な機関によって世界政治・経済の舞台でなされねばならないとした点にある。第4節でみるように，第一次大戦後の政治・経済の特徴はその国際化にあった。もちろん労働力問題の国民国家的包摂がその十全なる展開を阻んだのであったが，そのような国際機関が必要なのは明らかである。

　しかしいかにも抽象的な議論であり，組織化という言葉自体があいまいで，〈国家資本とでもいうべき形態〉がいかなるものなのか，また所有と経営の分離を基礎とした〈民主主義による新たな資本の形態〉が資本主義的階級関係を止揚できるものなのかも不明である。〈世界資本主義の組織化〉という表現もあいまいでかつ内容に乏しい。また国際連合にはいまだに大きな限界がある。さらに，「……されねばならない」とか「もし……」という方法は経済学とは異質なものである。論文の執筆は，敗戦直後の原料不足と経済界の指導者の追放などによって生産が遅々として進まず，労働組合が生産管理を牛耳って生産を開始するという異常な時期になされており，あきらかに宇野は戦後日本の実践的課題として労働者の経営参加＝産業民主化の物質的基礎を提起しようとしたとしか考えられない。それは『原論』や『政策論』とは異質なものであり，生前宇野がこの著作を論文集に収録することを拒んだという逸話もそこに原因があると思われるのである。なおこの論文を現代資本主義に特徴的な労資同権

化や社会保障制度の物的基礎を論じたものだとする説もあるが，筆者はそう考えない。前掲拙著第1章第3節を参照されたい。

(10) 降旗節雄編『宇野理論の現段階3 現代資本主義論—方法と分析—』社会評論社　1983年，榎本正敏編『現代資本主義の基軸』雄松堂出版　1984年参照。

　最大の問題は，宇野の金融資本の蓄積様式による〈慢性的過剰人口論〉が，第二次大戦後には必ずしも妥当しないという点である。この点も新段階論によって批判されることになる。前述のように，金融資本の蓄積様式の帰結を，一般的傾向としてではなく，ドイツ対イギリスの〈発展の制限〉と〈失業〉の問題として提示しておけば，それを古典的帝国主義期の特質だと規定することが可能であった。そして第二次大戦後の経済成長は，ドル体制や国家の管理通貨制度の経済政策による現状分析的把握が可能であり，しかもそれを異常や特殊としてではなく説明できたのである。なお，これについては後述する。

　後者の論文では，第一次大戦後になって国際関係が極めて複雑かつ緊密になったことから世界経済という概念もできてきたこと，また世界経済分析は国際連盟やコミンテルンの実践的要求にもとづく世界的政治活動の物質的基礎を明らかにするものであるとのべて，世界経済論の焦点は世界農業問題にあるとした。農業問題と失業問題は資本主義の二つの難点であり，両者が世界経済論の課題をなすが，農業問題はとくに世界性と緊密性において世界経済論の焦点となった，という。農産物は国際分業の破綻によって慢性的過剰状態を示すに至り，農業問題を解決できるものが資本主義に代わる新社会を建設しうるし，国際連盟の組織もその一つの試みであるが，階級関係の解決のないかぎり不可能である，というのである。

　実際，宇野が他の著書でいうように，資本主義が繊維という工業部面で発展したのに対し，農業は土地と自然の制約によって資本主義化しにくいものであった。したがって自由主義期においてもイギリス資本主義は，自国農業を資本主義化する一方でその多くを海外に委譲したのであった。帝国主義期になると，後発ドイツの金融資本的発展が前述のように小農の温存傾向を生じさせた。しかしそれはまだ一国的問題であり，徐々に分解されるものであった。残る世界

の多くは植民地化されたが,国際分業の破綻によって慢性的農産物過剰に陥るのは第一次大戦後であった。

(11) 宇野弘蔵「農業問題序論」1948年(『著作集』8), 11ページを参照。

したがって宇野の世界経済論の焦点の提起の意義は,農業国対工業国の国際分業の破綻によって,農業問題が第一次大戦後の世界資本主義の構造問題となったこと,農業問題は資本主義の内面的矛盾の外部的現われであること,その問題解決をなしうるものが資本主義に代わって新社会を建設しうること,を明確化したことにある。それは現状分析がたんなる事実の無限の羅列に終わるものではないことを示したのである。実際,ソ連型社会主義もそれを解決できずに崩壊したのであった。もちろん資本主義も第二次大戦後は南北問題を引き起こしたのである。

以下,重要な限界について二点あげよう。第一は,世界的農業問題の根本原因である国際分業の破綻がなぜ発生したかを提示できなかったことである。それは前述のように,宇野が重工業と重化学工業を明確に区別しなかった点にある。実は重化学工業の第一次大戦後のアメリカでの発展がその原因をなすのである。それゆえ,アメリカを基軸とする世界経済論を方法的に構築できなかった。新段階論がパクス・アメリカーナの〈段階〉提起によってこの点を批判したのもそこに原因がある。

第二の限界は,『経済政策論〈改訂版〉』の補記で,第一次大戦後の資本主義はソ連型社会主義への過渡期であると規定したことである。これについても前掲拙著第1章第3節で論じたが,ソ連邦が崩壊した現在,結論は修正が不可避であるということである。これは本章の主張部分にあたるので第4節で詳述する。

以上,宇野の帝国主義論と世界経済論の意義と限界をみてきた。つぎに宇野がほとんど世界経済の実質的分析をしなかったのに対し,宇野の方法を継承しながらそれをなした有力な議論を検討しよう。

B 大島清の世界経済論(重化学工業化＝国際分業破綻＝世界農業問題)

ここでは,宇野の方法を継承した,大島清の『現代世界経済』[12](東京大学出版

会　1987年，大島の執筆部分) を検討する。

(12) 大島清編『世界経済論』勁草書房　1965年，同『戦後世界の経済過程』東京大学出版会　1968年，榎本正敏「『世界経済論』の課題」(東京教育大学『社会科学論集』第17巻　1970年)，同「『現代資本主義論の方法』に関する覚書」(筑波大学『経済学論集』第2巻　1978年)，同「戦後世界経済論の焦点としての南北問題」(筑波大学『経済学論集』第11巻　1983年) も参照されたい。

　「ロシアが社会主義へ移行したという事実は，資本主義が歴史的に過渡期を迎えたという意味で最大の変化であった」が，資本主義自身も「資本主義体制そのものの問題」(6ページ) に直面した。その主要な要因は，①アメリカの台頭による不均等発展，②後進諸国の工業的発展，③新興農業諸国の出現である。第一次大戦後発展したアメリカの大量生産方式による自動車，石油，電機＝重化学工業は，高い国民所得を前提としてはじめて成立しうるものであり，ドイツ，イギリスでの発展を妨げ，世界的に生産力の決定的格差をもたらした。したがってこれら諸国は後進諸国の工業的発展にも直面し，停滞と高失業に直面した。アメリカはこれらの犠牲において1920年代の「永遠の繁栄」を享受するが，工業生産設備の稼働率は未曾有の繁栄期でも80パーセントで過剰化傾向にあった。また欧州諸国は失業問題対策として農産物自給化政策をとり，かつ新興農業諸国がアメリカ資本の導入により農業技術改善投資を行ったために，1926年頃から農産物価格は異常に低下し世界的農業不況が発生した。国際分業が破綻し，工業製品市場も狭まった。「これは資本主義世界の体制的危機であり，世界恐慌はその現実化であった」(9ページ)。

　もはや金融資本は体制を維持していく能力を喪失し，国家が過剰な生産力の処理と失業問題を解決することを迫られる。資本主義は金本位制による自動回復を待つことはできなくなり，管理通貨制度による国家の経済過程への介入が不可避となるが，その様相は各国で異なる。アメリカのニューディール，イギリスのスターリング・ブロック，ドイツのナチス広域経済圏などがそれであった。しかしそれはまた侵略と戦争への道であった。

第二次大戦後，社会主義国の拡大，植民地の独立，米ソの対立が展開した。しかしアメリカは依然圧倒的な経済力をもち，旧来の自動車，石油，電機に加え新産業（有機合成化学，弱電，エレクトロニクスなど）を擁していた。こうしてアメリカの救済と援助なくして資本主義の復興はありえなかった。ドルを基軸とするIMF・GATTは第二次大戦後の資本主義の復興に必要かつ適合的な体制であった。欧州諸国は市場統合＝EECによって国民所得の枠を拡大し，1960年代には水平的分業によって重化学工業化を達成し，完全雇用の実現と社会主義に対する優位を確立する。日本も復興・発展を実現する。[13]

(13)　大島清・榎本正敏『戦後日本の経済過程』東京大学出版会　1968年，大島清監修『総説日本経済』（全4巻）東京大学出版会　1978年も参照。

　しかし，世界的な有機合成化学の発展による自然原料から合成原料への代替化，欧州諸国の農業自給化政策などによって，一次産品輸出に依存する途上国は停滞を余儀なくされ，社会的混乱が頻発する。いわゆる南北問題の発生であり，戦間期の世界農業不況に代わるものであった。こうしてアメリカの経済・軍事援助は拡大の一途をたどることになる。また日欧の復興・発展はアメリカの競争相手となる。アメリカの国際収支赤字は1960年頃からドル危機として発現し，71年には金・ドル交換停止に追い込まれる。[14]

(14)　この点については，大島清編『戦後世界の通貨体制』東京大学出版会　1972年も参照されたい。

　アメリカにおける戦後の技術革新は1950年代後半には完了し，投資分野は縮小しつつあった。1957，58年恐慌を契機としてアメリカから大量の民間長期資本が流出した。流出先は西欧で，多国籍企業として展開した。米政府は流出規制に転じたが，1964年超国家的な国際金融市場＝ユーロダラー市場が形成され，多国籍企業活動が活発化した。それは資本主義世界の経済的発展に寄与したが，資本主義間の水平的分業による市場拡大，蓄積拡大にも限界が生じた。市場的飽和による先進資本主義間の摩擦・対立と石油危機を契機とする世界的スタグフレーションの発生である。

　第一次石油危機後，中進国の急成長と産油国の近代化が進む。しかしそれは

多国籍企業の低賃金利用と過剰資本のはけ口として可能となったものであり，新たに南北問題の激化，累積債務問題，摩擦と対立を生み出した。第二次石油危機後には，世界経済はインフレーションと景気停滞に直面し，サッチャーやレーガンの新保守主義を台頭させた。先進諸国は過剰蓄積に陥り，投資領域を内外に拡張できなくなったからである。新産業としてのハイテク産業の発展も省力化が中心であり，恒久的に失業者数を増加させざるをえない。資本主義世界は一方で過剰生産力とその処理に苦悩し，他方で貧困と飢餓の堆積に直面しているのである。

途上国の停滞は，それが資本主義への依存から脱却できないからであるが，「さらに踏みこんで考えると，社会主義国が経済的に先進諸国に対抗できる実力を備えていないことを意味するものであろう。しかし資本主義諸国は，いまや過剰蓄積に苦しみ，新たな投資領域を求めて，社会主義諸国の開発にも積極的に参加しようとしている。主要な社会主義諸国の経済的発展が先進諸国に対抗できる，またはそれを越えるようになり，市場原理（価値法則）によるより，社会主義的計画でいっそう経済的にやれることができるとすれば，そのときはじめて，世界は社会的変革の要件をととのえたといえよう」（349ページ）。

その意義と限界

第一の意義は，第一次大戦前後で世界の基軸産業が，鉄道を軸とする鉄鋼・炭鉱の重工業から自動車・石油・電機の重化学工業へ転換したことを明確にしたことである。もっとも帝国主義の基軸産業を重工業とよんだり，重化学工業とよんでいる部分もあり，後者の化学がいまだ石油化学ではなく農薬，染料の生産手段であることが示されていないが，実質的な相違を提示している。それは第二の意義をみれば明らかなとおり，アメリカでの新産業の発展が高い国民所得に支えられてはじめて普及しうるものであり，それがドイツ，イギリスの停滞と失業を招き，欧州諸国との間に生産力の決定的な格差をもたらした点を軸に，新たな世界経済関係を解明している点に現われている。新産業の特質は，①元来は生産手段であったが，高額投資と大量生産を可能とするために耐久消費財として普及した，②高い国民所得を必要とする，③石油を重要資源とする

こと，などである。それがアメリカで普及しえたのは，石油産出国であり豊かな資源を原因として国民所得が高いこと，第一次大戦中に世界の兵器廠として多大の利潤をあげ，かつペントアップ・ディマンドがあったことなどによる。戦間期においてはアメリカ以外は軍需以外にこの条件を満たす国はなかった。なお，①の元来は生産手段であった意味については第2章で再論する。

したがって第二の意義は，第一次大戦後の世界経済関係を，アメリカの新産業発展による欧州諸国の停滞と農産物自給化政策が国際分業の破綻を招き，世界農業不況を構造化させた点を軸に解明した点にある。宇野が前掲「世界経済論の方法と目標」で果たせなかった世界的に構造化した失業問題と農業問題の発生のメカニズムをきわめて論理的に解きほぐしたのである。そして第二次大戦後については，先進諸国の重化学工業化による自然原料から合成原料の代替化と失業対策としての農業保護政策が，独立後の一次産品の輸出に依存する後進諸国の経済的停滞を招き，南北問題として現出させたメカニズムをも解きほぐしたのである。

第三の意義は，危機に直面し，社会主義と対抗するために経済成長と完全雇用を達成する必要に迫られた現代の資本主義が，管理通貨制度を駆使した国家の経済過程への介入によって，IMF・GATT体制の下で，一定の成果を納めえた点を明らかにしたことである。それはいかに過剰生産力と失業に苦しむ現代資本主義であっても，直ちに崩壊するものではないことを，マルクス経済学の立場から論じたものでもあった。

しかし他方，第四の意義として，このような先進諸国の成長もアメリカの停滞とドル危機を必然化し，相互に排他的な対立と摩擦を形成せざるをえないという現代資本主義の矛盾を明らかにしたことがあげられる。

これらの意義は大きいが，大島・世界経済論にも限界はあった。それは歴史的限界といってもよいものであり，宇野と同様に現代資本主義をソ連型社会主義への過渡期と規定したことである。前述の引用箇所を参照すれば明らかである。もっとも新段階論といえども近年までその限界を払拭できなかった。筆者も含めてマルクス経済学が共通にかかえていた限界であった。

そしてもう一つの限界は,同じ原因から派生したものであるが,世界経済論におけるソ連型社会主義の位置づけが間違っていたことである。ソ連邦が崩壊した現在,それは一体何だったのか,残されたわれわれの最大の課題とならざるをえない。それをたんなる〈実験〉[15]として済ますわけにはいかないからである。その誕生と崩壊に歴史的かつ経済的根拠があるとすれば,それを世界経済論のなかに組み込まねばならないのである。

(15) たとえば,馬場宏二は「世界体制論と段階論」(工藤章編『20世紀資本主義Ⅱ』東京大学出版会 1995年)で,ロシア革命と社会主義国家の建設を「重大な歴史的実験」(22ページ)とよんでいる。しかし歴史に実験はない。二度と繰り返すことができないからである。

第2節　パクス・アメリカーナの新段階論の潮流

ここでは宇野学派による宇野批判と新段階論を紹介する。これらは,宇野が現状分析の領域とした第一次大戦後の資本主義を,新たな段階と規定したものである。

A　馬場宏二の富裕化・金融資本と現代資本主義論

ここでは,馬場宏二の新段階論を『新資本主義論』(名古屋大学出版会 1997年)によって紹介する[16]。まず,氏のいう新段階論を図式化しよう。氏はこのような図式化をしていないが,この方が理解しやすいと考えたからである。もちろん氏の本意にはそえないかもしれないので,図1.1の文責は筆者にある。

(16) 馬場の議論は,『富裕化と金融資本』ミネルヴァ書房 1986年,「経済政策論と現代資本主義論」(東京大学社会科学研究所『社会科学研究』第41巻第2号 1989年),「世界体制論と段階論」(工藤章編『20世紀資本主義Ⅱ』東京大学出版会 1995年)などを参照されたい。

氏は,資本主義の歴史を古典的資本主義と現代資本主義に分ける。前者は,ほぼ宇野段階論と同様に,重商主義期,自由主義期,(古典的)帝国主義期に分けられ,それぞれ発生期,確立期,爛熟期とされる。それに対応する産業は,

羊毛工業，綿工業，重化学工業である。帝国主義期の重化学工業の化学が染料・農薬中心の生産手段であり，石油化学でないことが理解されていないが，まず措くとしよう。そしてその契機となったのが第二次産業革命（163～167ページ）であるとされる。

つぎに，蓄積様式は商人資本，産業資本，金融資本に分けるが，最後のものは狭義の金融資本である。その理由はつぎのとおりである。

宇野は「ドイツ金融資本を典型とし，それを基準としてイギリス金融資本やアメリカ金融資本の偏差を測定する方法を採っている。資本主義や金融資本の歴史が第一次世界大戦やロシア革命で終わるのであれば，この方法にも実質的意義がある。だが金融資本は，世界最高の生産力を擁しかつ発展しながら今日まで存続した。ドイツ典型論は理念型論として思考の整理に役立つ形式的意義を持つに過ぎない」。もちろんドイツ型金融資本は今日まで「基本的には維持されてきた」。「他方，アメリカ金融資本は，すでに古典的帝国主義時代からドイツを凌ぐ生産力的・資本形態的発展を示していたが，第一次大戦後は恵まれた政治的条件を利用して格差を広げ，世界的発展の基軸であることを明白にし

古典的資本主義			現代資本主義＝大衆資本主義	
（経済的指標） 新産業・支配的資本			（政治的指標） 第一次大戦・パクス・ルッソ＝ アメリカーナ・大衆民主主義	
（世界体制） パクス・ブリタニカ			（世界体制） パクス・アメリカーナ	
			戦間期＝前史 危機の時代	第二次大戦後＝本史 冷戦・成長・福祉
（経済政策）			（経済政策）	
重商主義	自由主義	古典的帝国主義／政策の大衆化・多様化・混交		
発生期 商人資本	確立期 産業資本	爛　熟　期　の　資　本　主　義 広　義　の　金　融　資　本 狭義の金融資本→経営者資本主義→多国籍企業→会社主義		
羊毛工業	綿工業	重　化　学　工　業　　　／ＭＥ化		
一次産革	二次産革			三次産革

＊表の［／］印は重複することを表わす。

図 1.1　資本主義の歴史段階

た。世界大恐慌では甚大な被害を蒙ったものの金融資本として変質したわけではなく，第二次大戦後ともなれば隔絶して高い生産力を擁して他国金融資本の範例となりつつ，パクス・アメリカーナを支える物的基盤となった。のみならずアメリカ金融資本はこの間に，狭義の金融資本から経営者資本主義へ自己展開を遂げ，同時に地理的拡大の結果多国籍企業化した。これは諸国金融資本の発展方向を先導する変容であった。さらに，アメリカと大きく異なる歴史的条件を持ちながらアメリカに囲われアメリカに追従した日本で会社主義が成立するが[17]，こうした狭義の金融資本，経営者資本主義，会社主義および多国籍企業は，広義の金融資本として一括されてよい。生産力的発展の面でも金融資本の自己展開の場となった意味でも，金融資本論の素材としてアメリカが優先されるべきなのである」（167～168ページ）。

(17)「会社主義」については，同書第14章および馬場宏二「現代世界と日本会社主義」（東京大学社会科学研究所編『現代日本社会1 課題と視角』東京大学出版会　1991年）を参照されたい。

すなわち，古典的帝国主義のドイツ金融資本は狭義の金融資本だというのである。これに対し，アメリカ金融資本は狭義の金融資本から経営者資本主義，多国籍企業へと自己展開を遂げた。さらに日本では会社主義が成立した。これらすべてが広義の金融資本であり，基軸はアメリカだというのである。たしかに，現代も支配的な蓄積様式が金融資本であることに異論はないし，各種の形態をとってもおかしくはない。問題はそれをパクス・アメリカーナの段階論の論拠とすることである。また，したがって金融資本の規定が株式資本に拡散してしまったことである。

氏によると，「……金融資本とは，株式会社形式を採る巨大企業ないし巨大企業群である。製造業に限らず，運輸・通信業，商業・金融業も含まれる」（168ページ）。すなわち，株式会社形式の巨大企業（群）が即金融資本となるわけである。「これまでの金融資本の本質なり特性とされて来たのは，株式を利用した価値増殖諸手段のうち，特に目立ついくつかの事態に他ならない」（169ページ）。

たとえば，①銀行と産業の癒着についていえば,「これは特にドイツの事態である」。「商習慣が変化したり企業が十分拡大したりして自力の株式発行が可能になれば，どこでも金融機関の後見人としての役割は薄らぐ」(169ページ)のである。②独占も「いずれにせよ株式を利用した企業間組織の形成なのである」。③財閥・企業集団については「これも，株式利用の一形態である」とされる。かくして,「銀行と産業の癒着，独占形成，財閥や企業集団，さらには持株会社による支配権の集中，いずれも株式制度を利用した企業間関係の形成である。従来の金融資本論は専らこの面に注目して来た。ところが株式制度利用のこの面では，旧説がやや持て余していたアメリカが最高の発展を示していたのである。……アメリカでは株式制度の利用が最も野放図になっていたのである」(170ページ)。

「だが株式制度の効用は，企業間関係形成の容易化と同時に，企業内での意志統一や合理的経営組織の形成や技術的合理性の徹底や容易化である。著者はこの両面のことをかつて金融資本の形態と実体と呼んだことがある」。そして所有と経営の分離が株主の利益を設備近代化のために犠牲にする傾向を生む。「この命題を……アメリカ経営史家が自国の史実に即して，歴史的に整理してみせた。即ちチャンドラーの『経営者の時代』[18]である。彼の，家族資本主義→金融資本主義→経営者資本主義という図式は周知であろう」。アメリカでは「1917年にはもはや経営者資本主義の時代が訪れていた」(171ページ)のである。

(18)　A. Chandler, *The Visible Hand : The Managerial Revolution in American Business*, Harvard University Press, 1977.（鳥羽欽一郎・小林袈裟治訳『経営者の時代〈上・下〉』東洋経済新報社　1979年)

こうして，金融資本の図式は広義の金融資本＝狭義の金融資本＋経営者資本主義＋会社主義の三者ということになる (172ページ)。「経営者資本主義とアメリカ的生産性上昇方式とは対になっていた。それが，第二次産業革命以後の時代の代表的経営＝生産方式であり,『経済政策論』の用語でいえば支配的資本にほぼ相当するものに他ならなかった。ただし，支配的資本と言い切ってし

第 1 章　過渡期世界経済と労働力の普遍化　43

まうと政策を決定する主体という含意が入る。そこがすぐそうならないところが，この時代の特質なのである」(173ページ)。

　したがって，先の爛熟期の資本主義も図のような変形をうける。それは現代資本主義まで継続される。19世紀末から20世紀末までの，重・化学工業あるいは「第二次産業革命」からME革命など第三次産業革命までを，資本主義の爛熟期とする。それは「段階論の根底にある方法——資本主義の歴史の大枠を，まず特定の産業構造として現れる生産力を基準にして捉える，唯物史観的方法——の適用である。概してこの時代には，上部構造に当たる政治・イデオロギー，ひいては政策面に大きな激動が相い継いだが，下部構造に当たる経済面に着目すれば連続性が結構見える。両者をどう対応させるかが難問になるのである」。また「爛熟期」とは「宇野は資本主義が熟しすぎて社会主義革命に直接した状態という含意で用いたのであろうが，われわれはむしろ社会主義的圧力を吸収し内面化し得るまでに成熟した資本主義，の意味で用いる」(161ページ)。

　氏のいう現代資本主義論は実質上パクス・アメリカーナの新段階論である。まず第一次大戦前後の経済政策における断絶と継続をみよう。

　「世界大戦とロシア革命を経て，世界体制，イデオロギー状況，ヨーロッパ諸国の内政は決定的に変化した。他方，産業発展や資本形態には，外圧への適応としての小変化はあったものの，大勢的には連続と自己展開が見られた。こうした政治と経済の乖離の結果，支配的資本の利害によって経済政策が決定されるとする段階論の構図は成立しなくなる。宇野が段階論を第一次世界大戦で打ち切ったのは一つにはそのためであろう。だがもともと，支配的資本も政治的には局部的勢力にすぎず，その利害を国家の政策に実現するには，普遍性の形を与えるか他の勢力と妥協するしかない」。商人資本は政策を決定する主体ではなかったし，産業資本の自由主義の主張も国家の介入を止めるという消極的政策であり，自由貿易が経済発展をもたらすと展望されたから可能となったのである。「古典的帝国主義となると，積極的政策が必要になるため，妥協は不可欠になる。金融資本が帝国主義を引き起こしたと直結することは，もとも

と無理なのである」(173ページ)。帝国主義の政策は「独占関税」と「植民地獲得」であるが，必ずしも金融資本の政策とはいえない。「それでは金融資本と帝国主義は無関係かといえば，そんなことはない。……最後には列強間の戦争にまで押しやった動力源が，金融資本による生産力の発展なのであった」(174～175ページ)。「こうした対外政策の対極に位置したのが，……『社会政策』である」(175ページ)。

主張点は，①世界大戦とロシア革命を経て，世界体制，イデオロギー状況，ヨーロッパ諸国の内政は決定的に変化した，②他方，産業発展や資本形態には連続と自己展開が見られた，③こうした政治と経済の乖離の結果，支配的資本の利害によって経済政策が決定されるとする段階論の構図は成立しなくなる，だがもともと，支配的資本も政治的には局部的勢力にすぎず，その利害を国家の政策に実現するには，普遍性の形を与えるか他の勢力と妥協するしかない，というものである。

まず①の世界体制の観点からすれば，古典的資本主義はパクス・ブリタニカ，現代資本主義はパクス・ルッソ＝アメリカーナの時代とされる。〈世界体制論〉の側からみれば，古典的帝国主義はイギリスの覇権の空洞化期であり，現代資本主義はアメリカが覇権を握り，それさえも動揺するに至った時代である。しかし戦間期アメリカは「……覇権維持費の負担を極力回避した。アメリカが積極的に覇権を握ろうとしたのは，この回避が世界大恐慌とファシズムを招き，結局高くつくことを悟ってからである」。つまり第二次大戦後であった。「ところがこれはアメリカの単独覇権にはならなかった。……これは冷戦つまりパクス・ルッソ＝アメリカーナとならざるを得なかった」。しかしソ連は崩壊した。「対立のイデオロギー性とあいまって，アメリカは世界分割上の対立相手が消滅した時に，覇権維持能力ばかりか，合理的覇権維持意欲のかなりをも失ったのである」(162～163ページ)。

こうして，戦間期は〈危機の30年〉(同書第8章)とされ，パクス・アメリカーナへの過渡期となる。そして第二次大戦後の〈44年〉(同書第9，10章)は〈冷戦・長期高速広範成長・福祉国家〉のパクス・ルッソ＝アメリカーナの

時代となる。前者は現代資本主義の前史，後者は本史とされる。

つぎに，②の〈産業発展や資本形態の連続と自己展開〉については，すでにみたように，広義の金融資本の展開がそれである。最後の③の経済政策についてはつぎのとおりである。「第一次世界大戦を経過して，政策形成の条件は大幅に変わった」。(1)「世界体制の変動による指導的先進国の消失」，(2)「旧中心地ヨーロッパにおける政策形成主体の大衆化」，(3)「政策手段の多様化，そして政策目標の混交」(176～177ページ) である。

このような資本主義の歴史区分をする理由はつぎのとおりである。従来の「研究史上の現代資本主義論≒国家独占資本主義論は，第一次世界大戦なり世界大恐慌期なり，いずれにせよ第二次大戦期以前の危機的状況を念頭に置いて構成されて来た。第二次世界大戦以後の状況，特に終戦から第一次石油ショックまでの，未曾有の長期高速広範成長は，この認識枠組みにはうまく納まり切らない。従って，経済成長の意味を重視する本書では，従来の理解をもう一度換骨奪胎して，第二次世界大戦後の歴史に照準を合わせてこれを本史とし，研究史上は無視できない戦間期を，そこに至る前史として扱うことにした。そうすることで安定性のある戦後史を含めた時代把握が可能になる。前章で資本主義の爛熟期として一括したのはそのためである。戦間期までで歴史を切っておいてそれを時期区分すると，第一次大戦ないしロシア革命までは段階論の，その後は現状分析としての世界経済論の課題だと，やや苦しい論理次元の振り分けが必要になるが，戦後を含めればこの点は免れる。

われわれにとって，問題は時期区分が二重基準になることである。古典的資本主義の場合は，新産業の勃興やそれを基盤とする支配的資本の登場といった経済的指標で時期区分をすることが出来た。経済政策等上部構造に当たる現象はほぼ経済過程に照応すると考えて置けば済んだからである。ところが，古典的資本主義と現代資本主義を分かつのは第一次世界大戦という政治的指標である。しかも資本主義の爛熟期の途中にこの政治的大衝撃（ロシア革命—筆者—）が飛び込むことになる。この方法には各種の疑問が投じられそうである。だが，結局こうするほかはない。大戦を経て世界体制の中心がヨーロッパからアメリ

カに移り，主要諸国の政治が社会主義の衝撃を内包する大衆民主主義へ大きく前進したという変化は大変に重く，19世紀中の小戦争や内乱と同列に扱えない。のみならずこの変化は，古典的帝国主義の時代から進んでいた社会変化の方向に沿った飛躍だったのであり，金融資本による生産力の上昇は，大衆民主主義の圧力を基本的には吸収しえるものであった。現代資本主義は爛熟期の資本主義に重なり得るのである」(185ページ)。

　こうして，古典的資本主義は新産業・支配的資本という経済的指標で時期区分しえたが，現代資本主義は第一次大戦・パクス・ルッソ＝アメリカーナ・大衆民主主義という政治的指標で時期区分するしかない，というのである。なお，氏は現代資本主義という用語のほかに〈大衆資本主義〉という用語も使用しているが，これについては同書第12章，および馬場宏二「大衆資本主義の提唱」(大東文化大学『経済論集』第63号　1995年)を参照されたい。

　最後に，氏の説の特徴を整理しておこう。①第一次大戦後は資本主義側についていえばパクス・アメリカーナの段階とされる。それ以前が経済的指標，以後が政治的指標で区分される。②戦間期が前史，第二次大戦後が本史とされ，前史は過渡期の意味をもつ。このような方法は第二次大戦後の資本主義世界の〈長期高速広範成長〉を説明するためのものである。③しかし爛熟期の資本主義は古典的帝国主義から現在までつづいている。広義の金融資本は狭義の金融資本，経営者資本主義，多国籍企業，会社主義を含めた内容となっている。④宇野三段階論のいう現状分析は固有の世界経済論ではなくなり，各論か一国分析となる。⑤ソ連型社会主義は冷戦という政治的意味しかもちえず，現代資本主義のなかに労働力商品化の無理の一つの解決体制として位置づけられていない。もちろんそれは国民国家的限界を越えるものではなかった。⑥後述の，第一次大戦後の世界の政治・経済制度の国際化の意義が欠如している。それは労働力問題の国民国家的包摂の限界を解決しようとした方策だったのである。

　それは段階論としては不細工なものといわざるをえない。古典的帝国主義は古典的資本主義に包含されるのに対し，爛熟期の資本主義と狭義の金融資本および重化学工業は現代資本主義にも重複するからである。後三者は現代資本主

義への過渡期なのであろうか。氏はそのような表現もしている。引用の「この変化は，古典的帝国主義の時代から進んでいた社会変化の方向に沿った飛躍だった」とする部分である。しかしそうだとすると，現代資本主義の前史としての戦間期（筆者の理解では現代資本主義への過渡期）があり，過渡期は二重の規定をうける。本史の〈長期高速広範成長〉を説明するために，そのような無理な段階論が必要なのであろうか。もっとも氏は「史実の発掘と方法的な訂正を伴う新たな段階論を，ここで本格的に提示する準備は今ない」（144ページ）とのべているので，仮説の域を出ないものともいえる。

なお氏は，「本書は，……資本主義が，過剰富裕化による人類史的危機を惹き起こす性格を持つことを，解き明かそうとする視角を採っている。無論この危機は，かつて繰り返し唱えられて来た革命の危機などではない。政治レヴェルで社会主義革命が起こりそうにないからこそ深刻化せざるを得ない，根源的な危機なのである。こうした視角を採る経済学は曾てなかったものと考える」（5ページ）とのべて，一人当たりのGDP＝5000ドルを限度とする現代的自由の制限を含む縮小再生産を唱えるが，これについては同書の結論を参照されたい。本項を「富裕化・金融資本と現代資本主義論」とした所以である。しかしなぜ社会主義革命が起こりそうにないのかを明らかにされていない。この点についての筆者の見解は第4節でのべる。

B 加藤榮一の福祉国家化史観と中期資本主義論

つぎに紹介するのが，加藤榮一の新段階論＝中期資本主義論を「福祉国家と資本主義」（工藤章編『20世紀資本主義Ⅱ』東京大学出版会　1995年）で検討しよう。[19] 氏は，1970年代中葉以降の世界史の大転換期，①社会主義の崩壊と，②資本主義世界における国家の役割の縮小＝プライヴァタイゼーション[20]を前提として，宇野段階論を修正する。

(19)　加藤榮一の議論は「福祉国家と社会主義」（東京大学社会科学研究所『社会科学研究』第38巻第5号　1987年），「現代資本主義の歴史的位相」（同『社会科学研究』第41巻第1号　1989年），「SPD・福祉国家・共産主義」（同『社会科学研究』第43巻第1号　1991年）などを参照されたい。氏は自ら新

段階論の方法を「福祉国家と社会主義」で〈福祉国家化史観〉とよんでいる。
(20)　プライヴァタイゼーションとは，「再商品経済化」のことであり，舞台は先進国から旧社会主義国，発展途上国に移っている。その「歴史的意義は，19世紀末以来ほぼ100年にわたって発展してきた福祉国家システムを解体・再編の方向に向かわせる推力として作用してきたところにある」(198ページ)。これについては，同書，223～230ページを参照されたい。なお，加藤「公企業の『民営化』」(武田隆夫・林健久編『現代日本の財政金融Ⅲ』東京大学出版会 1986年)，「福祉国家システムの再編」(東京大学社会科学研究所編『現代日本社会1 課題と視角』東京大学出版会　1991年)，「ドイツにおける公企業の民営化」(信州大学『経済学論集』第35号　1996年) も参照のこと。

氏は「ここでの課題は，現代資本主義における国家の役割の解明にとって宇野段階論はどこまで有効かという問題を考えることであって，宇野段階論の検討そのものが目的ではない。このような関心から宇野段階論の特色と意義を挙げれば，次の3点に要約することができよう」(198～199ページ) という。

①国家論は段階論によってはじめて具体化され，かつ経済政策論によって解明される。この発想は唯物史観の第一命題 (土台が上部構造を規定する) に立脚している。②「経済政策の目的と手段は各段階の支配的資本の利害関係にもとづいて決定される」。③「産業構造の転換と支配的資本の交代は国際分業関係の再編を伴う」。第三点についていえば，第一次産業革命によってイギリスはパクス・ブリタニカの時代を開いたが，後発国ドイツ，アメリカの経済成長は「パクス・ブリタニカの解体を促す契機をつくり，帝国主義的対立の要因を醸成した」(200ページ)。しかし「1970年代初頭以来の世界史的な大転換の経験をふまえ，改めて現代資本主義の発展軌跡を検証してみると，宇野段階論にも修正すべき問題点が多々あることは否定できない」。

「宇野は支配的資本の利害と経済政策の性格をあまりにも直結しすぎている。支配的資本の利害が経済政策を決定できるのは，支配的資本の特殊利害が社会的再生産の維持発展という共同利害を実現しうる限りにおいてであって，資本主義発展史上これが大筋において可能になったのは自由主義段階だけである」。たとえば農業利害を反映したドイツの1902年関税法はそうではない。「……し

たがって支配的資本の利害も，国民経済の社会的・政治的統合の必要から制約されざるをえないことを物語っているのである。宇野は，重工業資本と農業その他の社会層との利害を調整し，国民的統合をはかりつつ対英膨脹政策を推進したドイツ国家の相対的に自立した役割を看過している。宇野の場合，経済政策の主体を国家というよりはむしろ支配的資本そのものと考える傾向が強く，この観念が彼の経済政策論の範囲を空間的にも時間的にも制約することになった」(201ページ)。空間的というのは，対内政策，とくに社会政策と労働政策をまったく考慮していないという意味である。社会政策を政策論から排除したのは不可解としかいいようがない。時間的というのは，「経済政策論ないし段階論の対象時期を第一次世界大戦勃発以前に限定してしまったことである」(202ページ)。その一つの原因は，第一次大戦後を社会主義への過渡期とする，宇野の唯物史観の発想に連なる世界観にある。二つは，インフレ政策は金融資本の政策といえないし，金融資本に代わる支配的資本はないとして，支配的資本の利害に発しない経済政策をすべて段階論から排除したからである。

したがって，「現代資本主義国家の歴史的特質がその福祉国家的側面にあることはいうまでもないが，この福祉国家システムを構成する諸要素，すなわち高度経済成長を可能にした生産力の持続的な上昇，景気・成長政策としてのフィスカル・ポリシーの展開，広義の社会保障制度の形成と拡充，労働者階級の同権化，冷戦体制とパクス・アメリカーナ的世界市場編成など，これらすべてが段階論の射程外に置かれてしまったのである」(202～203ページ)。

たとえば宇野の「金融資本の蓄積様式」は「停滞的」「硬直的」なものであるが，「戦後高度成長期における重化学工業の実態とは著しくかけ離れたものになっている」。「巨大な固定資本を要する鉄鋼業が持続的発展を遂げるためには，鉄鋼と石油を基礎に，自動車，電機，石油化学等の製造業を軸にした多軸的産業連関の形成による内生的な市場の成立が不可欠であり，それは第1次大戦前後から第2次大戦前後にかけての『世界大戦の三十数年』間に，主としてアメリカで開発された技術革新の進展とその西欧および日本への普及があってはじめて可能になったことであった。したがって，『金融資本の蓄積様式』論

を現状分析にとって有効たらしめるためには，その主たる対象を高度成長期の重化学工業に定め，『世界大戦の三十数年』期はその形成期，古典的帝国主義段階はその萌芽期として位置づけなければならないであろう。その場合，『金融資本』という概念が重化学工業の資本蓄積を解明するうえで真に有意味であるのかという問題も当然検討されなければならない。周知のように金融資本概念は，古典的帝国主義段階におけるドイツの重工業と銀行の関係を素材にして構想されたものだからである」(203ページ)。

　氏の新段階論を知るために，まず図1.2を参照されたい。これは氏が作成したものである。

　氏は，資本主義の歴史を前期資本主義，中期資本主義，後期資本主義に大別する。前期資本主義は，萌芽期＝重商主義，構造形成期＝産業革命期，発展期＝自由主義，解体期＝大不況期に区分される。その特徴は，18世紀60年代から19世紀初頭までを，自由主義期とするのは無理だとして構造形成期としたことである。また大不況期をもって前期資本主義は終わるものとされる。この期の資本主義は全体的には，純粋資本主義化傾向・自由主義国家化・パクス・ブリタニカを特徴とする。

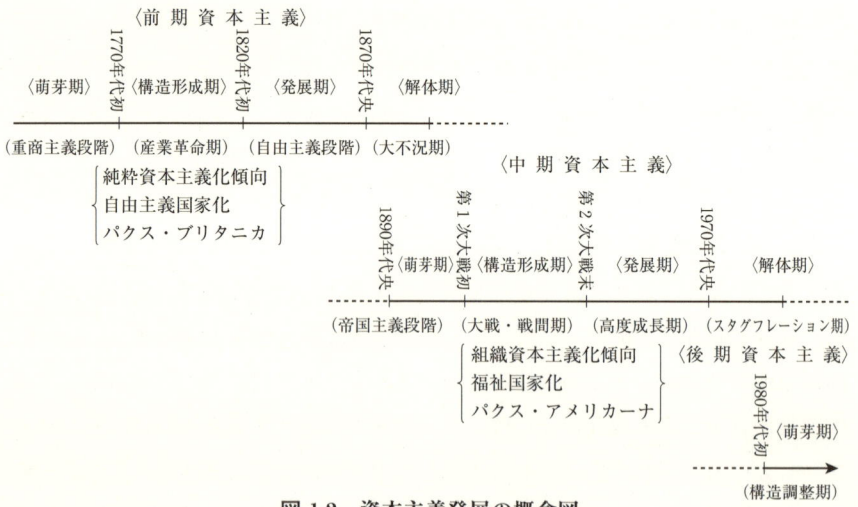

図1.2　資本主義発展の概念図

われわれの課題は中期資本主義である。宇野段階論との相違は，帝国主義期を独立の段階とするのではなく，中期資本主義の萌芽期とし，かつ第一次大戦で段階区分をしないことである。氏はつぎのようにのべている。帝国主義の新現象，すなわち重工業化，独占体の形成，景気循環の変容，帝国主義的対外政策，社会政策は，「戦後高度成長期に全面開花することになる〈中期資本主義〉の〈発展構造〉を構成する諸要素が部分的かつ未成熟なかたちで現れたものか，あるいは〈発展構造〉の未成熟のために生じた一過的な事象にすぎない」（206ページ）。

たとえば，カルテルなどの独占による停滞性は外生的な市場に依存した第一次大戦前の石炭・鉄鋼の蓄積基盤の狭隘性によるものであって，これを重工業の典型とすることはできない。これに対し，第二次大戦後の重化学工業は，石油，自動車，電機（耐久消費財）など多軸的産業連関と内生的市場によって「停滞どころか資本主義発展史上未曾有の高度成長を実現する動力となったのである」。また，ビスマルク社会政策やイギリス自由党の社会改革などは「今日の社会保障の水準から見ればまことに貧弱なものであって，その生活保障機能はきわめて小さく，またこれが国家財政膨脹の主要な原因になることもなかった」（207ページ）。その歴史的意義は決して無視されてはならないが，「第一次大戦以降の社会保障の発展と切り離して，いわゆる帝国主義段階の社会政策として孤立的に考察されるならば，その歴史的意義が看過されるか，あるいは逆にその経済的・社会的機能や財政的比重が事実に反して過大に評価されることにならざるをえないだろう」（207～208ページ）。

こうして，前期資本主義に対し中期資本主義は，［純粋資本主義化傾向・自由主義国家化・パクス・ブリタニカ］から［組織資本主義化傾向・福祉国家化・パクス・アメリカーナ］への移行ということになる。そして各指標の内容を概観すればつぎのようになる。

［純粋資本主義化傾向 → 組織資本主義化傾向］
① 産業構造
綿工業と石炭を中心とした直線的産業連関 → 鉄鋼と石油を基礎にした重化

学工業の多軸的産業連関

② 産業組織

個人企業ないしパートナーシップを主体とする自由競争 → 株式会社とそれを基礎にしたビッグ・ビジネスを主体とする寡占的支配力による市場の組織化，業界団体の形成

③ 労使関係

個別契約にもとづく自立的な資本-賃労働関係の形成；中心産業の主要工程の単純労働化による資本の労働支配体制の確立；旧中間層の分解傾向 → 国家の労働政策に枠づけされた団体主義的労使関係の展開，一般的労働組合と使用者団体の形成；中心的諸産業の生産工程の複雑化に対応するための「科学的労務管理」ないしフォーディズムによる資本の労働支配体制の再編確保；新中間層の大量形成と一部旧中間層の温存政策

［自由主義国家 → 福祉国家］

④ 統治機構

制限選挙制による有産階級の独裁；有産階級による地方自治の維持 → 男女普通選挙制による大衆民主主義，コーポラティズム；ナショナル・ミニマム実現のための行財政の中央集権化・財政調整制度の展開

⑤ 国家の役割

経済に対する中立的国家志向，市場経済の枠組み条件整備のための行政機構の確立，相対的な意味における「小さな政府」の実現 → 通貨管理，フィスカル・ポリシー，統制および行政指導，公企業などを通じて景気変動，経済成長，経済構造に誘導的影響を与える ⇆ 福祉国家化による生活の社会化 ⇆ 資源配分と所得分配に対する裁量的および非裁量的介入 ⇆ 「大きな政府」の出現

⑥ 社会理念

古典派経済学に代表される経済的自由主義；社会主義のマルクス主義化＝理念化＝現実的影響力の減退 → 社会主義の多様化＝現実化＝現実的影響力の増大 ⇆ 資本主義の自己改造としての福祉国家理念の定着 ⇆ ケインズ経済学に代表される介入主義的経済思想の普及

[パクス・ブリタニカ → パクス・アメリカーナ]
⑦　世界システム

　工業国イギリスを中心にした，自由貿易による「安上がりな」一元的世界市場支配 → 農工両面で第一位の生産力を持つアメリカを中心にした，社会主義に対抗しつつ資源支配と市場の組織化をはかる「高くつく」二元対抗的な世界市場支配（208 〜 209 ページ）。

　さて，〈発展構造〉は経済過程，国家システム，世界システムの三つの系に分けられたが，それらは相互に密接に関連しながら運動している。そこでつぎに氏は主に組織資本主義化傾向と福祉国家システムの相互関連を検討する。

　「第1に，資本主義の組織化は，産業構造の重化学工業化と福祉国家化による国家介入の増大という2つの方向からモメンタムを与えられており，民間部門における組織化と公共部門における組織化は，互いに相手を前提にしながら，相補的に拡張していく関係にある」。

　「第2に，資本主義の組織化は単なる市場の組織化にとどまらず，経済と社会のさまざまな分野にさまざまな規模のさまざまな性格を持った組織が重層的につくられ，これらの組織＝枠組みに対応して各種の公共政策が展開される」（213 ページ）。

　「第3に，これらの組織の多くは，公共政策の枠組みとしては公的性格を帯びるが，公共政策から利益を得るための利益集団としては私的な性格を保持しており，公的領域と私的領域との混淆を進める主要な要因となる。そしてこの組織資本主義の組織が持つ二重性格は，一面では福祉国家システムの膨張を促進する要因になるが，多面ではそれを一定の限度内に抑制する機能も果たす」（215 ページ）。したがって「なんらかの原因で組織が弛緩したり，溶解したりすれば当該パラ公共財の膨張は制御不能に陥り，組織そのものの再編が不可避になるだろう。1970 年代中ごろ以降の事態がまさにそれであり，80 年代以降のプライヴァタイゼーションは，こうして失われた制御機能の回復を求める組織再編の試みにほかならない」（216 ページ）。

　ところで，このような組織資本主義化傾向のもとで，福祉国家システムと経

済成長はいかなる関連をなしたか。氏はつぎのようにいう。

「第1に，福祉国家の達成度は多かれ少なかれ1国の経済力によって規定されている」。「第2に，持続的な高度経済成長は，ミクロ的には各経済主体の担税力を高めることによって，マクロ的には公共支出の対GDP比の上昇を抑制することによって，福祉国家関連経費の持続的増大を可能にする条件をつくりだす」(216ページ)。「第3に，高度成長期における持続的な生産性の上昇が，不安定になりやすい福祉国家システム下の労使関係を安定させる」(217ページ)。そして「〈中期資本主義〉における高度経済成長と生活革命と福祉国家的公共政策は，それぞれが相互に支え合いながら1つの円環連鎖を形成し，急速度で発展していった。しかしこの円環連鎖的発展は，組織資本主義という有形無形の枠組みのなかではじめて機能するのであって，その枠組みが弛緩したり解体したりすれば，あるものは制御不能に陥り，あるものは機能不能に陥ることを避けることはできない。そのような事態は1960年代末からゆっくりと現れ始め，70年代初頭には明瞭なかたちをもって進行した。〈中期資本主義〉は明らかに〈解体期〉に入ったのである」(223ページ)。

最後に氏の議論の特徴をあげよう。①1890年代央をもって前期資本主義と中期資本主義に分け，かつ1980年代初頭以後は後期資本主義とされる。したがって従来の帝国主義期は中期資本主義に含まれる。なお，山田鋭夫『20世紀資本主義』(有斐閣 1994年)は「前期，中，後期といった命名は無内容であるばかりでなく，何を根拠にそういえるのかといった疑問を誘発し，同じ無内容なことばなら第一期，第二期，第三期といったほうが無難だとの印象をまぬかれえない」(153ページ)と批判している。しかし加藤がこのような命名をしたのは，<u>後期</u>資本主義で資本主義の歴史は終わるとする含意があってのことであろう。もっとも「何を根拠にそういえるのか」という批判に対しては明確な展望は出していない。②さてこのような方法をとる理由は，帝国主義期に現われた諸特徴は中期資本主義で全面開花するからである。すなわち，組織資本主義化・福祉国家化・パクス・アメリカーナの時代である。その分，馬場の爛熟期の資本主義のような無理がなくすっきりしている。それは加藤が支配的資

本の蓄積様式ではなく上部構造を含む七つの指標で前期, 中期を区分したからである。③萌芽期や解体期という過渡期を設定した, あるいはせざるをえない段階論となっている。④重工業と重化学工業は産業的にも市場的にも区別されている。そして中期資本主義の高度経済成長が強調される。また経済成長と福祉国家システムの円環連鎖的発展とその弛緩・解体の原因が明確にされている。⑤宇野三段階論のいう現状分析は固有の世界経済論ではなくなり, 各論か一国分析となる。⑥ソ連型社会主義は冷戦という政治的意味しかもちえず, 現代世界経済のなかに労働力商品化の無理の一つの解決体制として位置づけられていない。もちろんそれは, 国民国家的限界を越えるものではなかった。⑦後述の, 第一次大戦後の世界の政治・経済制度の国際化の意味が欠如している。それは労働力問題の国民国家的包摂の限界を解決しようとする方策だったのである。

なお, 加藤説に類似するものに, 橋本寿朗の〈20世紀システム論〉がある。しかしそれは, ①宇野経済学の段階論批判として提起されたものではなく, したがって経済学原理論や現状分析との関係もあいまいであり, ②また宇野学派自体に懐疑的なので, ここでは取り上げない。

(21) この点については, 橋本寿朗「『20世紀資本主義』で明らかにしたかったこと」(『平和経済』第410号 1996年) を参照されたい。橋本の議論については, 橋本寿朗「20世紀システムの動揺と日本経済」(『エコノミスト』第64巻第22号 1986年), 同『日本経済論』ミネルヴァ書房 1991年, 同「『経済発展段階論』と日本経済史」(『社会経済史学』第58巻第1号 1992年) などを参照。

C 柴垣和夫の国家独占資本主義論を基礎理論とする現代資本主義論

ここでは, 柴垣和夫の大内力の〈国家独占資本主義論〉を〈基礎理論〉とする現代資本主義論を『現代資本主義の論理』(日本経済評論社 1997年) で紹介しよう。

(22) 柴垣和夫『知識人の資格としての経済学』大蔵省印刷局 1995年, 同「現代資本主義の段階論」(『武蔵大学論集』第47巻第3, 4号 2000年), 同「現代資本主義の『段階論』」(『経済理論学会第48回大会・報告要旨』2000

年）も参照されたい。

　氏は，宇野段階論の功績として，①金融資本論をレーニンからヒルファディングのそれに引き戻したこと，②金融資本の具体的存在形態をドイツの組織的独占，イギリスの海外投資，アメリカのトラスト運動という各国異なったタイプで成立したことを解明したこと，③各国金融資本の類型的相違がそれぞれの要求する経済政策の類型的相違をもたらし，各帝国主義の類型的相違を規定することを明らかにした点に求める。

　しかし宇野にも限界がある，という。「第一に指摘しなければならないのは，宇野が原理論レベルにおける資本概念とは区別された具体的な概念としての支配的資本を設定しつつも，……その具体的存在形態として企業形態およびその結合形態にまで言及しながら，それが不徹底にとどまっていること，とくに企業内組織の問題についてそうであること，これである」(57 ページ)。つまり「経営学の領域」や「ミクロレベルでの労使関係」にまでは論及していない。「限界の第二は，その歴史的制約である。これは二重の意味で指摘できる」。その一は，段階論の対象を第一次大戦までで打ち切ったことと関係するが，「両大戦間期以降とくに第二次世界大戦後には資本主義世界の中心国となり，20世紀央には国際政治・経済において圧倒的な力を発揮する」アメリカ金融資本の規定が欠如していることである。したがって「アメリカ金融資本の解明は，不可欠の課題といっていい」(58 ページ)。その二は，宇野『経済政策論』刊行から半世紀過ぎていることと関係するが，1970 年代ごろからアメリカの凋落と日本の台頭が明確になった現在，「現代資本主義の解明に当たっては，……新しい支配的資本ともいうべきアメリカと日本の金融資本の把握が不可欠といっていい」点である。

　そこで氏は，第一次大戦後も資本主義は「歴史的・段階的展開」を示してきたことを根拠として，「第一次世界大戦以前の資本主義を古典的資本主義と呼び，それ以降の資本主義を現代資本主義と呼ぶ」(59 ページ) として，新段階論を提起する。しかしそれは，宇野の帝国主義論をそのまま引き伸ばすのでも，加藤榮一のように古典的帝国主義と現代資本主義をひっくるめて段階論を再構

成しようというのでもないという。そこで，氏のいう段階論を図1.3で示そう。氏はこのような方法をとっていない。しかも短い文章なので理解しにくい部分もあるので氏の本意を伝えていないかもしれない。したがって図1.3の文責は筆者にある。

図の古典的資本主義については，支配的資本の蓄積様式はほぼ宇野段階論に相当する。しかしそれはパクス・ブリタニカの時代とされる。現代資本主義はパクス・アメリカーナの時代である。氏は「前者におけるパクス・ブリタニカの形成・確立・動揺という展開と類似した過程が，後者におけるパクス・アメリカーナの形成・確立・動揺という展開として，存在していることを認めることができる。また，後者における戦間期とくにブロック経済期の国家の介入主義，第二次世界大戦後のIMF＝ドル体制下の『自由化』，その破綻後の世界経済の多極化と保護主義の台頭という展開は，前者における重商主義・自由主義・帝国主義の段階的展開に照応する側面があることもたしかである。ここでの両者の類似性を規定している共通点は，資本主義諸国間の不均等発展であり，覇権安定論の論理である」(59ページ)とのべている。

氏の特徴はつぎの現代資本主義である。「古典的資本主義から理論構成された宇野の原理論と段階論を維持し，前提しつつ，それぞれのレベルに照応した現代資本主義の『基礎理論』と『段階論』を構成しようというのである。この点について，私はかつて現状分析における抽象レベルの重層性の問題として論

古典的資本主義			現代資本主義		
(基礎理論)＝宇野・経済原論			(基礎理論)＝大内力・国独資論		
重商主義	自由主義	帝国主義	遠藤湘吉・帝国主義の在り方の変容		
			戦間期 国家の介入	第二次大戦後 IMF・自由化	1970年代～ 保護主義
パクス・ブリタニカ 成立　　　確立　　　動揺			パクス・アメリカーナ 成立　　　確立　　　動揺		
商人資本	産業資本	金融資本　→　経営者資本主義　→　法人資本主義 (タイプ変化) 　　　　　　　　(会社主義)			

図1.3　柴垣・新段階論

じたことがあるが，……現代資本主義の本質を管理通貨制度のもとでのフィスカルポリシーに求めた大内力教授の所説を，右の『基礎理論』に照応するものと解し，それを帝国主義の在り方の変容に求めた遠藤湘吉の所説を，右の『段階論』に照応するものと解したのであった」(60 ページ)。

(23) 遠藤湘吉は「国家の経済的役割」(岩波講座『現代』第5巻 岩波書店 1963年) において，大内力の国家独占資本主義論＝管理通貨制度による労賃の切下げを基軸とする恐慌の克服ないし回避説に対し，それが帝国主義と金融資本の第一次大戦後への継続性を軽視していると批判し，むしろそれは世界経済の〈有機的一体性の欠如〉と〈各国資本主義の不安定性〉に直面した〈資本主義がとらざるをえない体制〉だとした。柴垣はこの大内説を現代資本主義の〈基礎理論〉，遠藤説を〈段階論〉とする。柴垣『社会科学の論理』東京大学出版会 1979年 第3章も参照されたい。

そこで，氏は現代資本主義における支配的資本の，企業論レベルでの段階論的考察を試みる。しかしそれは古典的資本主義の，商人資本・産業資本・金融資本のような資本形態の変化によるものではない。資本形態としては金融資本が最高のものであるから，それは〈金融資本のタイプの変化〉として現われ，〈縦の時系列的タイプ変化〉となる。

まず資本とは，価値増殖という〈機能概念〉であって，増殖と離れた価値そのものではない。したがって「資本を自然人が所有することはできない」(62ページ)。つまり機能資本家こそ資本家であって，貨幣資本家はたんなる資産家にすぎない。「個人企業システムは，所有が経営に対して優位に立つシステムだった」が，「帝国主義段階における株式会社の登場は，所有と経営の制度的分離を実現し，後者の前者からの制度的かつ相対的な自立をもたらす」(63～64ページ)。大株主は資本家であるが，小株主は資産家にすぎない。株式を所有しなくても，取締役であれば〈立派な資本家〉である。

ドイツ型金融資本は第一次大戦後大きな変容を受ける。企業の銀行ばなれと経営者革命の進展である。それは経営者が所有に依拠しないで支配権を握るものである。その点を第二次大戦後，チャンドラーが，①多数の異なった事業単

位から構成され，②階層的に組織されている俸給経営者によって管理されているものとして解明した。

つぎに，法人資本主義(24)が登場する。それは「支配的大株主がもっぱら法人株主によって構成されている状態を指す」(73ページ)。それは日本における株式持合によって完全に近い経営者支配を実現した。またそれは日本的経営の根幹をなすものであり，日本的経営は法人資本主義・日本的労使関係・日本的生産システムと競争システムの合成物である。そして法人資本主義と日本的経営をもって日本会社主義とする。なお日本的労使関係は，長期雇用・年功賃金・企業別組合によって構成されているが，階級・階層の不明確さ，企業と労働の共同体的性格，労働規律の社会主義的性格などをもって，「クリーピング・ソーシャリズムのひとつの側面をなす，労働力商品の部分的・疑似的止揚の日本的形態として理解しうる」(25)(80ページ) という。もっともそれには長時間労働や過労死といった負の側面もある。しかし日本会社主義の適切な制御が，新しい社会主義にとって「魅力的な課題」(81ページ) を提起している，という。

(24) 法人資本主義については，奥村宏『法人資本主義の構造』日本評論社 1975年を参照されたい。柴垣 前掲書 第3章も参照。
(25) 柴垣 同上書 第1章を参照されたい。これについての批判は前掲拙著第2章補論を参照。

氏の新段階論の特徴は，①現代資本主義に〈基礎理論〉を設けたことである。それは大内・国家独占資本主義論であるとされる。しかし宇野・原理論や段階論を前提とする重層性の相違によるとされるので，図1.3の「現代資本主義」は一段低い所へ設定されるべきかもしれない。②支配的資本の蓄積様式は金融資本のタイプの変容とされる。したがって，馬場説と同様に不細工な段階論となっている。両説とも，ドイツ金融資本 → 経営者資本主義 → 日本会社主義説をとっている。③馬場・加藤説と同様に，パクス・ブリタニカとパクス・アメリカーナの歴史段階論となっている。④固有の意味での現状分析論はなくなり，各論か一国分析となる。⑤社会主義と政治・経済の国際化の意義が不明である。

なお，氏の〈資本家〉の規定についていえば，資本を所有する資本家に対し，

機能資本家を本質的資本家と規定しているが，そこには無理がある。なぜなら，原理論においては資本を所有しない資本家は想定しえないからである。借入や株式発行によって無産者が資本家になりうるとすれば，原理論的階級関係は崩壊し，理論そのものの前提が成立しなくなるからである。[26] それは，原理論と段階論の相違を無視した議論であり，氏の現代資本主義における〈基礎理論〉の設定と同様に無理な議論である。大内力の国家独占資本主義論の根本的無理については，すでに前掲拙著第3章で詳述したのでそれを参照されたい。

(26) なお，原理論において労働者（および地主）は資本家になりうるかという問題については，前掲拙稿「恐慌論の課題とその対象範囲について」を参考にされたい。拙論の主張はありうるということであった。

D アルブリトンのコンシュマリズム段階論

つぎに宇野派を継承し新段階論を提起したロバート・アルブリトンのコンシュマリズム段階論を，ロバート・アルブリトン『資本主義発展の段階論』（永谷清監訳　社会評論社　1995年）によって紹介する。[27] 氏の議論はきわめて明快である。すなわち第二次大戦後を，重商主義・自由主義・帝国主義につづく第四の段階とするものである。それを氏は〈コンシュマリズム〉段階と命名する。ここでも氏の議論を図1.4で示そう。これは筆者による作図であるから，文責は筆者にある。なお氏の自由主義段階は宇野説と少し異なるが，本章の課題ではないのと，煩瑣を避けるため図から除外した。

(27) R. Albritton, *A Japanese Approach to Stages of Capitalist Development*, London, 1991.（松井名津訳・白銀久紀解題「宇野段階論の拡充―第4段階としてのコンシュマリズム―」『経済評論』第40巻第1号　1991年）も参照されたい。なお，氏は自由主義段階を1775年から1875年とし，その典型を1850年から70年としている。これについては，同著第3，6章を参照。さらに原理論についても相違があるが，この点については，同著第2章および，永谷「監訳者あとがき」を参照されたい。

まずコンシュマリズム（Consumerism）とは，氏の造語ではなく，現代アメリカの大量生産・大量消費・経済のサービス化・マーケティングやコマーシャ

ル・消費者運動・消費者主権など多様な意味で使用されているものである（同著，永谷「監訳者あとがき」および，前掲論文・白銀「解題」を参照されたい）。以下コンシュマリズム段階の経済（Consumerist Economics）をCEと略す。図示したように，それは1950〜70年代を典型期とする。資本形態は，自由主義＝同族企業，帝国主義＝金融資本，CE＝多国籍企業ないし複合企業（コングロマリット）とされる。それに対応して，それぞれ商品（取引）資本，貨幣（貸付）資本，生産（資本）の国際化の時代とされる。中心産業は，綿，鉄鋼，自動車に代表される。なお，氏は段階論の特徴にイデオロギー・法・政治も取り上げるのであるが，ここではそれを代表する〈自由主義国家〉，〈福祉国家・戦争国家・大きな政府への一歩〉，〈福祉国家・戦争国家・大きな政府の実現〉のみを提示しておく。

　氏がCEを提示したのは，第二次大戦後の資本主義が「資本主義的発展段階として理論化されうるほど充分な構造的一貫性を示している」ことと，「社会主義のほうが資本主義よりもさらに守勢に回っている」（284ページ）という認識による。氏はCEの自動車が複雑な使用価値であり，高価で，資本蓄積に深く影響を与えるため，新しい資本・賃労働関係を形成し，生活水準の向上と，生産の国際化，反循環的経済政策＝ケインズ主義をもたらすとする。それは大

1890〜1914　帝国主義	戦間期	1950〜1970　コンシュマリズム
（資　　本　　形　　態）		
金融資本　集中独占	隙　間	多国籍資本・複合企業　寡占継続・経営者支配
貨幣（貸付）資本の国際化	隙　間	生産（資本）の国際化
（産　　　　　業）		
鉄鋼	隙　間	自動車
（世　　界　　体　　制）		
イギリス凋落・競合	隙　間	アメリカ覇権
（イ　デ　オ　ロ　ギ　ー　・　法　・　政　治）		
福祉国家・戦争国家・大きな政府への一歩	隙　間	福祉国家・戦争国家・大きな政府の実現

図 1.4　コンシュマリズムの歴史段階論

量消費を前提とするため，賃金（国家介入による社会賃金を含む）の上昇と政府の総需要政策が不可欠となる。

　他方フォード的生産方式は労働条件が劣悪で労働者に忌避され，日給5ドルの高賃金が定着する。戦間期の自動車市場は中産階級のものであり，割賦販売・過度の消費者信用による〈人為的市場〉であったが，「第二次世界大戦後，自動車産業の労使は，増進した生産性と概して歩調を合わせた実質賃金の見返りに，経営者支配の受容と労働者協調を獲得する団体交渉のパターンを定着させた。……自動車が平均的労働者の賃銀バスケット（生活資料—筆者—）の一部と見なされるレベルまで産業労働者の賃銀を引き上げた。これがコンシュマリズム段階の黄金時代を第二次世界大戦後に位置づける主な理由の一つである」(288ページ)。

　ところでCEの典型的資本形態，すなわち典型的に成熟した株式会社制度は，「金融資本」というより「多国籍資本＝MNC」といったほうがよいとされる。それは，賃金，価格，税，利潤，通貨の国際的差異を利用したものであり，帝国主義との根本的相違をなす。しかし形態の連続，すなわち独占的組織は継続する。それは賃金上昇を価格に転嫁した。また垂直的統合の継続のほか事業の多角化傾向（その典型がコングロマリット）もあった。もう一つの重要な傾向は経営者支配である。「資本の実体は質的に変わったのである」(293ページ)。

　資本と労働関係では，〈赤の脅威〉として〈大衆的産業別労働組合を非政治化〉した。それは「労働組合がつねに増大する賃銀と福利の見返りに，政治に足を突っ込まず，労働者協調を維持するという一種の暗黙の了解であった」。労働者には車と住宅が約束された。それは「労働力の部分的非商品化ということになる。賃銀と労働条件は，もはや市場だけでは決定されていない」(290ページ)。労使間の暫定協定・暗黙の協定は〈規律ある協調的労働力を提供〉し，他方福祉国家が約束される。もっともこの非商品化は過度に強調されるべきではない。1970年代以降労働組合の有効性は失われたからである。

　しかしアメリカが1970年代初頭以後，競争相手国の登場と国際収支の赤字に直面してドル＝金兌換停止に追い込まれてから，スタグフレーション時代に

入る。そして地球的規模での不平等と貧困および生態系の劣悪化が深刻化した。こうして，「コンシュマリズム段階は，……買収されなければならない強力な組織された労働者階級への対応の段階である。しかし，そのために払われる犠牲は，第三世界・少数民族・女性そして自然それ自体のぞっとするような過剰搾取である」。したがって「われわれが直面する問題に対処するために必要な迅速で大規模な経済の再構築は，広範囲にわたる計画を必要とするであろう。……それが意味することは，民主主義的な社会主義社会の創造にほかならないであろう」(331ページ)。

　さて，氏の理論を要約しよう。①戦間期は一種の隙間期とされる。なぜなら「第一次大戦後に帝国主義段階に特徴的な蓄積様式を再建しようとさまざまな努力がなされたが，それらは大部分，不成功に終り，その帰結は，経済恐慌，ファシズム，そして最後には第二次大戦であった。新たなコンシュマリズム段階はアメリカにおける第二次大戦前の自動車産業の発展によって1920年代という早い時期において，すでにその前兆が現れていたが，この新たな段階は第二次大戦後にアメリカの覇権が確立されるまでは十全には出現しなかった。こうして戦間期というのは，第一次大戦前の資本蓄積様式を再建しようとするいろいろな努力が不成功に終わり，新しいコンシュマリズム段階がまだその懐妊期間を終えていない一種の隙間であった」(223ページ)からである。すなわち戦間期はCEへの過渡期なのである。

　②CEの労使関係，すなわち「増進した生産性と概して歩調を合わせた実質賃金の見返りに，経営者支配の受容と労働者協調を獲得する団体交渉のパターン」という発想は，つぎの付論で紹介するレギュラシオンの方法によるものである。実際，氏は第8章の注(4)で「私のコンシュマリズム段階への接近方法は，明らかにレギュラシオン学派から影響を受けている」(356ページ)とのべている。なお氏のレギュラシオン批判もそこで展開されているので参照されたい。

　③CEの支配的資本は馬場・柴垣説と同様に経営者資本主義とされている。
　④アメリカ中心の方法であり，世界経済的視点が希薄である。これについては

後述する. つまり CE はパクス・アメリカーナの段階である. ⑤したがって現状分析はいかなる位置にあるのか不明である.

⑥氏の「地球的規模での不平等と貧困および生態系の劣悪化」について, とくに〈生態系の劣悪化〉は, 氏に宇野経済学の教示をなした関根友彦『経済学の方向転換』とポラニー『大転換』の影響を受けている[28]. 後者については, 本章では省略したが, 氏が各段階の〈経済＝economics〉において, 労働力・土地・貨幣を取り上げて, 原理論ではこれらは理論的に包摂されるが, 段階論では特有の形で処理されるとしている点に現われている. ⑦最後に引用の「民主主義的な社会主義社会の創造」についていえば, その根拠が不明確ではあるものの, 他の新段階論に比べて〈社会主義的展望〉を示している.

(28) 関根友彦『経済学の方向転換』東信堂 1995年, K. Polanyi, *The Great Transformation : The Political and Economic Origins of Our Time*, Beacon Press, 1957. (吉沢英成・野口建彦・長尾史郎・杉村芳美訳『大転換―市場社会の形成と崩壊―』東洋経済新報社 1975年)を参照.

付論 レギュラシオン理論

ここでは, 1970年代中葉, フランスの官庁エコノミストを中心に均衡理論とマルクス派への批判として生まれ, 第二次大戦後の先進国の持続的成長と70年代以降の持続的危機をフォーディズムの発展と危機として把握するレギュラシオン (＝調整) 理論 (＝Regulation Theory 以下, RT と略す) を紹介する. それはフランス人研究者によるものが多いが, 宇野段階論との相違を明確にするために, 宇野批判を含む山田鋭夫の議論を『20世紀資本主義』(有斐閣 1994年) でみよう[29]. なお宇野理論を継承するものではないので付論とした.

(29) 山田鋭夫『レギュラシオン・アプローチ』藤原書店 1991年, 同『レギュラシオン理論』講談社 1993年, などを参照されたい. レギュラシオンの文献は多い. これについては, 山田『レギュラシオン・アプローチ』に詳しいのでそれを参照されたい.

まず, 氏の宇野批判を聞こう. 宇野理論は『資本論』の〈下敷き化〉である. 〈純粋大論理〉はあってもよいが, 『資本論』は19世紀の理論である. それで

は現代を不純化，変形，歪曲した資本主義として理解することになる。「資本主義の原理論を本当に構築したいのなら，マルクス以後100年以上の新たな資本主義の経験をもつ今日のわれわれの立脚する地点から出発してなされるべきであろう。逆に，マルクスの時代を一方的に『資本主義の純粋化傾向』や『資本主義の正常な運行・発展』の時代と決めてかかり，この時代でなければ資本主義の一般理論は成立しえないとの勝手な了解のもとに，『資本論』を資本主義の原理論として特別視するのは，今日のわれわれに生きる原理論の構築という要請からするならば，むしろ怠慢であろう。もっとも，その種の原理論が今日どういう形でありうるかについていま準備があるわけではない」。『資本論』は聖典ではなく古典として，原理論としてではなく「19世紀の『現状分析』としておさえるということである」（130〜131ページ）。マルクスから学ぶべきは，資本-賃労働を軸にした近代社会の把握にあり，矛盾や危機認識の視角および概念装置である。

20世紀を資本主義の法則が変形・歪曲された〈転倒した資本主義〉というのは正しくない。19世紀も20世紀もどちらも資本主義の特定のあり方であり，20世紀を歪んでいるとは規定できない。RTによれば，それは蓄積体制，調整様式そしてそれらの組合わせとしての発展様式の相違の問題である。最大の欠点は資本主義崩壊論である。レーニン，ブハーリン，スターリン，バラン，スウィージー，宇野を継承した大内力の国家独占資本主義論も同様である。そこには資本主義がもつ適応能力への過小評価がある。これに対しRTは，『資本論』の下敷き化プログラムをとらないし，資本主義崩壊論とも無縁である。

そこで氏のいう議論を聞こう。RTは，労使関係を中心とする「調整」のあり方に焦点をおく。また1950年代と70年代の成長と危機を同一の概念で把握する。RTが設定する一般概念は単純，少数である。新古典派がミクロ分析，マルクス派がマクロに焦点を当てるのに対して，RTは中間レベルの分析を試みる。

まずRTは〈可変性の経済学〉である。資本主義は持続的成長と持続的危機を反復・交替させてきたが，20世紀資本主義の成長は例外とするマルクス派，

危機は例外とする新古典派は一面的であり，成長と危機という動態的事実＝資本主義の可変性と構造変化を説明するには，RT による蓄積体制，調整様式の概念が必要となる。資本主義は危機をとおして蓄積体制と調整様式を変化させてきたのである。

また RT は〈制度の経済学〉である。市場は重要な制度であるが，経済は市場だけに規定されないし，市場が諸制度から自立しているわけでもない。現代資本主義では市場以外の制度諸形態の比重が高まっているし，各国で異なっている。RT が注目する制度には，市場，労使関係，貨幣・金融関係，国家，国際関係などがあるが，決定的制度は賃労働関係＝労働力の使用と再生産を規定する諸条件の総体である。主な内容は労働編成様式，賃金決定方式，消費様式などである。

さらに RT は〈民主主義の経済学〉である。RT は戦後先進国の高度成長をフォーディズムとして把握する。それは〈テーラー主義の受容〉＝「苦痛をともなう反復的な単純作業方式」の労働側の受容と〈生産性インデックス賃金〉の提供＝「生産性成果を賃金上昇として労働者に分配する」経営側の労使妥協によって成立した。妥協こそがフォーディズムの調整様式であり，高度成長の秘密であった。それは成果分配で一定の公正を実現し，民主主義的であろうとした。〈民主主義なくして成長なし〉である。反面，フォーディズムは「市民の構想能力や熟練を解体し，さらには南北問題を拡大し，地球環境を破壊することのうえに成り立っていた」。危機の時代を超越するにはこうした負の側面を解決する新たな民主主義的な発展様式をさぐり，「そのためのレギュラシオンにかかわる諸制度」（35 ページ）を導出することが不可欠である。

さて RT のキー概念は少なく，発展様式，制度諸形態，蓄積体制と調整様式，危機である。まず，発展とは経済社会の質的変化＝構造的・制度的変化である。発展には歴史的・国民的に多様な〈発展様式〉があり，時間的・空間的に多様な様式がある。〈制度諸形態〉は発展様式に対応して多様である。諸制度は諸個人の妥協であり，個人を制約するが，諸個人は戦略的対応をはかり，適合的なゲームのルールを体得し，行動する。この諸制度がマクロ経済の構図をも規

定していく重要な要因をなす。制度諸形態には，①賃労働関係（a 労働編成の様式＝分業と，b 労働編成と賃金決定の方式＝直接賃金と間接賃金），②競争形態（自由競争か寡占的競争か），③国家形態（安価な政府か介入主義国家），④国際関係（パクス・ブリタニカかパクス・アメリカーナ），⑤貨幣形態の相違（金本位か管理通貨制度か）などがある。基軸は賃労働関係にある。

また制度諸形態によるゲームのルールの形成による経済活動の誘導は〈調整様式〉とよばれる。さらに諸形態のうち賃労働関係のあり方は，生産性要因と需要要因を規定し，諸関係の結果として，生産性体制と需要体制ができ，両者は〈蓄積体制〉をなす。RT の第一の出発点は制度諸形態の概念の措定であり，第二はその総体的作用の結果として蓄積体制と調整様式の措定である。RT は経済社会を制度諸形態の総体としておさえ，それをゲームのルール＝調整様式とマクロ的構図＝蓄積体制の両面から問うものである。そして資本主義市場経済が一定期間，安定的なのは合意や妥協のためであるから，調整様式こそが蓄積体制を操縦していることになる。RT は経済社会を蓄積体制と調整様式の総合として認識し，その総合を発展様式ないし発展モデルとする。発展様式は時間的，空間的に可変的である。蓄積体制に対して調整様式が不適合になれば〈危機〉が生ずる。たとえば，19 世紀末大不況，1930 年代恐慌，20 世紀末世界不況があり，それは構造的危機であった。それは「発展様式変転の契機であり磁場」（52 ページ）であった。しかし新古典派では危機は例外・偶然でしかなく，マルクス派では最終的危機，崩壊でしかなかった。

このような理論にたち RT は資本主義の歴史をつぎのように把握する。すなわち資本主義の代表的な発展様式には，「イギリス型（19 世紀後半）とアメリカ型すなわちフォーディズム（20 世紀後半）とがある。資本主義の歴史上，比較的長期の安定と成長を記録した発展様式はこの二つのみであった」（53 ページ）。つまり，第一次大戦までが〈イギリス型発展様式〉であり，競争的調整様式（ただしこれは第二次大戦までつづく），外延基調の蓄積体制であった。第二次大戦後〈フォーディズム的発展様式〉となり，独占的調整様式，内包基調の蓄積体制（ただしこれは第一次大戦後よりつづく）となる。したがって戦間期

は過渡期となる。図1.5を参照されたい。これは氏自身によるものである。

調整様式の変遷についていえば、1848年頃から成立した新しい制度諸形態＝賃労働関係において、「ごく緩慢ながら労働者が資本主義へと編入されるが、しかし労働過程や生活過程はそれほど大きくは変革されない。つまり労働過程では依然として旧来的熟練が残存し、直接賃金は労働市場の需給関係によって規定されていて一般に低賃金であり、ましてや間接賃金（保険・給付）は制度化されていない。労働者の消費生活は、まだ非資本主義領域に大きく依存していたのである。競争形態としてはいわゆる『自由競争』の時代であったといってよいし、国家の経済的役割も20世紀にくらべたらはるかに小さかった。……国際的にはパクス・ブリタニカの時代である」(57ページ)。新古典派、マルクス派はこの競争的調整のみを資本主義の正常型として「特権化」したが、それは正しくない。

第二次大戦後フォーディズムの時代となり、「賃労働関係においては、労働者が全面的・終身的に資本主義のもとに編入される。たんに労働過程において実質的に包摂されるだけでなく、住宅・自動車・家電製品など、資本主義的に生産された耐久消費財の消費がノルム（標準あるいは規範）となって、消費過

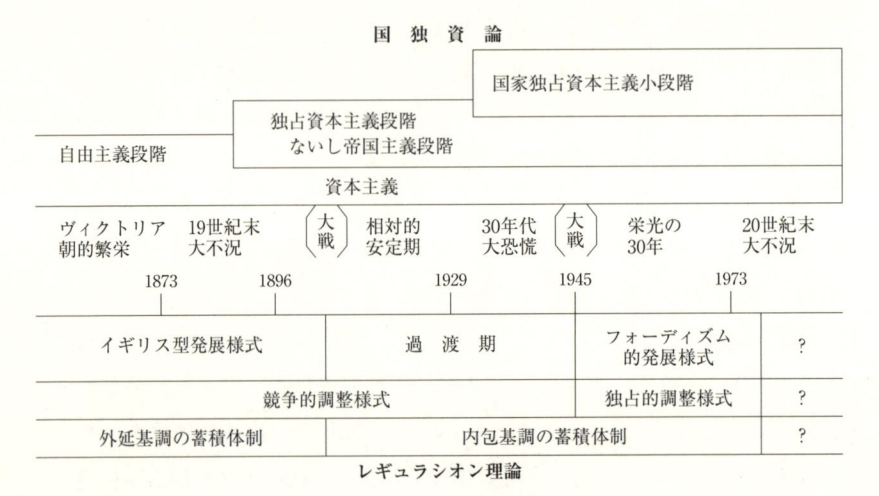

	国 独 資 論						
				国家独占資本主義小段階			
		独占資本主義段階ないし帝国主義段階					
自由主義段階							
		資本主義					
ヴィクトリア朝的繁栄	19世紀末大不況	大戦	相対的安定期	30年代大恐慌	大戦	栄光の30年	20世紀末大不況
	1873	1896		1929	1945		1973
イギリス型発展様式		過　渡　期			フォーディズム的発展様式		?
	競争的調整様式				独占的調整様式		?
外延基調の蓄積体制			内包基調の蓄積体制				?
			レギュラシオン理論				

図1.5　資本主義の長期歴史認識

程においても資本主義へと編入される。それを支えるべく，直接賃金のみならず間接賃金の諸制度も整備され，また消費者信用制度も発達する。資本間競争の形態はたんなる価格競争をこえて，寡占的大企業を中心とする品質競争，数量競争となり，国家はケインズ主義のもとに膨張し，世界的にはブレトン・ウッズ体制とよばれるパクス・アメリカーナが樹立された。その総体は『独占的調整様式』とよばれている」(61ページ)。

　蓄積体制の変遷についていえば，外延基調，内包基調の区別があるが，絶対的基準があるわけではない。「さしあたり，①労働ノルムや消費ノルムの革新度，②消費財部門と投資財部門の平行的発展，③生産性上昇率の大小，のすべてなり一部なりがメルクマールとなろう。例えば19世紀の外延的蓄積体制とは，労働ノルムや消費ノルムの大きな，そして不断の変革がともなわず，消費財部門を置き去りにした投資財部門の一方的発展が顕著で，かつ全体としての生産性上昇も低いといった体制であった。つまり経済成長が主として労働時間の外延的延長や雇用の外的拡大に依存していた体制であった」(62～63ページ)。

　19世紀末大不況はその衰退・構造的危機をなした。アメリカで世紀末，構想＝精神労働と実行＝肉体労働の分離，すなわち旧来の熟練を解体した単純反復作業・出来高払いの賃金による〈テーラー主義〉が登場し，これが20世紀初頭のフォードによる機械化（ベルトコンベヤーと各種専用機械）と結合されて，生産性は革命的に上昇し，蓄積体制はしだいに内包的になっていく。しかし戦間期においては賃金形成の方式は依然として競争的賃金が主流かつ低賃金構造で，生産性の高い成果は高い利潤に帰結した。「高投資は高蓄積を刺激し，……投資財部門を中心に過剰蓄積への傾向が生みだされ，他方，低賃金は大衆消費を刺激しないから，消費財の販路問題という難問にぶつからざるをえない」(64～65ページ)。大量生産は大量消費によって補完されるような制度装置を欠いていた。勃興しつつある内包的蓄積は旧来の競争的調整と対立したのである。1930年代の有効需要危機（過少消費危機）の発生であり，構造的危機である。

しかし第二次大戦後〈フォーディズム〉が成立する。フォーディズムとは内包基調の蓄積体制と独占的な調整様式によって構成される発展様式である。大量生産―大量消費はフォーディズムを一言で要約する言葉である。自動車，家電製品などの消費財，標準品質商品が大量生産される。賃労働関係は「作業場のなかの変革」=「労働編成の変革」であり，テーラー主義とフォード的生産方式の結合である。労働者は20世紀前半来，熟練や判断力を奪うテーラー主義に反対してきた。しかし経営権の主権を承認するに至る。労働組合が承認され，労使争議は賃金問題を主要な争点とし，実質賃金の上昇を勝ち取る。生産性インデックス賃金である。生産性成果は賃金と利潤に分配される。それは経営側の譲歩である。毎年の賃金上昇はフォーディズム的賃金妥協，または労使妥協ともよばれる。

また，先端的部分の賃金上昇を他部門に波及させる法（最低賃金法），制度（労使交渉の集権化，労働者の部門間・地域間可動性の促進）が整備され，労働者の購買力は平準化する。これは連結制度とよばれる。直接賃金のほか間接賃金の比率も高くなった。賃労働関係の四大支柱に，生産性上昇，生産性成果の労使間分配，労働者間分配（連結交渉），社会的全成員間分配（福祉国家）が成立する。

このゲームのルールと制度諸形態（寡占的大企業，管理通貨制度，ケインズ主義的国家など）の総体を独占的調整または管理された調整とよぶ。賃金上昇は消費需要の増大を可能とする。労働強化と疲労回復の必要によって，「労働者がコンパクトに疲労を回復し労働力を再生産すべき時空としての住宅（標準住宅），そこに設置されるべき耐久消費財（家電製品），そして労働者が職住間をすみやかに移動すべき交通手段（自動車）が，代表的な消費財をなした」。それは社会的消費ノルムを形成する。「フォーディズムは資本主義の歴史上はじめて，労働者の消費生活を自らのうちに構造化したのである」（78ページ）。消費財部門の活力と資本財部門の活力は消費と投資といったマクロ変数に置き換えられた。賃金は雇用の関数でなく生産性の関数となり，投資は利潤の関数でなく消費の関数となる。「『テーラー主義受容―大量生産―生産性インデックス

賃金—大量消費』という連鎖回路ができあがった」(83 ページ) のである。

しかしフォーディズムは 1960 年代末ないし 70 年代初頭以来危機に陥る。RT 誕生の契機をなした大危機である。その原因は，①構成高度化，②利潤圧縮である。まず，①構成高度化については，標準商品＝大量生産が市場を一巡し，需要が多品種・少量生産へと差異化したが，フォーディズム技術はそれに対応できなかった。またテーラー流の労働の単純化が進み，労働意欲の低下が激化した。「フォーディズム的発展の根幹を形成していた『テーラー主義受容→大量生産』の誘導回路がもはや有効でも必要でもなくなり，フォーディズム的な調整様式／蓄積体制の一角が瓦解したということである」(91 ページ)。つぎに，②利潤圧縮については，フォーディズムの成功は資本主義的関係に労働者を全面的・終身的に編入したが，非商品経済的に保障されていた失業者，弱者などを資本主義による費用負担＝社会保障費という間接賃金に頼らざるをえなくする。しかし，完全雇用政策の成功は，労働市場を逼迫させ，直接賃金を上昇させる。かくて適度な生産性インデクセーション賃金をこえて賃金爆発が生ずることになり，利潤シェアの低下がおこる。それは 1970 年代初頭に各国で顕在化した。これに対して，経営側も反攻に出て賃金妥協は維持不可能となる。所得分配の危機が発生し，生産性インデックス賃金 → 大量消費の刺激装置が麻痺する。「20 世紀末の長期世界不況の内的メカニズムである」(92 ページ)。また，大量生産・大量消費は国際競争・摩擦を激化し，IMF・GATT などのパクス・アメリカーナを支えた根幹的制度を崩壊させた。

最後に，RT の主張を要約しよう。①マルクス理論は 19 世紀のものであり，現代に適用できず古いという常套的手段をとっている。しかし，まずマルクスの『資本論』やとくに宇野『経済原論』，『経済政策論』の成果を咀嚼し，批判したうえでなされるべきものであろう。自説の主張をあせるあまり，他説を軽視してはならない。しかも氏は 20 世紀には 20 世紀の〈純粋大理論〉があるが，「いま準備があるわけではない」と無責任な発言をする。しかしそれではマルクス派の流れを汲む RT の本意にも反するというものであろう。[30]

(30) RT に一定の評価を与えつつも，経済学原理論や世界経済論的視点を欠いて

いる点の批判については，樋口均「レギュラシオン理論の検討」（現代日本経済研究会編『日本経済の現状〈1990年版〉』学文社　1990年）を参照されたい。

②RTはパクス・ブリタニカに対するパクス・アメリカーナの20世紀資本主義論である。③戦間期は過渡期とされる。

④RTの〈生産性インデックス賃金〉を出発点とする第二次大戦後のフォーディズムによる経済成長の論理は，果たして十分に実証分析に堪えられるものかどうかを検討する必要がある。実際，RTが主張する，フォーディズムが最も典型的に展開した1950～60年代央の経済成長率をみると，アメリカは低く，低賃金の日本のほうが高いのである。しかもRTは日本での〈生産性インデックス賃金〉に懐疑的であり，フォーディズムではなく，トヨティズムとよんでいる。実質国民総生産の年平均増加率をみれば，1954～62(61)年は，アメリカ＝2.8％，西ドイツ＝7.4％，イギリス＝2.5％，日本＝9.4％であり，1961～65年は，アメリカ＝4.7％，西ドイツ＝4.8％，イギリス＝3.4％，日本＝9.7％となっている。[31]つまり〈生産性インデックス賃金〉はなくても，強力な国家の成長政策による重化学工業化にともなう失業者の減少や実質賃金の上昇が国内市場を拡大し，耐久消費財を普及させるのである。RTはしばしばOECD加盟先進国全体の数字で自説を主張するが，やはりフォーディズムの典型国アメリカを例に論理を展開しなければならない。なぜなら，戦間期において，アメリカでは自動車・家電はすでに相当の普及をみたのであって，第二次大戦後にかぎられたことではないからである。大恐慌は前掲，大島説のいうように，国際分業の破綻によってアメリカ自身高価な耐久消費財の世界的輸出・普及が困難となり過剰生産力に直面したために生じたものであった。

(31)　日本銀行『日本経済を中心とする国際比較統計』日本銀行統計局　1964年，1967年版より。

⑤RTには世界経済論的視点が希薄である。とくに二度の大戦や崩壊過程にあるとはいえ社会主義の登場と拡大の根拠が無視されている。また第二次大戦後の1950～60年代央のアメリカ経済が，経済・軍事援助による過剰生産力の処理によって支えられていた点が無視されている。もっともこれはRTにかぎ

らず，前述の新段階論全体についても妥当することである。さらに，ワイマール，ブロック経済，ファシズムについても同様である。

⑥氏はRTの理論根拠に〈生産性インデックス賃金〉をおくが，テーラー主義そのものを20世紀の生産方式としている。たとえば社会主義国についていえば，それは「リズムなきテーラー主義」と「不足による調整」の体制であったという。「この中央計画的国有社会主義にあってもテーラー主義が導入されて，労働強化による生産性上昇が企図された。当初はうまくいった。賃金もあがった。だが中央計画によって生産財と軍需品を優先させた経済では，かりに賃金が上昇しても購買すべき消費財がない。……社会主義では労働者がテーラー主義的労働を受容した対価を欠いていた。……したがって労働意欲は低下し，生産性上昇の成果がマクロ的に波及することもない。それが社会主義の失敗であった」(96〜97ページ)。しかしそうだとするとテーラー主義は，〈生産性インデックス賃金〉の有無にかかわらず一定の成功をおさめたことになる。実際「リズムなきテーラー主義」と「不足による調整」のソ連型社会主義は1970年頃まで経済成長を達成したからである。しかもソ連型社会主義とアメリカ経済の停滞はほぼ同時期なのである。それは〈フォーディズム〉という単純概念で現代資本主義を説明しようとする無理に由来するといってよい。

第3節　新段階論の系譜

A　パクス・ブリタニカと〈世界資本主義論〉

馬場，加藤，柴垣，RTのすべてが，パクス・ブリタニカとパクス・アメリカーナの二段階説を採っている。アルブリトンも第四段階についてはパクス・アメリカーナ論である。加藤説ではこれに後期資本主義，RTではポスト・フォーディズムがつづく。いずれにしろ帝国主義段階のイギリスの覇権が強調され――もっともその崩壊期とされてはいるが――，ドイツの歴史的役割が希薄化されている。さて，ここではパクス・ブリタニカの段階論の系譜が〈世界資本主義論〉にあることを，方法については鈴木鴻一郎編『マルクス経済学[32]

(セミナー経済学教室1　日本評論社　1974年）と，帝国主義については鈴木編『帝国主義研究』（日本評論社　1964年）で，引用し確定しよう。

(32)　鈴木鴻一郎編『経済学原理論〈上・下〉』東京大学出版会　1960，1962年，鈴木「帝国主義論と原理論」（中村常次郎・大塚久雄・鈴木鴻一郎編『世界経済分析』岩波書店　1962年），岩田弘『世界資本主義』未来社　1964年，岩田弘「宇野三段階論の諸問題」（清水正憲他編『宇野弘蔵をどうとらえるか』芳賀書店　1972年），侘美光彦『世界資本主義』日本評論社　1980年などを参照されたい。

　世界資本主義論は，鈴木鴻一郎と岩田弘によって提起されたものである。それは，資本主義は当初から世界的な発展関係のなかで成立したものであるから，〈世界的な有機的統一性〉を有しているので，それを内的に論理化（＝内面化）しなければならないという，宇野批判によって構築されている。その批判は経済学原理論だけでなく帝国主義論にも及んでいる。まず前者についていえば，宇野の自己完結的な原理論に対し，同論は資本主義的生産の一生を形成，確立，衰退の一生として，〈模写〉ないし〈叙述〉するものとされる。もちろん原理論はその歴史を具体的に叙述するものではない。たとえば衰退についていえば，1870年以降の重工業の発展が固定資本を巨大化させ産業循環を変容させるのであるが，「原理論がこのばあいなしうることは，この産業循環の変容を形式的にうけとめる資本形式，すなわち産業資本の株式資本としての商品化を説くことによって，衰退期の資本主義的生産を叙述する」ことであり，「そのかぎりでそこに叙述される論理的展開は，結局は資本主義的生産の歴史的過程の反映であり模写である」（15ページ）とされる。

　問題は帝国主義についてである。その特徴はドイツ，アメリカの過小評価とイギリスの過大評価である。すなわち実質上パクス・ブリタニカの帝国主義段階論を提起していたのである。世界資本主義論は「19世紀70年代から20世紀初頭にかけて，イギリスを中心として展開された世界資本主義の変容過程を，帝国主義の経済的本質をなす金融資本の確立・展開の過程としてとらえ，これをとおして金融資本を新たに規定しなおそうとしたもの」である。つまり「金

融資本の規定はイギリスを中心として展開された世界資本主義の変容の過程の分析をまってはじめて与えられうる」というのである。

まず世界資本主義が産業資本段階にあったときは，景気循環はロンドン貨幣市場とイギリス綿工業の関連によって規制されていた。「だが，1870年代以後においては，景気循環の主軸は，……ロンドン資本市場における海外投資——海外鉄道建設を媒介した——とイギリス鉄工業との関連に推移し，それとともに景気循環過程に変容がもたらされることになった」(iページ)。これが大不況であった。

「大不況がおわって金融資本が補充されてから後も，アメリカ，ドイツ，イギリスの産業的蓄積にたいする金融的規制の中心は，第一次大戦までをとるかぎり，なおロンドン金融市場からうごくことがなかったのであって，世界資本主義の現実的蓄積過程はイギリス資本主義の金融的蓄積を基軸としていた」。産業的蓄積はアメリカ，ドイツの重工業の発展に推移したが，「なおロンドン金融市場の動向に規制される面を強く残していた」(iiページ)。かくて金融資本に対しても新たな規定が要請される。「株式会社制度は，イギリスをはじめ，アメリカ，ドイツにおいて，ひとしく固定資本の巨大化を媒介しつつ，『大不況』期に特有の生産力の発展の不均等を促進していったというだけではない。『大不況』の終息とともに，すでにかなりの程度まで集中していた産業株式会社相互のあいだの支配集中をさらに媒介し，巨大産業株式会社をうみだしていったのである。このようにして形成された巨大産業株式会社の株式証券は，20世紀のはじめにいたって，それまでロンドンを中心に拡大されてきたそれぞれの国の中央資本市場にいっせいに流入し，国債や鉄道証券とならんでひろく流通することになったのであって，そこにイギリス，アメリカ，およびドイツにおける，産業証券の流通市場としての資本市場の確立をみることができるといってよい。こうして20世紀のはじめに，イギリスをはじめとして，アメリカ，ドイツにおいて，現実資本としての商品化が具体的に達成されることになったのであるが，金融資本とはまさにこのように株式資本として商品化を完成するにいたった現実資本のいいにほかならないと考えられるのである」(iiiページ)。

ここで世界資本主義論が，金融資本をたんなる株式・証券資本に矮小化しているだけでなく，その各国における特有の型を軽視していることにふれる必要はない。ただイギリス金融資本を過大評価すればこのような規定しかできないということである。馬場が巨大株式会社をもって金融資本と規定し，柴垣も経営者資本主義をもって現代資本主義の支配的資本とせざるをえない理由がここに由来している。それだけではなく，それはいかにも不細工な新段階論なのである。はたしてドイツ金融資本と経営者資本主義は蓄積様式として商人資本や産業資本ほどの相違があるのか。諸氏は支配的資本の形態の変容という用語は使用するが，宇野が提起した〈蓄積様式〉として問題にしない理由がそこにあるとしか考えられない。つまりそれは馬場，柴垣が自認するように，たんなるタイプの変容ではないのか。この点はアルブリトンのCEにも妥当する。

　さて，CE——アルブリトンは帝国主義段階を認めているし，それがイギリスに対するドイツ，アメリカの競合の世界体制としている——は別にしても，第一次大戦前をパクス・ブリタニカと規定する新段階論の系譜がすでに世界資本主義論にあることは明確となった。そこでつぎに，パクス・アメリカーナの新段階論の系譜をみよう。

B　パクス・アメリカーナと〈国家独占資本主義論〉

　ここでは宇野派を継承するもののなかで，すでに第一次大戦後を国家独占資本主義として規定した大内力説を紹介しよう[33]。ただし世界資本主義論についても同様であるが，本項で新段階論の系譜とするのは，後学が大内の〈国家独占資本主義論〉にいかに影響されたか，どれだけそれを援用したかを問題とするのではない。すでに新段階論の萌芽が論理的に展開されていた点を問題とするのである。

(33)　大内力『国家独占資本主義』東京大学出版会　1970年，同著『国家独占資本主義・破綻の構造』御茶の水書房　1983年，同著『世界経済論』[大内力経済学大系6]東京大学出版会　1991年などを参照されたい。

　氏の国家独占資本主義論の特徴は，第一次大戦後の資本主義は全般的危機に陥った社会主義への過渡期にあり，1929年の広く深く長い恐慌に直面して以

来，恐慌の克服と回避のために管理通貨制度によるインフレ政策＝労賃の切り下げを不可避とする体制となった，というものである。すなわち国家独占資本主義の本質論である。それは，第一次大戦後を変化した資本主義＝国家独占資本主義としてとらえ，その一般的規定（つねに仮説の域を出ないが）を与えようとする点に，基本的性格がある。前掲拙著第3章を参照。

さて氏の議論がなぜ新段階論の系譜をなすかといえば，その国家独占資本主義の一般的規定にある。社会主義が崩壊した現在，氏の議論から〈全般的危機論〉と〈社会主義への過渡期論〉を捨象さえすれば，そこに残るのはケインズ主義的なフィスカル・ポリシー論である。その意味するところが戦間期はニューディール，戦後はドル体制＝IMF体制による世界的なインフレ体制であることは明確である。すなわちアメリカを基軸とする世界体制論なのである。その一般的規定はすでに伊藤誠によって「3.5段階論」[34]と批判されている。つまり〈社会主義への過渡期論〉を捨象し，3.5段階を4段階に引き上げればよいのである。もともと国家独占資本主義はレーニンが第一次大戦を契機として資本主義は国家独占資本主義の段階，すなわち「社会主義の直接の入り口」に移行したと規定したものであった[35]。またツィーシャンクの国家独占資本主義も，生産力の社会化に対応した生産関係の社会化の，新たな段階と規定したものであった[36]。

(34) 伊藤誠『現代の資本主義』新地書房　1981年は「大内説はこれを（宇野三段階論―筆者―）3.5段階論的に改訂し，段階論と現状分析の中間に，国家独占資本主義の『一般的規定』を与える研究次元を追加的に挿入しようとしている」(132ページ) と批判した。しかし前掲，改訂版『現代の資本主義』（講談社学術文庫）では，大内説との方法的接近を主張し，RTやSSA理論 (Theory of Social Structure of Accumulations) などの〈中間理論〉の意義を認めざるをえなくなっている。この点も新段階論と同様に，社会主義の崩壊が伊藤の方法に変更を迫ったものと考えられる。SSAの代表作に，D. M. Gordon, R. Edwards, M. Reich, *Segmented Work, Divided Workers : The Historical Transformation of Labor in the United States*, 1982.（河村哲二・伊藤誠訳『アメリカ資本主義と労働』東洋経済新報社　1990年）がある。

(35) В. И. Ленин, *За хлеб и мир*, 1918, *В. И. Ленин, Сочинения, издание*

четвертое, том 26, стр. 350. （マルクス=レーニン主義研究所訳「パンと平和のために」『レーニン全集』第26巻　大月書店　1958年）399ページ。この点については，前掲，大内『国家独占資本主義』第2章を参照されたい。

(36) K. Zieschang, *Zu einige theoretischen Problemen des sttatsmonopolistischen Kapitalismus im Westdeutschland*, 1957. （玉垣良典訳「国家独占資本主義の若干の理論問題」井汲卓一編『国家独占資本主義』大月書店　1958年）。この点については，前掲，大内『国家独占資本主義』第2章を参照されたい。

実際，柴垣は現在でも大内・国家独占資本主義論を現代資本主義の基礎理論としている。馬場は前掲『新資本主義論』「はしがき」において，「大内先生の国家独占資本主義論と宇野三段階論とをどう統合するかが，経済学における体系構成上の中心課題だ」と考えてきたが，「それは，初めの予想とは全く異なるものになった」（ⅰページ）としながらも，本論ではパクス・アメリカーナの世界体制の基軸の一つにIMFと管理通貨制度をおいている。加藤も中期資本主義の⑤国家の役割の一つに，管理通貨とフィスカル・ポリシーをおいている。[37] 宇野派においてはじめて，国家独占資本主義の基軸に管理通貨制度とフィスカル・ポリシーをおいたのは大内であった。

(37) もっとも馬場，加藤氏が現在もインフレ=労賃の切り下げ論を主張しているのか否かは定かでない。しかし両氏がパクス・アメリカーナの新段階論を提起することによって，現状分析としての馬場『アメリカ農業問題の発生』東京大学出版会　1969年や加藤『ワイマル体制の経済構造』東京大学出版会　1973年の労作が無になるとは考えない。なぜなら第一次大戦後は，後述のように資本主義の過渡期であり，農業問題やワイマールは現状分析の基軸の一つだからである。むしろ新段階論の方が問題なのである。なお橋本寿朗，前掲「『20世紀資本主義』で明らかにしたかったこと」によれば，加藤榮一は大内力と加藤説が革命と大恐慌の戦間期に強く制約された難点をもっていると自認しているという。しかし加藤の文責ではない。

もちろん，それだけで大内・国家独占資本主義が新段階論となるわけではない。大内自身，金融資本を越える蓄積様式を提起していないし，インフレ体制を資本蓄積補助機構としているにすぎない。したがって新たに支配的資本の形態を設定せざるをえない。それが新段階論のいう前掲，チャンドラーの経営者

資本主義論であり，法人資本主義ないし会社主義であった。しかしそれは接木によるものにすぎないから，不細工なものとならざるをえない。

　さらに新段階論は，過渡期や移行の論理を取り入れざるをえない構造となっている。馬場説では戦間期が前史，すなわち現代資本主義の過渡期とされる。また経済政策では古典的帝国主義期に政策の大衆化・多様化・混交の萌芽がみられるし，爛熟期の資本主義も古典的帝国主義より継続している。加藤説では大不況期が前期資本主義の解体期とされ，帝国主義期が中期資本主義の萌芽期，さらに戦間期が構造形成期とされる。また両説とも帝国主義のドイツの軽視，アメリカ生産力の重視によって，それはパクス・アメリカーナの生産力への過渡期とされる。柴垣説でも支配的資本の形態は，古典的資本主義の金融資本から，現代資本主義の経営者資本主義 → 法人資本主義（会社主義）へとタイプ変化するし，戦間期は現代資本主義の成立期とされる。CEにも隙間＝戦間期がある。

　さて段階論に〈過渡期〉や〈移行の論理〉を設定する方法もすでに系譜がある。それは大内力の〈複線的段階論〉である。

　大内力の〈複線的段階論〉は，宇野が重商主義と自由主義の指導的先進国をイギリスに代表させ，帝国主義はドイツを典型・積極的，イギリスを寄生的・防衛的，またアメリカは典型ではないが無視できないものとした方法に対する批判として成立した。大内の『帝国主義論』[38]は前史と本史に分かれる。前史においては，重商主義と自由主義の発展史がイギリスとドイツでそれぞれ論じられ，本史の帝国主義ではドイツ，イギリスが逆転した順序で展開される。もちろん前史ではイギリスが，本史ではドイツが典型国とされる。つまり段階論すべてにドイツが登場するのである。しかも前史のドイツは本史のドイツ帝国主義の過渡期ないし移行期なのである。

(38)　大内力『帝国主義論〈上・下〉』[大内力経済学大系4，5] 東京大学出版会 1985，1985年，同著『経済学方法論』[大内力経済学大系1] 東京大学出版会 1980年を参照。こうした発想はすでに，大内力・大内秀明・戸原四郎『経済学概論』東京大学出版会　1966年や大内『農業経済学序説』時潮社　1970年

に示されている。

　氏がこのような方法を採ったのはつぎの理由による。段階論は帝国主義の解明をその主題とする。なぜなら経済学の最終目標は，社会的実践に対して科学的な基礎をあたえるものであるから，その究極的課題は現状分析＝国家独占資本主義分析にあり，その基準を与える段階論の主題は帝国主義の解明たらざるをえないからである。

　経済学は原理論的な循環運動＝経済法則を解明するとともに，生産関係の変化という質的＝歴史的変化の螺旋型をした循環運動を解明する。後者は，段階論による資本主義の歴史的運動に現われる法則性，一段階からつぎの段階への移行の必然性，つまり資本主義の生成・発展・変質という歴史的運動の法則を一般的に解明することを課題とする。移行が論理化されなければ現状分析の基準たりえないからである。こうしてそのための方法は〈形態論〉でなければならず，かつ典型国に対する消極的な典型国の対比による〈複線型〉論理でなければならない。自由主義の典型国は純粋資本主義化という意味においてイギリスである。したがって重商主義もイギリスが典型国となる。〈積極的な典型〉に対して〈消極的な典型〉国はドイツである。そして帝国主義の典型国はドイツであり，消極国はイギリスとなる。つまり，重商主義と自由主義はイギリスを典型的・積極的，ドイツを消極的，帝国主義はドイツを典型的・積極的，イギリスを消極的とする〈複線型〉の段階論的方法をとらざるをえない。こうして大内〈複線的段階論〉の特徴は，重商主義→自由主義→帝国主義への移行すなわち〈歴史的運動の法則性〉を論じるだけでなく，そのための過渡期ないし移行の論理を唯物史観的方法によって設定したものであるといってよい。

　それは宇野が段階論を資本の蓄積様式の変化として，過渡期や移行論を排除して展開した方法とは異なる。なぜなら過渡期や移行論に関しては，たとえば新産業の登場や株式会社の普及が，経済的必然性として論じえないからであった。宇野が移行論に関してきわめて自制的であった理由がそこにある。しかし段階論を過渡期や移行論で構成する大内の帝国主義論は，すでに新段階論の方法を先取りしていたのであって，その系譜をなすとすることができる。この点

に関するかぎり，資本主義発展の歴史を内面化するという世界資本主義論も方法的に同じである。[39]

(39) 岩田弘，前掲「宇野三段階論の諸問題」(96～115ページ)，および鈴木鴻一郎「唯物史観と経済学」(東京大学『經濟學論集』第33巻第3号　1967年) を参照されたい。

第4節　過渡期世界経済と労働力の普遍化の特性

A　過渡期としての現代

〈現代〉とは前掲拙著(9～10ページ)でのべたように，現在の社会制度＝政治・経済・法制度を同質なものとしてどこまで過去に遡れるか，という点にかかわっている。そしてそれは第一次大戦後である。ここではその点を資本主義の崩壊期としての過渡期と規定する重要な論点のみを提起しよう。まず帝国主義段階後の特質には，第一次大戦，社会主義の登場，ワイマール，ニューディール，ファシズム，国際分業破綻，世界的農業問題の発生，ブロック経済があり，また第二次大戦，社会主義国の拡大，朝鮮戦争・ベトナム戦争などの地域紛争，アメリカの経済軍事援助，ドル体制の展開と崩壊，福祉国家の展開と危機，南北問題，経済摩擦，社会主義の崩壊がある。

新段階論はこれらの世界経済の直面した困難の諸問題に対し，パクス・アメリカーナと高度経済成長の光の側面だけに論点をしぼっている嫌いがある。最も第二次大戦後のドル体制の崩壊，福祉国家の危機，社会主義の崩壊はパクス・アメリカーナの衰退期の問題とされている。なお以上の世界経済の諸特質は，既述のように大島・世界経済論で明確にされているが，漏れた論点もある。それは"二度の大戦と社会主義"および"政治・経済の国際化"の意味づけである。ここAでは前者を検討するが，その意味するところは労働力問題の国民国家的対応とその限界ということになる。国際化についてはBでのべる。

まず第一次大戦は，既述のようにドイツとイギリス間の〈発展の制約〉と〈停滞による失業問題〉を軸に発生したものである。それは労働力商品化の無

理を基本的原因とし，その〈国民国家的包摂の限界〉を媒介としたものであった。そしてそれは，第一次大戦後も解決されることなく，形を変えて現出した。

　まず資本主義側をみよう。第一次大戦後は，アメリカでの新産業の発展による国際分業の破綻を原因として発生した世界的な労働力問題を，各国がその特殊性において多様な方策で解決しようとした時代である。しかし世界経済過程から発生しながら労働力問題は，国民国家として一国的に解決するしかない。その方法は多様であり，大戦後のワイマール体制，大恐慌後のブロック経済，ニューディール，ファシズム的統制経済であった。だがどの体制も結局自国資本と労働者の利益を反映し，かつそれと大きく背反できない。否むしろ他国国民の犠牲の下で労働力問題を解決しようとしたのであった。その結果第二次大戦が勃発した。

　第二次大戦後には，対社会主義のための経済成長と福祉を柱とする体制＝基本的にはニューディール体制が，アメリカの経済軍事援助とドル＝IMF体制の下で展開された。しかしそれも労働力問題の国民国家的包摂の限界を解決しうるものではなかった。アメリカの過重な負担がドル危機として発現した後，世界的な貿易摩擦が発生した。もともとアメリカの経済軍事援助は，核による冷戦下の自国の安全と，過剰生産力の処理という資本と労働側の利益に沿うかぎりで展開可能なものであった。それが損失，すなわち国際収支の赤字や失業を増大させれば，維持不可能なのである。

　その限界は労働力問題の発生の原因の世界性とその国民国家的包摂の矛盾にある。したがって資本主義も永遠の体制ではありえないし，第一次大戦後はその解決までの過渡期ということになる。従来の諸説は第一次大戦後の資本主義の過渡期性を資本主義の原理からの不純化やクリーピング・ソーシャリズムで説明しようとした。しかしそれは抽象的すぎて不十分である。

　さて福祉国家体制についていえば，すでに戦間期にその萌芽がみられるのであるが，(40)先進諸国で一般化したのは第二次大戦後である。それは戦間期から引きずっていた日欧の対米生産力格差にもとづく戦後の大量失業と戦災を第一の原因に，そして対社会主義政策を第二の原因としていた。しかしそれは一国的

方策であって国民国家的限界を越えるものではない。それが順調に展開したのは，先進国の重化学工業化による資本の高蓄積と失業人口の減少およびそれにともなう租税・税外収入の増加によるものであった。だが日欧の発展とアメリカの衰退は，世界の三大工業基地の形成による過剰生産力を背景として，1970年央から熾烈な貿易摩擦を引き起こした。一方の成長が他方の失業を生むからである。資本蓄積の停滞による利潤率の低下，失業率の増大による政府支出の増大，さらに租税・税外収入の停滞は政府赤字を増大させ，福祉国家体制を危機に陥れた。新保守主義の台頭である。すなわち世界経済的対立関係が福祉国家体制の危機の根本原因なのである。それはよくいわれるように，労資同権化が労働者の発言権を強め，賃金上昇 → 利潤減少を引き起こし，かつ社会保障が労働規律を弛緩させたからだけではない。それは皮相な発想である。原因の根本は世界経済関係の変質にある。さらに1980年代から後発国に流入した先進国の過剰資本は，ME化による後発国の未熟練・低賃金労働力の雇用を可能とし，低価格商品による大競争時代を到来させ，先進諸国の停滞・失業と財政赤字を帰結した。また1997年以降のアジアやロシアの通貨危機は先進諸国にも動揺を与えた。このような世界経済構造の激変が福祉国家体制の危機を増幅させているのである。すなわち失業対策と対社会主義政策としての福祉国家体制の形成と，経済摩擦・国際対立による蓄積の停滞と失業を原因とするその危機は，世界経済問題なのである。その危機は労働力問題の国民国家的包摂の限界の露呈である。

(40) 加藤説では帝国主義を萌芽期としているが，林健久説では第一次大戦後が〈福祉国家〉とされる。林健久『財政学講義』東京大学出版会 1987年，同第二版 1995年，林『福祉国家の財政学』有斐閣 1992年を参照されたい。ここではワイマールやニューディールをもって第一次大戦後としておく。

つぎに社会主義についてみよう。帝国主義戦争はロシア革命を引き起こした。それは国民の生命・財産すなわち生活そのものを破壊するものであった。それゆえ帝国主義の超克，すなわち社会主義が選択されたのである。ロシア自身が戦争の同盟国であったから，帝政ロシア体制の変革が不可避だった。つづく社

会主義国の多くが旧植民地であり第二次大戦中，後に成立したのも反帝国主義によるものといってよい。しかしそれは同時に旧体制の残した低生産性と貧困の負の遺産の克服でもならねばならなかった。その意味でソ連型社会主義は，帝国主義戦争を契機とした，低生産性にもとづく労働力・生活問題を解決しようとした体制であった。

しかし第二次大戦後に社会主義国は拡大したもののポーランドやハンガリー問題，中ソ紛争，中越戦争そして東ドイツからの難民とドイツ統一，ソ連邦からの独立国の発生，ソ連邦の崩壊などがあり，現在崩壊寸前にある。もちろん生産力の停滞が最大の原因をなすのであるが，生活水準・雇用などの労働力問題の国民国家的包摂の限界が社会主義国の対立原因＝拡大の限界となったのである。さらにその対立と低生産性は富裕な資本主義諸国の国民の選択するものではなかった。自国の安全と生活水準の向上という国民国家的課題こそが諸国の最大の選択肢であった。

米ソの冷戦はこうした対立の最大のものであった。すなわち膨脹によって領土と資源そして経済規模を拡張しかつ安全を強固にしようとしたソ連邦と，これに対抗できなければ資本主義圏が縮小しかつ自国の安全が脅かされるアメリカ資本主義の対立であった。世界は核の恐怖によって二分され，その他諸国はどちらかを選択することを迫られた。しかし現在冷戦は終結したが，潜在化していた民族紛争が世界各地で一挙に爆発した。労働力の国民国家的包摂の限界は解決されえないのである。

B 戦争・貧困＝体制問題への国際的対応と労働力問題の相剋

こうして第一次大戦以前と以後では質的な変化が現われた。政治・経済過程の国際化＝国際連盟や国際連合の成立である。とくに戦争は国民の生命・財産を破壊するものであるから，このような国際平和機関が不可欠とならざるをえない。もっとも戦間期については，大国アメリカが参加しなかったので，その機能はきわめて不十分に終わった。また国際連合も各国の利害対立によって十分な役割を果たしているとはいいがたい。第二次大戦後はIMFやGATT，世界銀行，その他の国際機関などの設立によって国際対立や貧困問題を解決しよ

うとしている。ODAなどの増加も同様である。世界経済構造の変化が世界政治を変質させたのである。だが労働力問題への各国の対応は最終的に他国の国民国家，他国の労働力問題と抵触する。賃金格差，産業格差，失業率の相違などを原因として，国際政治をしても各国間の対立は解決できないでいる。EECがECへ，そしてEUへと発展しようとするのも，一方では政治・経済過程の国際化現象であるが，他方で域内の労働力移動は自由化したものの域外の排除や加盟国相互に利害対立がある。根底に労働力問題の国民国家間の対立があるからである。

　労働者はより高い賃金を求め，かつ失業を逃れて豊かな国へと流入する。移民はアメリカ史に遡ることができるが，第二次大戦後とくに最近では西ヨーロッパへの移民・難民が東ヨーロッパ，アジア，イスラム世界から増加している。だが根本的解決とはならない。移民と流入国の労働者との間に，失業や国民の財政＝租税負担の増大をめぐって摩擦が発生するからである。資本には国境はないが，労働力にはあるのである。言語，宗教，文化の差だけが原因ではなく，国民国家的対立が問題なのである。各国政府も規制の方向にある。

　それは本来流通形態にすぎない資本が，労働力を商品化することによって労働＝生産過程を包摂し，商品経済を一歴史社会＝資本主義として確立しながら，労働力問題を世界的には解決できなくなったことを意味している。第一次大戦後の労働力問題は，その世界性にもかかわらず国民国家的包摂の限界がその解決を阻んでいる点に特徴がある。第一次大戦前に比較すれば，生産力は極端に高まり，生活も豊かになったにもかかわらず，問題は深刻化したのである。したがって現代は，世界経済の構造変化によって新たに発生した労働力問題の解決を模索する時代である。それ故その解明は世界経済論でなければならないし，崩壊したとはいえソ連型社会主義を包摂する現状分析でなければならない。

労働力の普遍化

　労働者の国際的移動は，すでに1492年の新大陸の発見以降のアメリカへの移民，自由主義期におけるイギリスへの移民（アイルランドからイングランドへ）と相対的・潜在的過剰人口によるアメリカへの大量移民にみられた。[41] マル

クスのいう世界市場の形成による資本の世界的移動と，地から湧いて出たような全住民群の登場である（第2章第1節参照）。しかしそれは資本主義の形成期ないし自由主義期の「市場」を基軸とする移民問題であった。それは〈資本主義の発生・成長期の労働力の普遍化〉である。

　(41)　森田桐郎編『国際労働力移動』東京大学出版会　1987年，森田と尾上修悟の執筆部分を参照。

　だが帝国主義期への移行は，イギリスから植民地への移民を増加させる一方で，ドイツとの間に労働力問題の国民国家的対立を招いて第一次大戦を勃発させた。大戦は難民，移民の原因となった。したがって「難民の20世紀」ともいわれる。アルメニア問題，ロシア革命による難民，西欧経済の停滞にともなうアメリカへの移民の増大である。だがアメリカでは1924年移民法，52年マッカラン移民法を制定してこれを抑制しようとした。西欧諸国の農産物自給化政策は，1926年から世界農業問題を発生させ，植民地独立運動の原因となった。ブロック経済はイギリスを中心とする植民地再編による不況対策であった。それを契機とするナチスの台頭は，ユダヤ人の大量虐殺と大量難民を生み出した。そして第二次大戦後はイスラエルが建国されるがパレスチナ難民が発生して，現在までその紛争は終わらないでいる。戦後ヨーロッパ共同体では域内の資本と労働の自由化を達成したが，域外に対しては閉鎖的である。

　したがって第一次大戦後の労働力の普遍化は，国民国家的利害対立やその発現としての戦争や民族紛争を原因としており，過渡期世界経済論の対象となるものである。それは〈現代的労働力の普遍化〉現象である。戦後は米ソの冷戦体制が形成されたが，資本主義諸国もソ連型社会主義も自国優先の国策を展開して労働力問題の国民国家的包摂の限界を解決しえなかった。なお現在のグローバリゼーションにともなう〈新たな労働力の普遍化〉現象については第4章で論ずる。

　さて労働力商品化の国家共同体的対立の解決には，労働力の自由移動と国民国家の限界の止揚が不可欠である。したがってそれを国際的に模索せざるをえない段階が現在である。しかしそれを可能とするには，資本や国民国家の大幅

な融和・統合が不可欠となる。しかも世界中央の独裁化を許さない分権も不可欠である。だがそれを実現すればもはや資本主義とはいえない。第一次大戦後はその解決を模索する世界史の過渡期である。

　ところで問題は，帝国主義期が自由主義期に対して短く，第一次大戦後の時期がきわめて永いことである。新段階論の多くはこれをもって帝国主義期を過小評価し，第一次大戦後をパクス・アメリカーナの段階と規定する。しかしまず帝国主義についていえば，イギリスとドイツの関係が自由貿易ではなく，軍事的対立を軸とする国際関係に変化しており，それはもはや従来の経済循環によって規定されるものではなくなっている点が重要である。つまり自由主義期のように，順調な国際関係と景気循環を繰り返せなくなっているのであるから，早晩戦争によって短期的に決着をつけざるをえなくなった段階なのである。それが資本主義の爛熟期とされる所以である。

　第一次大戦後については，マルクスや宇野が予想した〈労働者階級による自主的革命〉が，労働力問題の国際対立と国内対立（＝階級関係のあいまい化）によってその必然性を喪失した点が重要である。したがって資本主義の崩壊過程が唯物史観のいう土台に規定される無意識的な永い歴史過程をたどるとしても不思議ではない。ましてや民族や言語，文化，宗教の異なる〈労働力の普遍化〉過程は人類最後の歴史過程たらざるをえないからである。現代はそれへの過渡期にある。なお労働力問題の国際対立と階級関係のあいまい化が〈労働者階級による自主的革命〉を喪失させた点については，前掲拙著第2章第2節を参照されたい。そこでつぎに，この点をマルクス，エンゲルスの〈世界革命論〉の批判的検討によって明確にしよう。

C　マルクス，エンゲルスの〈世界革命論〉の批判的検討

　マルクス，エンゲルスは『共産党宣言』[42]を「プロレタリアは，この革命によって失うものは鉄鎖のみである。彼らの獲得するものは全世界である。万国のプロレタリア団結せよ！」（508ページ）で結んだ。またエンゲルスは『共産主義の原理』[43]で，「11問　産業革命およびブルジョアとプロレタリアとへの社会の分裂の結果は，なんであったか？」の問いの答えの一部でつぎのようにの

べている。「この大工業は、全世界の国民をたがいに結びつけ、すべての地方的な小市場をいっしょにして一つの世界とし、いたるところに文明と進歩とを準備させた。そして、もう今日では、文明諸国に起こるすべてのことは他のすべての国々に影響せずにはいないほどにまでになったのである。だから、もし現在イギリスまたはフランスで労働者が解放されたとすれば、それは必ず、ひきつづいて他のすべての国々にも革命を起こさせ、おそかれはやかれ、その国々の労働者の解放をもまねくというほどになった」(384～385ページ)。

(42) K. Marx, F. Engels, *Manifest der Kommunistischen Partei*, 1848, *Karl Marx-Friedrich Engels Werke*, Band 4, Dietz Verlag, Berlin, 1959.（村田陽一訳『共産党宣言』［マルクス＝エンゲルス全集第4巻］大月書店　1960年）を参照。
(43) F. Engels, *Grundsätze des Kommunismus*, 1847, *Karl Marx-Friedrich Engels Werke*, Band 4, Dietz Verlag, Berlin, 1959.（山辺健太郎訳『共産主義の原理』［マルクス＝エンゲルス全集第4巻］大月書店　1960年）を参照。

さらに「19問　この革命は、ただ一国だけに単独に起こりうるだろうか？」の問いには、「いや、起こりえない。大工業は世界市場をつくりだして、すでに地球上のすべての人民、とりわけ文明国の人民をたがいに結びつけているので、どこの国の人民も、よその国に起こったことに依存している。さらに、大工業は、ブルジョアジーとプロレタリアートとを、すでに社会の二つの決定的な階級にし、またこの階級のあいだの闘争を、現在のおもな闘争にした。この点で大工業は、文明諸国における社会の発展を、すでに均等にしてしまっている。だから、共産主義革命は、けっしてただ一国だけのものでなく、すべての文明国で、いいかえると、すくなくとも、イギリス、アメリカ、フランス、ドイツで、同時に起こる革命となるであろう。この革命は、これらの国々で、どの国が他よりも発展した工業、より多くの富、また生産力のより大きな量をもつかにしたがって、急激に、あるいは緩慢に発展するであろう。だから、この革命を遂行するのは、ドイツではもっとも緩慢でもっとも困難であり、イギリスではもっとも急激でもっとも容易だろう。それは、世界の他の国々にも同じようにいちじるしい反作用をおよぼし、それらの国々のこれまでの発展様式を

まったく一変させ，非常に促進させるだろう。それは一つの世界革命であり，したがって世界的な地盤でおこるだろう」(391〜392ページ)と答えている。

マルクス，エンゲルスは『共産党宣言』で，「機械がますます労働の差異を消滅させ，また賃金をほとんどどこでも一様に低い水準におし下げるので，プロレタリア内部の利害や，彼らの生活状態は，ますます平均化されてくる」(484ページ)とのべている。「近代的工業労働者，すなわち近代的な資本への隷属は，イギリスでもフランスでも，アメリカでもドイツでも，みな同一であり，プロレタリアからあらゆる国民的な性格をはぎとってしまった」(486ページ)。「近代の労働者は，工業の進歩につれて向上しないで，自分自身の階級の条件以下にますます深く沈んでいく。労働者は窮民となり，極貧状態は人口や富の増大よりもいっそう急速に増大する」(487ページ)。

「労働者は祖国をもたない。もっていないものをとりあげることはできない。プロレタリアートは，まずもって政治的支配を獲得して，国民的な地位にのぼり，みずからを国民としなければならないという点で，ブルジョアジーのいう意味とはまったく違うが，それ自身やはり国民的である。

諸民族が国々に分かれて対立している状態は，ブルジョアジーが発展するにつれて，また貿易の自由がうちたてられ，世界市場が生まれ，工業生産やそれに照応する生活諸関係が一様化するにつれて，今日すでにしだいに消滅しつつある。

プロレタリアートの支配は，この状態をいっそうはやめるであろう。すくなくとも文明諸国だけでも共同して行動することが，プロレタリアートの解放の第一条件の一つである。

一個人による他の個人の搾取が廃止されるにつれて，一国民による他の国民の搾取も廃止される。

一国民の内部の階級対立がなくなれば，諸国民の間の敵対関係もなくなる」(492〜493ページ)。

それはマルクスやエンゲルスが執筆した自由主義期が，資本家と労働者への階級分化と労働者の窮乏化および世界の商品経済化という根拠をもっていたか

らである。実際マルクスは前掲『資本論』第1巻第1版の序文で、「資本主義的生産の自然法則から生ずる敵対関係の発展度の高低が、それ自身として問題になるのではない。この自然法則そのもの、鉄の必然性をもって作用し自分をつらぬくこの傾向、これが問題なのである。産業の発展のより高い国は、その発展のより低い国に、ただこの国自身の未来の姿を示しているだけである」（9ページ）とのべている。すなわち国内的には二大階級への分化と国際的には諸国の資本主義化という傾向を前提として議論を構築したのであった。だから『共産党宣言』は、「これまでのあらゆる運動は、少数者の運動か、あるいは少数者の利益のための運動であった。プロレタリア運動は、大多数者の利益のための大多数者の自主的な運動である」（486ページ）としたのである。

(44) マルクス、エンゲルスの世界革命については、以下のものも参照されたい。K. Marx, F. Engels, *Ansprache der Zentralbehörde an den Bund vom März 1850, Karl Marx - Friedrich Engels Werke*, Band 7, Dietz Verlag, Berlin, 1959.（村田陽一訳「1850年3月の中央委員会の同盟員への呼びかけ」［マルクス＝エンゲルス全集第7巻］大月書店　1961年）

しかし帝国主義への移行はその傾向を逆転させた。宇野が明確にしたように、小農の温存、中産階級の創出傾向である。他方重工業の発展は労働を複雑化し、高い教育と熟練が高賃金に結びつく傾向を生じさせ、階級関係をあいまい化させた。それだけではなく、世界的には遅れた諸国を植民地として領有し、宗主国の資本の利潤と労働階級の高賃金の根拠とするにいたった。したがってすでに帝国主義期において、国内的にも、国際的にも、労働階級が団結すべき経済的根拠を喪失していったのである。大戦に際して、ドイツ社会民主党がたちまち戦争協力に戦術転換した理由がそこにある。また停滞し、失業に直面したイギリス労働者がこぞって志願兵となった根拠もそこにある。こうして第一次大戦が勃発した。そして以後は国際分業の破綻を軸として、労働力問題が世界各国で対立的に深刻化した。世界経済は分断され、第二次大戦が勃発した。さらに東西対立、南北問題、地域紛争、民族紛争が頻発した。マルクス、エンゲルスの歴史的限界がそこにあった。

ただロシアのような窮乏する農民や労働者が国民の大多数を占める後進国や植民地が革命的必然性を失ったわけではなかった。そこに後進国の社会主義革命の経済的根拠がある。しかしそれでもなお，大戦という契機が，多くのばあい必要であった。それは第一に，徴兵と戦災が国民をいっそう窮乏化させたからであり，第二に戦争が支配階級の力を衰退させたからである。しかし社会主義諸国は旧体制の低生産性という負の遺産をもって資本主義と対抗せざるをえないという困難を負ったのである。

なおレーニンとトロツキーも世界革命ないし永続革命を論じている。しかしそれは，強大な資本主義諸国に包囲されたソ連邦の一国社会主義の困難性を戦略・戦術論として論じたものなので，ここでは省略する。以下のものを参照されたい。レーニンのそれは断片的なものであるが，これについてはトロツキーの文献に詳しい。⁽⁴⁵⁾

(45) Л. Д. Троцкий, L. Trotsky, *The Third International after Lenin*, translated by J. G. Wright, New York, 1929.（対馬忠行訳『レーニン死後の第三インターナショナル』［トロツキー選集〈4〉］現代思潮社 1961年），Л. Д. Троцкий, L. Trotsky, *Permanent Revolution*, Calcutta, 1947（初版 1930年）.（姫岡玲治訳『永続革命論』［トロツキー選集〈5〉］現代思潮社 1961年），Л. Д. Троцкий, L. Trotsky, *History of the Russian Revolution*, translated by M. Eastman, 1932-3（初版 1930年）.（山西英一訳『ロシア革命史』［第六分冊，附録「一国社会主義論」，「『永久革命論』の歴史」］角川書店 1960年）

小 括

以上，宇野三段階論と新段階論の問題点を検討した。結論は，第一次大戦後は世界経済過程から発生した労働力問題の解決を模索する時代＝世界史的な過渡期であり，したがってソ連型社会主義を含む現状分析の課題だということであった。しかしそれは，政治・経済の国際化によっても，労働力問題の国民国家的包摂の限界によって解決できないでいる。現代はその解決への過渡期にある。それには永い時間が必要かもしれない。

だが事態は急を要するかもしれない。その一つがグローバルな環境問題の発生である。その問題も労働力問題の国民国家的包摂の限界と不可分ではない。

なぜならその産業的・技術的根拠をなす石油を中心とする重化学工業は，第二次大戦後アメリカについで，ヨーロッパ，日本で普及したが，それは完全雇用政策の要として実現されたものであるし，後発国の工業化も労働力問題の解決のためになされたものであった。米ソの熾烈な体制間の生産力競争もこれを加速した。そのため自然には希少な，あるいは皆無の汚染物質が大量生産されたのである。しかし環境保護のための資本の負担は，それだけ自国の雇用問題の解決を遅らせるし，ましてや工業化の断念はいっそう不可能となる。それには民族や文化，階級や階層を越えたグローバルな国民国家間の排他的関係の止揚が不可欠である。湾岸戦争に代表される地域戦争と油田破壊による環境汚染や旧ユーゴの民族間戦争，イスラム問題，さらに核処理問題の登場も，〈政治・経済の質的変化〉を急がねばならない原因となる。第4章を参照されたい。

(46) この点については，前掲拙著第1章第3節，注(29) 115〜116ページを参照されたい。

最後に本章の議論を要約すると，労働力の普遍化の歴史課程は，①マルクスの世界市場論に代表される労働力の世界的流動化の〈資本主義発展期の労働力の普遍化〉，②イギリスとドイツの対抗的労働力問題，植民地への移民，第一次大戦を引き起こす国家対立の〈帝国主義期の労働力の普遍化〉，③第一次大戦後の，戦争難民，停滞する欧州からアメリカへの移民，第二次大戦後の植民地独立，ECの労働力自由化，移民・難民・出稼ぎという〈現代的労働力の普遍化〉，④ソ連型社会主義崩壊後の難民・移民・出稼ぎの激増と，第2章で論ずるグローバリゼーションとIT革命を背景とする〈新たな労働力の普遍化〉となる。

第2章　過渡期世界経済と資本の普遍化

第1節　マルクスの世界市場論の意義と限界

　「グローバリゼーション」,「グローバル化」は明確な意味づけをなされないまま流行語になっている。情報化の進展によって世界が瞬時に共通の情報や文化を得ることができるようになったという文明論的なものから,社会主義の崩壊と資本主義による世界制覇,アメリカン・スタンダードの強制,新自由主義＝規制緩和,グローバル・キャピタリズム,ヘッジファンドとその暴走,多国籍企業,世界的な資本の流動化現象,アウトソーシングと部品調達の世界化,IT革命,国内外での貧富の格差の拡大,さらには国民国家の崩壊や世界政府の可能性まで,その意味するところはさまざまである。またそれは人類の未来にとって善とも悪とも理解されている。[1]しかしそれはせいぜいここ十数年の,とりわけ新自由主義と規制緩和の進展,社会主義の崩壊を契機とするその「市場経済化」と,ヘッジファンドの弊害,世界的集中・合併および「ニューエコノミー」論や「IT革命」論が進展した1990年代以後のことである。したがって現在,あれも「グローバリゼーション」これも「グローバル化」という議論が続出して,かなり過去にまで議論が遡っていることも事実である。しかしわれわれは,その点の相違を明確にすることによって,現在のグローバル化現象の特質と意義を確定しようというのである。

(1) グローバリゼーションについて,最近多くの文献が発表されている。とりあえず雑誌『情況』情況出版　各号,『グローバリゼーションを読む』情況出版1999年,および『アソシエ』御茶の水書房　各号に掲載された文献を参照されたい。

　世界政治上でのグローバル化（Globalization）は,1990年のヒューストン・

サミットでキーワードとして登場した。それは四つのグローバル化、①金融・サービス・情報・労働力の国境を越えた大量移動、②民主主義・市場経済体制のグローバル化、③それまで国家主権の聖域とされた国内経済構造のグローバル化（日米構造協議など）、④環境問題のグローバル化であった。それらをサミットでは開放体制の不可逆的状況であると認識して支持する決意を示したのであった。ここでは、①②③の経済問題を中心に検討したい。なお、④については第4章でふれる予定である。

(2) 自由国民社編『現代用語の基礎知識〈1992年版〉』自由国民社　1992年による。

したがってわれわれの関心は、現在なぜグローバル化が問題にされるようになったのか、またそのもつ経済学的意味はなにか、ということになる。重要なのは、宇野経済学の方法的修正が必要なのか、あるいは過渡期世界経済論としての現状分析論の対象なのか、という点である。

マルクス、エンゲルスは『共産党宣言』においてつぎのように論じている。「自分の生産物の販路をたえず拡張していく必要にうながされて、ブルジョアジーは全地球上を駆けまわる」。「ブルジョアジーは、世界市場の開発をつうじて、あらゆる国々の生産と消費を全世界的なものにした」。「ブルジョアジーは、あらゆる生産用具を急速に改善することによって、またすばらしく便利になった交通にたよって、あらゆる国を、もっとも未開な国までも、文明にひきこむ」。「一言でいえば、ブルジョアジーは、自分の姿に似せて一つの世界をつくりだす」。「ブルジョアジーは、農村を都市に依存させたように、また未開国や半未開国を文明圏に、農民国をブルジョア国に、東洋を西洋に、依存させた」。「ブルジョアジーは、その100年たらずの階級支配のあいだに、過去の全世代を合わせたよりもいっそう大量的で、いっそう巨大な生産諸力をつくりだした。自然力の征服、機械、工業や農業への化学の応用、汽船航海、鉄道、電信、数大陸全体の開墾、河川の運河化、地から湧いてでたような全住民群——これほどの生産諸力が社会的労働の胎内に眠っていようとは、これまでのどの世紀が予想したであろうか？」（479〜480ページ）。

(3) 第1章の注（44）を参照されたい。

　鶴田満彦は,「グローバリゼーションと国民国家」(『経済』第61号　2000年)において,マルクス,エンゲルスのこの議論は,現在のグローバリゼーションを予見していたと論じている。「しかし,20世紀末という特定の時点におけるグローバリゼーションは,単に資本の文明開化的傾向や科学技術の発展といった一般的要因には帰せられないものをもっている」(28ページ)。そこで氏はその推進力を,1970年代以降の情報技術革命と,金融の比重の増大ないし金融の経済化,情報と金融と軍事を梃としてアメリカを再構築しようとする死活の努力に求める。そして国民経済の解体の危機を論じた後,グローバリゼーションへの対抗論理として環境破壊防止政策,世界的な貧富の格差是正政策,資本取引の規制を取り上げる。かくして「『共産党宣言』は,ブルジョア階級による『革命的な役割』の結果としてのグローバリゼーションを予見していた。しかし,20世紀末資本主義に実現されたグローバリゼーションは,この予見をはるかに越えるものであった……」(37ページ)と結論づける。

　だが氏の議論は,あくまでマルクス,エンゲルスの延長線上にある。それはたんに「予見をはるかに越える」量的問題ではない。質的な変化の下に進展しているのである。マルクス,エンゲルスの世界市場論は,資本主義の発生・発展期のグローバル化論である。しかし現在のそれは,二つの世界大戦を経て達成された世界的高度経済成長と,その破綻の帰結として生じたものである。産業・生産力も国際経済関係も大きく相違しているし,とりわけソ連型社会主義の崩壊下での現象である。この点を少し検討しよう。

　自由主義期のまっただなかにいたマルクスは,資本による世界市場の形成と拡大,そしてその矛盾としての恐慌現象や労働者による抵抗勢力の登場をもって資本主義の限界と変革を予言したのであった。マルクスの世界市場論は,当時の資本と労働力の世界的流動化現象の下で,ただしパクス・ブリタニカというイギリスを核とする商品経済化に注目して議論を提起するとともに,後の『資本論』において資本主義経済の原理的法則を解明したのであった。しかしマルクスの世界市場論には限界があった。イギリスに対して重工業化で台頭し

たドイツとの間に，国民国家的軋轢が生じたのである。帝国主義の登場である。それはマルクスの歴史的限界でもあった。こうして資本の利害は，国民国家に包摂された労働者階級にも連動することになった。つまり労働者は国民国家としての自国資本の利害を擁護することで，自らの利害とする国家共同体に参加せざるをえなくなった。第一次大戦の勃発である。もちろんこの過程でロシア革命が起こるが，それも一国社会主義として国民国家的利害を超越できなかった。しかしまだ，ドイツとイギリスの間の利害対立であった。農業問題による植民地も包含して（植民地独立運動の発生），労働力問題の国民国家的包摂の限界が世界的に発現するのは第一次大戦後であった。

(4) マルクス，エンゲルスは『共産党宣言』で，「……このような巨大な生産手段と交通手段を魔法のように忽然と出現させた近代のブルジョア社会は，自分で呼びだした地下の悪霊をもはや制御できなくなった……。……周期的にくりかえし襲ってきて，ブルジョア社会全体の存立をますます威嚇的に脅かす，あの商業恐慌をあげるだけで十分である。……だが，どうしてこういうことが起こるのだろうか？ 社会が文明を，生活手段を，工業を，商業を，あまりにも多くもちすぎたためである。社会がもっている生産諸力は，もはやブルジョア文明やブルジョア的所有諸関係を促進する役にはたたなくなっている。それどころか，生産諸力はこの所有諸関係にとって強大になりすぎ，いまではこの所有諸関係が生産諸力の障害となっている。そして，生産諸力がこの障害を突破するとき，それはブルジョア社会全体を混乱におとしいれて，ブルジョア的所有の存立をあやうくする」（481ページ）として労働者階級の反抗を取り上げる。

またマルクスは『資本論』第1巻第24章第7節「資本主義的蓄積の歴史的傾向」では資本主義の崩壊過程について，つぎのように論じている。「この収奪は，資本主義的生産そのものの内在的諸法則の作用によって，諸資本の集中によって，行われる。いつでも一人の資本家が多くの資本家を打ち倒す。この集中，すなわち少数の資本家による多数の資本家の収奪と手を携えて，ますます大きくなる規模での労働過程の協業的形態，科学の意識的な技術的応用，土地の計画的利用，共同的にしか使えない労働手段への労働手段の転化，結合的社会的労働の生産手段としての使用によるすべての生産手段の節約，世界市場の網のなかへの世界各国民の組入れが発展し，したがってまた資本主義体制の国際的性格が発展する。この転化過程のいっさいの利益を横領し独占する大資本家の数が絶えず減ってゆ

くのにつれて，貧困，抑圧，隷属，堕落，搾取はますます増大してゆくが，しかしまた，絶えず膨張しながら資本主義的生産過程そのものの機構によって訓練され結合され組織される労働者階級の反抗もまた増大してゆく。資本独占は，それとともに開花しそれのもとで開花したこの生産手段の桎梏となる。生産手段の集中も労働の社会化も，それがその資本主義的な外皮とは調和できなくなる一点に到達する。そこで外皮は爆破される。資本主義的私有の最期を告げる鐘が鳴る。収奪者が収奪される」（994～995ページ）。第1章の注(2)を参照。

　帝国主義への移行は，帝国主議論史を形成した。この点についてはすでに多くの業績があるので，それを参照されたい。とくに宇野の『経済政策論』は，ヒルファディングの『金融資本論』やレーニンの『帝国主義』を批判的に摂取・意義づけて，三段階論による帝国主義論を完成させた。それはマルクス経済学の偉業となった。なお宇野帝国主義論の限界については，とりあえず第1章を読み返されたい。

(5)　これに依拠した業績に，降旗節雄『帝国主義論の史的展開』（現代評論社1972年）があるので，詳しくはそれを参照されたい。鈴木鴻一郎編『マルクス経済学講義』青林書院新社　1972年　第2編第1章，入江節次郎・星野中編『帝国主義研究』Ⅰ，Ⅱ　御茶の水書房　1973，1977年，なども参照されたい。

　他方伊藤誠は，後に引用する著書において，宇野三段階論を前提した上でつぎのように論じている。マルクスとエンゲルスのいうように，資本主義はその発生以来，世界市場を拡大し，一貫してグローバルな展開を示してきた。資本主義は，もともと国際的な交易による世界市場の発生を基盤とし，世界資本主義としての発展をとげる特性を有している。現代資本主義のグローバリゼーションは，資本主義のそうした本来的な発展傾向が，1973年以降の経済危機とその後の高度情報化にともない，再強化されてふたたび重要性を増している状況を示すものである。現代の資本主義は，19世紀末以降の国家主義的な資本主義の管理の強化を逆転して，生来の世界市場的発展にたちもどっている。こうして氏は，現在の自由化とグローバル化を「逆流する資本主義」，「螺旋的逆流」と名づけたのである。しかしそれは果たして，マルクスのいう資本主義生来の逆流または螺旋的逆流なのであろうか。否というほかはない。仮にも歴史

は逆流しないし,ソ連型社会主義の崩壊をどう把握するのか不明な議論である。つまりそれは現象論にすぎない。なお氏の議論については後に検討する。

第2節 多国籍企業論

　現在のグローバル化を論ずるには,多国籍企業の特質と意味づけを避けて通れない。なぜなら,それは戦後の新しい企業形態論として提起された現象にもかかわらず,19世紀末にその端緒を,かつ戦間期にその本格化を求める議論もあれば,戦後のアメリカ生産力の特質・状況と世界経済関係に位置づける議論もある。また多国籍企業を資本主義の第四段階の指標の一つにする議論もあるし,超国籍資本主義として新段階論の要とする説もある。最後の説については後に検討するが,すでに第1章でみたように,馬場宏二やアルブリトンなどは,多国籍企業をパクス・アメリカーナの新段階の重要な指標の一つにしている。実際,宇野派では多国籍企業の意味づけはさまざまである。それは宇野が金融資本を越える蓄積様式はないとしたこと（実際ないのであるが新現象として説明できなかった）,および第一次大戦後をソ連型社会主義への過渡期と規定したことも無関係ではない。

A　宮崎義一の多国籍企業＝株式会社の現代最高の発展形態論

　宮崎義一の『現代資本主義と多国籍企業』（岩波書店　1982年　ⅵページ）によれば[6],多国籍企業を戦後世界経済の特殊現象として提起したのは,D. H. リリエンソールの"Multinational Corporation"という造語であり,それは1960年のことであったといわれている。そして宮崎は,多くの多国籍企業の研究者の議論を整理して,その最大の特徴は企業の発展段階的な把握にあるとして,独自の多国籍企業論を展開した。ここで宇野派でない宮崎説を取り上げるのは,それが戦後の特殊現象,すなわち企業形態論として提起された典型の一つであることによる。問題は,宇野派がこれをいかに把握し,意義づけるかにある。

　(6)　宮崎義一編『多国籍企業の研究』筑摩書房　1982年も参照されたい。なお,国連社会経済理事会および多国籍企業センターでは"Transnational Corporation"

という用語が使用されるようになり，現在ではそれが公用語になっているという。森田桐郎編『世界経済論』（ミネルヴァ書房　1995年）第5章，森田の執筆部分を参照されたい。また同センターでは，多国籍企業の進展過程を，①親会社が多くの進出国内にある各子会社と直接関係をもつ段階，②調達が発展する単純統合段階，③地域網が発達する複合国際生産段階の三段階に分けているという。杉本昭七・関下稔・藤原貞雄・松村文武編『現代世界経済をとらえる』（東洋経済新報社　1996年）Ⅱ-4，杉本の執筆部分を参照されたい。

　宮崎は戦後の多国籍企業を「株式会社の現代最高の発展形態」と規定して，つぎのように論じている。「現代資本主義を動かす最も重要な経済主体は，いうまでもなく企業である。現代の主要企業が，具体的には，株式会社形態をとった巨大法人組織であることはよく知られた事実である。かくて現代株式会社にかんする考察は，現代資本主義分析にとって避けて通ることのできないきわめて重要な研究課題といってよいだろう。そしてこの私的法人組織である株式会社の現代最高の発展形態こそ，多国籍企業にほかならない」（vページ）。そして氏は多国籍企業をつぎのように定義する。[7]

(7)　また「多国籍企業形態をとった資本輸出は，少なくともその機能面においてレーニンの『帝国主義論』の射程内で十分処理することが困難な戦後の新しい現実であるといってよいだろう」（126ページ）とのべている。

　「(A)　多国籍企業は，私的法人組織である株式会社の最新の発展形態である。（本質にかんする規定）

　(B)　多国籍企業は──親会社の所有＝支配形態の如何を問わず──，多数国において子会社を支配し，事業活動を行ない，企業内ヒエラルキー（＝支配のピラミッド）にしたがってすべての在外子会社を統括し，国際的企業集団全体として企業内部資金の極大化をグローバルに追求する。（動機にかんする規定）

　(C)　多国籍企業は，企業内部純剰余（企業内部資金のうち企業の内的発展資金に振り向けない部分）を主として直接投資に充当する。（直接投資の必然性にかんする規定──"企業内部純剰余仮説"）

　(D)　多国籍企業は，対外直接投資を通じて"企業内分業"を国際的に拡大

しその中央集権的意思決定の国際的貫徹を目指す行為によって世界的な資源配分を私的に分断する。また多国籍企業間では，直接投資の相互浸透現象ないしバンドワゴン効果(8)など寡占的反応を介して国際的寡占化傾向を強める。(パフォーマンスにかんする規定)」(324～325ページ)。

(8) なおバンドワゴン効果とは，特定の先発企業が特定の外国に子会社を設立すると，同じ業種に属するアメリカのライバル企業がその後を追うように群れをなして海外の同一国に対して子会社を設立する傾向のことである。

さて宮崎説をまず取り上げたのは，それがアメリカを中心にして発展した多国籍企業論の一典型をなすからであった。すなわち，企業論的アプローチによって，戦後企業の特殊現象を説明しようとしたのである。それは企業の新たな発展形態として提起した意味はあるが，われわれには理解しにくい多くの問題点がある。ないものねだりのそしりは免れないが，まず第一に，それが金融資本の蓄積様式といかなる関係にあるのかまったく理解できない。戦後の新しい現象として，それが株式会社の「最高の発展形態」だといわれても，質的にどう変化したのか，なぜ戦後に問題とされたのか，資本主義の歴史にどのような意味をもつのか，など理解できないからである。

第二に，第一次大戦前のイギリスの古典的対外投資は，金利生活者の証券投資の形態をとっていたのに対し，第二次大戦後のそれは個人でも政府でもない多国籍企業を担い手とする直接投資であることは指摘されているが，なぜそうなったのか不明である。ただ(B)動機に関する規定，(C)企業内部純剰余仮説，(D)パフォーマンスに関する規定が企業行動論としてのべられているにすぎない。つまり国際寡占の企業行動だというにすぎないのである。ただ(C)企業内部純剰余仮説は過剰資本輸出論を予想させるものであり，それなりの意義を認めざるをえないであろう。

第三に現代資本主義の生産力＝重化学工業の視点がない。たしかに古典的海外投資は原料独占志向の資本輸出であったが，現代のそれが自動車，コンピュータ，タイヤ・チューブ，化学製品，家電製品，電子機器，農業機械などの高技術集約産業のほか，医療品，化粧品，清涼飲料，食料品などのブランド商品

業種に集中していることは指摘されている。しかし現代資本主義の基軸産業と多国籍企業の関係は不明のままである。つまり現代の生産力に対応した企業行動が不明なのである。

最後に，世界経済論的視点がない。すなわち，後に明らかにするように，戦後アメリカの資本蓄積状況やユーロダラー市場，ドル危機など世界経済的メカニズムの重要な論点が欠如した議論となっている。

なお，氏は著書の最後で，「多国籍企業の発展を展望した資本主義の将来像（ヴィジョン）は，どのように描くことができるのであろうか」という課題を設定してつぎのように結論づけている。「今大きく戦後の資本主義をふりかえって見るとき，まず最初（1950年代）は，アメリカを中心に国民国家の権力が強化され，『アメリカ大帝国主義』モデルが有効性を発揮したが，1960年代以降，多国籍企業の顕著な進出とともに，国家権力を侵食する資本の国際化が徐々に進行してきたことに気づくだろう」[9]（327ページ）。この「国家権力を侵食する資本の国際化」とは，現在のグローバル化を展望しているのか否か不明であるが，果たして「資本の国際化」は「国家権力を侵食する」のだろうか。現在のグローバル化は，アメリカ国家権力を背景に展開している面もあるからである。この点は後に論じたい。

(9) これにはつぎのような文章がつづく。「かくて，今後の展望としては，多国籍企業に代表される国際的な資本（国際寡占）のパワーが強化されるに従って，必然的に発生してくる対抗力——具体的には各国の労働者階級，多国籍企業によって疎外された現地の大衆および民族企業など民主主義勢力——を国内的国際的に結集することによって，国際寡占としての多国籍企業のパワーに対して拮抗し，それを制禦し，さらに，徐々にしかし着実に，それに向かって蚕食の努力をつづけていかねばならないだろう。そして対抗力の方が多国籍企業よりも一歩早く未来を先取るために何より必要なことは，たえず多国籍企業の今後の動向に注目し，この資本の新しい発展形態を把握し，正確な分析の努力を惜しまないことであろう」（327～328ページ）。ここには氏の多国籍寡占企業に対する特別な思いが込められている。

B　大内力の多国籍企業論

つぎに大内力の,多国籍企業の端緒を19世紀末に求め,戦間期にその本格化を求める議論を,『世界経済論』（［大内力経済学大系6］東京大学出版会1991年）によって紹介しよう。氏は「直接投資＝多国籍企業」（190ページ）とものべているが,必ずしもはそうではない。

なお第二次大戦前について,氏の議論の基礎となったのは,安保哲夫『戦間期アメリカの対外投資』（東京大学出版会　1984年）である。安保氏は第二次大戦後に提起された多国籍企業のルーツを探り,第一次大戦前をその「発生」とし,戦間期を「巨大企業多国籍化への過程」として,自動車,石油,電話・通信・電機の詳細な事実分析を行っているが,第二次大戦後については終章で論じられているものの（242～244ページ）,基軸は戦間期である。また大内氏が多国籍企業を,つぎにみる「端緒」,「本格化」,「新たな様相」として通史的に論じているので,ここでは大内氏の議論を取り上げた。したがって安保氏の著書もぜひ参照されたい。

戦後のパクス・アメリカーナの実現に重要な役割を果たし,かつ産業空洞化の原因となったアメリカの資本輸出,とくに直接投資はつぎのような特徴を有していた。「すなわち,かりに直接投資に限っても資本輸出は一般に重商主義段階からみられるものであり,19世紀末の帝国主義段階への移行以後はいずれの帝国主義国でもそれが一層積極化されることは周知のとおりである。アメリカもその例外ではなく,第一次大戦までは全体としてみれば資本輸入国であったとしても,すでに19世紀末に6億ドル余の対外直接投資をもち,大戦勃発の1914年にはそれは27億ドルに増加していた……。しかし一般的にいえば,古典的帝国主義の時期の対外投資は植民地ないし半植民地にたいする鉱山・農場など原材料資源確保のためのもの,およびそれと関連する鉄道開発のためのものが主であり,事実アメリカのばあいもメキシコ,キューバを筆頭にラテンアメリカおよびカナダ（ニューファンドランド）に直接投資の大部分が向けられていた。とはいえ19世紀末アメリカの電機産業や自動車産業が国際的地位をもつようになるにつれて,西欧,カナダなどへのアメリカ資本の進出がはじ

まっているから，アメリカ企業の多国籍企業化の端緒はこの頃にあったとみるべきであろう。そして両大戦間になると石油がこれに加わって直接投資は多国籍企業の発展の形をとりつついよいよ本格化するのである。

しかし，1950年中頃まではアメリカの海外直接投資はなお戦前型をほぼ維持していた。たとえば50年にはアメリカの石油および製造業(鉱山を除く)の対外直接投資額72億ドルのうち石油が47％を占め，化学(7.1％)，自動車(6.7％)，機械(5.8％)，電機(5.4％)などと桁ちがいに巨額になっている。また製造業ではいぜんとしてカナダとラテンアメリカに投資が集中しており，両者で製造業関連投資の70％を占める反面，西欧諸国は24％にすぎない……。ところが50年代なかんずく60年代に入るとアメリカの製造業企業の西欧および日本への進出がいちじるしくなり，多国籍企業化は新しい様相を帯びるようになる。たとえば59年には対外直接投資総額279億ドルのうち製造業は97億ドル(32.5％)を占め石油の104億ドル(35.0％)に匹敵するにいたるし，投資先では西欧と日本が55億ドルと(18.5％)になり，カナダの102億ドル(34.2％)，ラテンアメリカの90億ドル(30.2％)にかなり近づいている」。また西欧，日本向けは69年にはカナダ，ラテンアメリカ向けを大幅に凌駕した。「その内容においても伝統的な石油，自動車，機械，電機などのほかにコンピューター，半導体などの先端産業と食品，および製造業以外では商業・サービス業などの比重が増していっている。

要するに，この時期はアメリカの対外直接投資が国内産業にたいする補完的な分野からしだいに競合的な分野に重点を移し，また国際市場において直接に競争関係に立つような先進資本主義国に比重をかける形で進展したのである。多国籍企業化がアメリカ産業の空洞化をもたらしたというのもこういう変化のなかで生じたことであった」。その原因にはいろいろあるが，氏は，①「アメリカ国内では，……労働態様も含めて労働コストが相対的に高くなり，それだけに製品の国際競争力が落ちてきたこと……」，②「……アメリカの製品のコスト高がすすんだにもかかわらず，IMF体制のもとで固定為替レートが維持されつづけたために相対的にドル高傾向が強められたことである。それはアメ

リカ製品の国際競争力を一層弱め，それだけ生産拠点を海外に移すことの有利さを拡大した」(434～436ページ) 点をあげている。

大内氏の議論の要点はつぎのとおりである。

① 戦後のパクス・アメリカーナの実現に重要な役割を果たし，かつ産業空洞化の原因となったものとして，アメリカの直接投資すなわち多国籍企業を意義づけている。

② 直接投資による資本輸出は，重商主義段階からみられ，帝国主義への移行後は各国で積極化された。アメリカも同様で1914年には27億ドルに増加していた。しかし古典的帝国主義期の対外投資は植民地などへの原材料資源確保および鉄道開発が主であった。だが19世紀末アメリカの電機産業や自動車産業が国際化するにつれて，西欧，カナダなどへの資本進出がはじまっており，アメリカの多国籍企業化の端緒はこの頃にあった。両大戦間には石油が加わって多国籍企業化が本格化した。

③ 1950年中頃まではアメリカの海外直接投資は戦前型を維持していたが，以後製造業企業の西欧および日本への進出がいちじるしくなり，多国籍企業化は新しい様相を帯びる。それは国内産業にたいする補完的な分野から競合的な分野に移行し，国際市場において競争関係に立つ先進資本主義国に比重がかかった。

④ 多国籍企業化はアメリカ産業を空洞化させた。原因は，(1)労働コストが高くなり，(2)固定為替レートがドル高傾向を強め，国際競争力を弱めたためである。

氏の議論はその意義と限界をすべて内包している。そこでここでは，その両者を同時に検討する。

氏の多国籍企業論はその発展史となっている。それは氏が，「多国籍」という言葉にこだわりすぎたせいではないか。つまり国を二つ以上またがる企業をすべて多国籍企業としている節がある。対外投資は重商主義期からあり，帝国主義期には各国が行うという点は別にしても，19世紀末が端緒であるとか，戦間期に本格化するとか，また戦後に新しい様相を帯びる，などのあいまいな

表現に端的に現われている。たしかに言葉にこだわれば，証券投資以外の直接投資はすべて多国籍企業となる。しかし多国籍企業なる概念が戦後に登場したことは，それなりの意味をもっているのではないか。すなわち，宇野世界経済論の新たな課題とすべきものではないのかというのである。

　実際，氏は重要な論点も提起している。① 19世紀末アメリカの電機や自動車産業の発展にともなって資本進出が開始されたこと，それが「多国籍企業化」の「端緒」であり，戦間期は石油が加わって「本格化」したこと，である。すなわちそれはアメリカ型重化学工業の直接投資である。②そして1950年代後半から60年代に多国籍企業は「新しい様相」を帯びる。国内産業の補完的分野から競合的な分野に移行し，先進資本主義国に比重が移ったというのである。だがこれでは第二次大戦後に多国籍企業が問題化された意味がわからない。戦間期を重化学工業資本の多国籍企業の端緒，戦後を本格的展開期としたほうがその意味が明らかとなる，というのが筆者の主張である。

　それゆえ①については若干の補足が必要である。氏自身も別の箇所で論じているが（159～160，187～190ページ参照），すべてではない。それは自動車が資産家の趣味を越えて普及するには，まず1913年のフォード的大量生産方式の登場が不可欠であった。1901年アメリカには85の自動車工場があり，4000台の車が出回っていたが，その4分の3は蒸気や電気自動車であった。1903年フォードが自動車会社を設立，1908年に大衆向け廉価のT型車の生産を始める。1910年にはT型単一にしぼり，専用工作機や完全な互換性部品の開発をする。1913年には人手による流れ作業方式を開発，後にベルトコンベヤー方式とする。1916年にはT型車の生産台数は，58万5000台と流れ作業方式前の7倍にのぼった。一台600ドルが360ドルに下がっていた。だが大戦による欧州での特需を忘れてはならない。

　大戦の勃発によって世界の兵器廠となったアメリカでは，民間・政府による巨額の対欧借款・軍事物資供給など，フォードを中心に軍用トラック，飛行機，戦車から駆逐艦まで生産して利益をあげるとともに生産力を飛躍的に高度化した。1917年にアメリカが参戦した理由が，直接の契機はドイツのUボートに

よる輸送船の大被害といわれているが，イギリス，フランスが敗戦すれば，戦時債権を回収できない恐れがあったからだといわれている。これからすると，19世紀末の「多国籍企業」は特需に大きく依存していた。実際，連合国によって大戦中に使用された車は，フォード車のみで12万5000台に達し，イギリスのフォード工場では5万台の軍用車が生産された。フォードは戦車，飛行機などの生産ラインも大量生産方式に組み替えた。駆逐艦＝イーグル・ボートも112隻の注文を受けるが，8隻製造した段階で戦争は終わった。なお駆逐艦は大量生産方式には向かなかった。

アメリカでは戦後に特需の喪失から1920年恐慌に直面したが，戦時に蓄積されたペントアップ・ディマンドや公共事業，フーバーによる部品の標準・共通化政策（1921年）などがあって自動車が大衆に普及した。[10]しかしそれは所得の高いアメリカのことであって，欧州社会ではまだ大衆消費社会も「端緒的」（188ページ）であった。さらに大戦が兵器の重化学工業化を決定的としたことから，各国は国策として兵器の国産化を進めたので，多国籍企業の発展の余地には限界があった。なお大戦によって，石炭と違って世界に極めて少なく偏在する〈石油を支配する者が世界を支配できる〉こと，すなわち戦争と社会消費の基軸エネルギーであることが明確となり，世界戦略として石油メジャーの進展の根拠となった。

(10) なお自動車について補足しておけば，大戦前のフォード方式の普及までは4分の3が蒸気または電気自動車であった。また蒸気バス，蒸気トラクターなどの生産手段でもあった。それは欧州では鉄道とともに古い歴史をもっていた。電車も登場していた。また現在の自動車も，トラックやブルドーザーなどは生産手段であり，形を変れば軍需品ともなる。飛行機も同様である。ただフォード式大量生産が耐久消費財としての普及を不可欠とし，大量生産が価格を引き下げて現代的生産力としたのである。それは生産手段と消費手段の区別をあいまい化し，大衆産業化させたという現代的特性がある。また当時，石油は灯油としての使用が中心であった。先発ダイムラーやベンツは存在したが車はまだ手作りで資産家の趣味の段階にあり，爆発の危険があるためにガソリンの大量の使用方法もなかった。精製も単蒸留精製法の粗悪なガソリンであったといわ

れている。重炭化水素分子を高圧で分解して重油からガソリンまで精製する分解法が完成したのは第一次大戦直前の 1914 年であった。さらに第二次大戦後には，石油化学工業も発展する。すなわち重化学工業は，第一次大戦後の，極めて複雑な特性をもった基軸産業として，過渡期世界経済論の対象となるのである。この点はソ連型社会主義も同じだからである。これについては，拙稿「現代産業の歴史的位置と意義」（大野和美・鎌田一義編『現代世界経済の研究』学文社　1994 年），同「現代資本主義論の基底」（『岐阜大学教育学部研究報告＝人文科学＝』第 44 巻第 2 号　1996 年）を参照されたい。

　氏の議論のもう一つの意義は，それをパクス・アメリカーナの役割を担うものとし，かつ産業空洞化の原因としている点にある。両者は大内がはじめて論じたものではないが，前者は第二次大戦後のことである。後者は現在のグローバル化を考えるばあい重要な論点となる。つまり多国籍企業の現代的意義を提起している。空洞化の原因は，①労働コストの高騰，②固定為替レートによるドル高傾向＝国際競争力の弱化である。しかし，①については重化学工業資本の世界的過剰化の視点が欠如している。②については，変動相場制への移行後にも多国籍企業とグローバル化が激増している点を忘れてはならない。

　こうして多国籍企業は，宇野経済学の修正による過渡期世界経済論の対象となる。問題はなぜそれが戦後に問題とされたのかである。その点が不明確なのは，氏の方法に起因する。一つは氏が世界経済論も一国的な国家独占資本主義論だという方法をとっていること，二つは氏の資本過剰論が現状分析においても労働力不足に基軸をおくことにある[11]。これらの点を明確にするために，つぎの議論を検討しよう。

(11)　前掲拙著第 3 章を参照されたい。

C　大島清の戦後型資本過剰と多国籍企業論

　大島清は編著『現代世界経済』（東京大学出版会　1987 年）において，多国籍企業の根拠を，第二次大戦後のアメリカ重化学工業資本の過剰化と西欧資本主義の発展に求めている[12]。この議論を紹介しよう。

(12)　なお，同著の樋口均執筆部分，28 〜 47 ページも参照されたい。

　戦後世界の高度成長の条件は，IMF・GATT 体制によるドル散布と西欧諸

国の共同体による重化学工業のための統一的巨大市場の結成および域内相互間分業にあるが,「水平分業による高度成長を可能にしたものとしては,ユーロ・ダラー市場の形成と多国籍企業の発達をあげねばならない」。多国籍企業は「……50年代半ばには従来からの重工業（鉄鋼,造船,自動車等）に加えて,有機合成化学や電気機器等の新産業,新製品の分野を含めて,アメリカ型重化学工業の技術革新は完了し,独占段階に入っていたのである。かくて,50年代後半とくに57～58年恐慌を契機に,アメリカ民間資本の流出,ことに直接投資がさかんになった。しかもこの時期から,アメリカの直接投資は西ヨーロッパへ集中したのである。その理由は,上記の技術革新の完了,独占的組織,経済的停滞と,他方における西ヨーロッパの復興にともなう事情によるものであった。西ヨーロッパ諸国は復興につれ,1955年6月のメッシナ会議以後,前述のヨーロッパ経済共同体の結成を現実的な課題として追及しはじめた。これは直接的な貿易・為替統制にはよらないとはいえ,共通関税障壁を設定することによって事実上新たな対米差別機構を意味するものであった。そこで,アメリカ企業はヨーロッパ現地での工業製品の生産と販売組織の拡大によって対抗しようとし,石油の精製・販売ならびに製造業を中心として,はじめはイギリスに,イギリスのEEC非加盟によって58年以降は直接EEC諸国に,活発な投資をおこなった。多国籍企業の発達である。

　ところで,1960年代の多国籍企業化による米・西欧を軸とする分業的発展は,ユーロ・ダラー市場の発達と密接に関連している。ユーロ・ダラー市場の形成は,直接にはドル危機の発生とアメリカ政府の民間資本流出規制に関連している。……アメリカとしては民間長期資本の流出規制を強化せざるを得なくなり,……62年12月に通商拡大法の施行,63年7月に利子平衡税の実施,また銀行業者や企業家にたいして先進諸国にたいする直接投資や短期融資の自制呼びかけなどをおこなった。

　このような規制につれて,ニューヨーク市場から締め出された西欧諸国の企業,あるいは西欧に進出していたアメリカ系（多国籍）企業（本国の本社から資金調達をしていた）の資金調達の欲求と,これに応じたイギリスのマーチャン

ト・バンカーの国際金融市場としての地位挽回をはかろうとする努力とによって，ユーロ・ダラー市場が形成された，といわれている。このような超国家的な金融市場は，いうまでもなくIMF体制のもとで，はじめて形成できたのである。戦後，資本主義体制の確立期において，その巨大な生産力の発展とそれに対応した巨大な企業組織を展開するうえで，この制度は明らかに有効な役割を果たしたといえよう。1960年代における先進資本主義諸国の高成長の実現がそれである」(23～25ページ)。かくて企業と，とりわけアメリカ系銀行の西欧進出によって，ユーロ市場と多国籍企業の発展をみたのである。

　大島の多国籍企業論の特徴は，アメリカ型重化学工業生産力の過剰化を起点としている。1929年恐慌後，ニューディールによっても解消できなかった過剰生産力は，第二次大戦による軍需生産と世界の兵器廠となることによってその処理と戦時完全雇用を達成させた。戦後はマーシャル援助や朝鮮戦争でその処理を行うが，欧州諸国の対米差別やその発展による市場拡張の必要に直面した。また後進諸国の停滞と社会主義化の危機は，ヨーロッパに代わってこれら諸国への経済・軍事援助を不可欠として，1960年にはドル危機を引き起こした[13]。1957～58年不況を契機に，アメリカ民間資本の流出が盛んになった。アメリカ企業はヨーロッパ現地での生産と販売組織の拡大によってこれに対抗しようとし，石油や製造業の欧州諸国への投資を行った。多国籍企業の発達である。他方アメリカ多国籍企業の資金調達欲求と，イギリスの国際金融市場としての努力を契機として，ユーロダラー市場が形成された。それはドル危機とアメリカ政府の民間資本流出規制をもう一つの原因としていた。こうして戦後の「……高成長はアメリカにつくりだされた過剰資本や新たに形成された超国家的なユーロ・ダラー市場の活躍による多国籍企業に負うところが大であり」，後者は「過剰資金の処理」(13ページ) 機構であった。IMF・GATT体制によるドル散布とドル危機への対応，そして西欧諸国の発展がアメリカ過剰資本の活躍＝多国籍企業を発達させたのである。

(13)　詳しくは，大島清編『戦後世界の経済過程』東京大学出版会　1968年，同『戦後世界の通貨体制』東京大学出版会　1972年を参照されたい。

そして1971年のドルの金兌換停止，78年の石油危機を経て，先進諸国間では「摩擦・対立」が激化して「市場的にも飽和状態」(14ページ)に達する。こうして「先進諸国としては，過剰資本のはけ口を中進国の急成長と産油国の開発に求めなければならな」くなった。「ユーロ・カレンシー市場は，60年代の先進国相互間の資金調達・運用の場から，70年代には発展途上国やさらには東欧社会主義圏をも包含する世界的な過剰資金の集中・分配機構へ展開していったのである」(16～17ページ)。

　大島説は他書にはみられない戦後の重化学工業を基軸とする多国籍企業・世界経済論であり，宇野派の現状分析の成果の一つである。それは後のグローバリゼーションの根拠となる。だがまだ根拠にすぎない。これについては，第4節で検討しよう。なお大島氏の議論では，第一次大戦後の労働力問題の国民国家的包摂の限界の世界的発現の視点がなく，かつ歴史的限界ではあるがソ連型社会主義の意義づけが従来型であるのは残念である。

D　小括—平田喜彦と鬼塚豊吉および榎本正敏の多国籍企業論—

　ここでは，宇野派の多国籍企業論の事実分析の意義と限界を検討することによって，多国籍企業論の小括としよう。それらは戦後アメリカで提起された多国籍企業論を，宇野派としていかに把握したかという意義と限界を有しているからである。

平田喜彦の多国籍企業論

　氏の議論は，楊井克巳・石崎昭彦編『現代世界経済論』(東京大学出版会1973年　第4章)に収録されており，宮崎＝1982年，大島＝87年，大内＝91年よりもはるかに早い。しかし重要な論点はほとんど精緻に提起されている。そこで要点のみを紹介しよう。

　多国籍企業は直接投資の歴史とともに古いが，国際投資の主要形態として大規模化したのは第二次大戦後である。「……50年代中葉以降の多国籍企業の特徴は，直接投資が先進国への製造業投資を中核とし，製品を主として現地で販売するという意味で，『供給源』と『市場』が同一国であるということにある。しかも，この製造業投資の中心になっているのは重化学工業である」。「西欧へ

は直接投資の形態でアメリカ資本が外部から進出し，それと同時に西欧資本も西欧域内で相互に浸透してきたが，最も規模が大きかったのはアメリカ資本であった」。「こうして西欧の基幹的産業部門であるエネルギー，重化学工業部門の設備投資においてアメリカ資本は大きなシェアをしめている……」(235～237ページ)。1966年には，自動車はイギリスで50～59％，EECで24％，石油精製は前者で30～39％，ドイツで35％に達していた。さらに先端技術，集積回路では95％，半導体では80％，コンピュータでは80％となっている。

　その資金調達は内部金融化率が高いが（じつはそれがアメリカ資本の過剰化を表わしており，氏の限界を表わしているのであるが），アメリカからの資金調達が1965，68年からの国際収支対策によって規制されたにもかかわらず，子会社の投資は増大した。それは海外で調達された資金で賄われた。「とくに西欧に累積した『過剰ドル』はユーロダラーの基礎となるとともに長期の運用先を求めていた。しかし各国ごとの大規模な外国債発行は，西欧各国の資本市場の狭隘性，市場組織の遅れ，更にドイツを除く各国の外国債発行規制のため大きく制約されていた。そこでその限界，すなわち外国の借手が単一市場（一国）で起債することの困難を解決する手段としてあみ出されたのが『国際シンジケートによって引受けられ，多数の国で売却される』……ユーロ債であった」(246ページ)。そしてその資金源は多数あるが，重要なのは西欧の資金である。「要するにユーロ債市場への資金供給源泉は，アメリカのドル散布を基礎に形成され，西欧大陸を中心に世界各地に散在し，長期運用先を求めている『過剰資金』なのである。換言すれば，ユーロ債市場の拡大は金利平衡税が契機となり，また資金源泉が『過剰ドル』を基礎としているという意味で結局アメリカのドル散布を重要な支えとしているのである」(250ページ)。

　極めて重要かつ精緻な多国籍企業論をなしているが，その難点は，過剰資金，過剰ドルという表現はされているが，重化学工業資本の過剰化の論理がない。最初はアメリカに，そして1970年代以後は日欧でも発生し，現在のグローバリゼーションの根拠となったからである。

鬼塚豊吉の多国籍企業論

氏の議論は，馬場宏二編『世界経済Ⅰ 国際的連関』（御茶の水書房 1986年 第4章）に収録されている。

鬼塚氏の意義は，第4章を「多国籍企業」として独立に詳論し，①1960年代前半まで，②60年代後半〜70年代中葉，③70年代末以降，そして，④開発途上国への直接投資に区分し，⑤かつ国際的生産の形態変化として，企業内国際分業，新形態の投資という企業論も取り上げている点にある。ここでは，③と④について紹介しよう。

まず③について。「……70年代末期以降，アメリカ以外の先進工業国による直接投資が顕著にアメリカに集中され始め，同様にアメリカ多国籍企業の投資の重点もアメリカ国内に移動した」（190〜192ページ）。「……フランス，西ドイツ，オランダなどの欧州諸国，カナダ，それにとりわけ日本などの対外直接投資の比重が増大した」。「1978年から急増しはじめたアメリカへの直接投資は，……直接投資全体の44％，先進工業国の直接投資の68％を占めた」（207ページ）。1981年以後は，フローで直接投資の純受入国になった。原因は，西欧や日本の発展と資源節約的技術が優位となったからであるが，「……アメリカ経済の欧州経済に比較した高成長，アメリカの高利子率，こうした結果をもたらしたアメリカの経済政策，アメリカにおける生産コスト上昇率の他の工業国に比較した低さ，アメリカにおける保護主義の高まり，為替相場の動向などが挙げられよう」。「アメリカにおいて採られてきた保護主義的措置，あるいは保護主義的措置がとられるかも知れないという危惧が，西欧や日本の企業，さらには少数とはいえ途上国の直接投資による対米進出を促進した……」。

その他，アメリカの高金利政策がアメリカ多国籍企業の海外資金依存を強めた。「この点で注目されるのは各国の多国籍企業がオランダ領アンチル諸島などにおいている金融子会社の役割である。これらの多国籍企業はユーロ・ローンやユーロ債による資金の調達を税制上有利なこれらの子会社を通じて行っている」（208〜209ページ）。

最後に④について(14)。それまでの直接投資は，先進工業国であったが，「……

70年代に急速にそのシェアを高めたのは新興工業国の集中している東南アジア」であった。「1970年代の対途上国製造業投資では，とくに輸出志向型の製造業への投資の伸びが大きかったとみられる。その代表的なものはシンガポール，台湾など東南アジア……を中心としたエレクトロニクス関連……の投資で，労働コストの安いこれらの地域が，労働集約的な組立工程の海外生産基地として選択されたのである。その投資の大半はアメリカと日本によるものである」。その特徴は「……石油危機時に石油輸出国に生じた余剰資金のリサイクルを契機に拡大したユーロ銀行やアメリカの銀行など商業銀行からの借入れの増大であった。国際銀行業の急激な発展は，各国の国内に生じた余剰資金を国際的に媒介する機構を整備したので……」(213～215ページ)ある。だが1982年債務累積問題が顕在化して，直接投資を制約することになる。

　(14)　尾崎彦朔・奥村茂次『多国籍企業と発展途上国』東京大学出版会　1977年も参照されたい。

　氏の議論の意義はすべて引用に要約されている。とくに1970年代末からのアメリカの保護主義の台頭が，アメリカへの資本投資を不可避とした点は重要な視点である。しかし難点もある。それは，①労働力の国民国家的包摂の限界が，1970年代末にアメリカの保護主義を顕在化させたこと，②大内，平田説と同様に重化学工業の世界化にともなう過剰資本論が欠如していることである。もちろん「余剰資金」という表現はあるが，東京大学の宇野派は労賃騰貴を基軸とする原理論的な過剰資本論を論理基軸とする傾向があり，商品過剰を過少消費説として排除する傾向が強い。しかし段階論や現状分析論ではそうではない。この点については，戦後の多国籍企業と現在のグローバル化の違いとして第4節でより詳しく検討する。

榎本正敏の多国籍企業による東アジア工業化論

　最後に，最近のNIEsの発展に焦点を据えた，榎本正敏「東アジア工業化の歴史的特性」(現代日本経済研究会編『日本経済の現状〈1998年版〉』学文社　1998年)を紹介して，多国籍企業論のむすびとしよう。

　「1980年代に入って東アジアの工業化はいちだんと加速され，そしてさらに

90年代には、世界経済の成長センターといわれるまでに成長した。第一次大戦前の19世紀末の日本の資本主義化を最後にして世界史上に絶えて久しかった後発国の工業化＝資本主義化が、ふたたび東アジア一帯の諸国・地域でおこり、しかもこれまでに例のないスピードで進展してきたのである」(238ページ)。それまでこれら諸国の工業化が成功しなかった理由は二つある。一つは「……大戦後の世界市場で支配的な生産力はアメリカで発達した自動車など耐久消費財をはじめとする量産型重化学工業であった」(246ページ)。それは巨額の投資資金と高い技術、所得水準の高い市場が必要であり、発展途上国には不可能であった。二つは、IMF・GATT体制は先進国中心の協力体制で途上国の発展には役立たなかったし、それ以上に先進国の民間資本の投資が消極的だったからである。南北問題の発生の根拠もそこにあった。

しかし1970年代に入って、四半世紀近くにおよぶ「……高度成長のなかで、先進諸国では労働コストの著しい高騰が生じたうえに、70年代初頭までには耐久消費財工業の先進諸国への普及が一巡したことによる生産性上昇の停滞がかさなった。……高成長期における労働同権化＝団体交渉制度による賃金引き上げや労働時間短縮などの獲得など労働条件の大はばな引き上げや改善、さらには社会保障制度の拡充による福祉負担の増大などの、……企業のコスト・アップ要因は福祉国家体制と密接にかかわって生じたものであった」。こうして1970年代以降の低成長期には、米欧日の先進諸国間で厳しい資本間競争と、経済摩擦や通貨調整また経済構造調整問題が発生した。それだけでなく、途上国との間に労働コスト格差を拡大した。「これが、先進諸国の対発展途上国向けの資本活動を、さらにはその国家支援の在り方をも変化させる決定的な要因となったのである」(248ページ)。

途上国向け投融資の急増は、①労働コストの上昇のほか、資金・技術支援が国家的支援によって行われたこと、②資本の多国籍企業化＝生産基地移転やアウトソーシング（先進国にとっては産業の空洞化）、③資本間競争の結果としての1970年代後半からの日本発のME化、80年代末からはアメリカを中心に企業経営・管理分野から流通・通信のあらゆる産業分野にわたる情報技術の発達、

などによるものである．ME 化は生産工程を単純労働化し，途上国の低賃金利用を可能にした．他方情報技術の発達は，企業経営を効率的に統括・管理し，多国籍企業化を容易にした．かくて 1970 年代不況にはじまる大量の過剰資金の対 NIEs，ラテンアメリカ向け投資は，軽工業だけでなく，自動車，家電から半導体・コンピュータなどのハイテク・先端産業まで一挙に全面化することになった．それは国際分業体制の一環としての地位を占めるに至った．東アジア地域は諸面でそれに適していた．

「……第二次大戦後の資本主義世界はアメリカを中心として福祉国家体制をとる先進諸国の資本の蓄積活動によって基本的には規定されてきたと理解しなければならない．現代の耐久消費財量産型工業を中核とする巨大生産力はそれ自体は後発国の工業化を抑制する強力な要因となっていた．ところが，福祉国家体制下における高度成長が先進諸国の高労働コスト体制を形成・固着させて，南北両地域間の労働コスト格差をかつてなく拡大し固定化した．これが先進国資本間の競争を根底において規定し，70 年代以降には多国籍企業の発展途上国投資をうながして，その工業化を触発・牽引し，特殊なかたちの東アジア工業化を生みだすことになったのであった」（252 ページ）．

ここでは，戦後の福祉国家体制による重化学工業化とその限界，そしてそれを打開しようとする国家および資本の現代的特徴が極めて経済論理的に開陳されている．もはや要約は必要ないであろう．なお，1960 年に 667 億ドルだった世界の直接投資残高は 99 年末には 6 兆ドルを超え，その総生産高は 12 兆ドル，世界の GDP の 3 割弱，企業数 6 万社以上とみられている．

(15) 前掲『日本経済の現状〈1997 年版〉』学文社　1997 年も参照されたい．

第 3 節　現在のグローバル化論

現在のグローバル化論は多いが，ここでは論理展開の契機となる四つの議論を取り上げよう．なお老婆心ながら，いずれも世界資本主義論の強い影響下にあった論者の議論であることを念頭におけば，諸氏の主張はより理解しやすく

なるであろう。グローバリゼーションは世界資本主義論者にとって、格好の自己復元の材料となるからである。これに対する宇野派の諸氏は、管見のかぎり、部分的にグローバリゼーションの原因を説明してはいるが、新たな理論を展開していない。むしろ第1章でみたように、パクス・アメリカーナの新段階論に腐心しているように見える。世界資本主義論が二段階論でグローバル化を容易に論じやすいのに対し、宇野のそれが三段階論だったからである。これらの議論を摂取かつ批判して、現在のグローバル化現象を経済論理的に確定すること、すなわち現状分析としての過渡期世界経済論の対象・課題として提起することが本節の課題である。

A 伊藤誠の逆流する資本主義論

伊藤誠は現在の新自由主義とグローバル化現象を、著書で『逆流する資本主義』(東洋経済新報社　1990年) と表現した。氏は「ケインズ主義の挫折に続く新自由主義の経済政策は、たんなる時代錯誤の反動的政策とはいいきれず、こうした経済危機を介しての市場原理による資本主義経済の再活性化の方向を反映し促進する役割を有し、経済的基礎過程に適合した政策方針として1980年代を支配した……」(ii ページ) と論じた。つまり大不況対策としての制度・政策変更として資本主義の「逆流」[16]を論じたのである。なお後に氏は「螺旋的逆流」[17]としている。しかし言葉じりをあげつらう気はないが、「逆流」と「螺旋」は次元の違う世界である。したがって後者は「逆流」しているのではなく、空間的に上昇・発展していることになる。氏の議論のあいまいさが、こうした表現に端的に現われている。もっとも氏は「この逆流はたんなる後向きの変化にとどまるものではない」として、ME化による技術革新を資本主義の「自己革新能力」(iii ページ) として取り上げている。

(16)　実際、氏は同著において「歴史の歩みはしばしば大河の流れにたとえられる。その流れはときに大きく逆流することもあるようだ」(iページ) とのべている。
(17)　伊藤誠「グローバリゼーションのなかの資本主義と社会主義」(『状況と主体』第278号　1999年) を参照。

さて、現在のグローバリゼーションをいかにとらえるかについて、伊藤誠

「現代資本主義のグローバリゼーション」同編『現代資本主義のダイナミズム』(御茶の水書房　1999年）を取り上げよう。[18]氏の議論の特徴は，①宇野三段階論を有効な方法・前提であるとしつつ現状分析の課題としてグローバリゼーションを論ずる，②他方，方法はそれを世界資本主義論的に資本主義の世界市場化として「逆流」化しつつあるものととらえる。

(18)　なお，同「現代資本主義のグローバル化と経済体制の多様化」（『東京大学経済学会誌』第207号　1998年），同編『現代資本主義経済の機構と変動』御茶の水書房　2001年も参照されたい。

戦後資本主義の「黄金時代」＝高度経済成長はケインズ主義的・福祉国家的有効需要政策とレギュラシオンのいう高生産性・高賃金のフォード的蓄積体制によって可能となったが，後者の意義が大きい。耐久消費財産業による高度成長を支えたのは，つぎの四条件であった。①アメリカの経済覇権によるドル散布と安定的なブレトン・ウッズ体制が展開された，②耐久消費財とその素材産業が先進資本主義国に広がり，フォーディズムが市場を拡大した，③第三世界から安価で大量の石油等の資源が供給された，④動員可能な労働力予備軍が豊富であった。その点からして，ケインズ主義もレギュラシオンも抽象的すぎる論理であり，宇野三段階論による現状分析が重要な意味をもつ。

しかし資本主義は，高度成長を支えていた諸条件を使い尽して，自己破壊的に1970年代には深刻な経済危機に直面した。アメリカにおける技術革新の成熟，その他諸国の発展と競争国化，アメリカの国際収支悪化，ドル危機，変動相場制への移行とインフレの加速化，その結果として投機的取引の拡大，等である。さらにその背後には，労働力と一次産品の供給の硬直化による資本蓄積の過剰化があった。もともと資本主義は労働力商品の無理によって急性的恐慌に陥るのであるが，ブレトン・ウッズ体制の崩壊・変動相場制への移行はインフレを悪性化して，「インフレ恐慌」を生じさせた。国家独占資本主義論もケインズ主義もレギュラシオンも，この時期に「インフレ恐慌」が発生したことを説明できないでいる。

こうして，1973年にはじまる「インフレ恐慌」は前世紀末と1929年以降の

大不況につぐ大不況となった。しかし資本主義は「自己再生のダイナミズム（動態）」を展開することになる。その中心はマイクロエレクトロニクス（ME）による高度情報技術にあった。そのインパクトは，工業，商業，金融，サービス等あらゆる分野に及んだ。「それをつうじ，現代の資本主義は，前世紀末の大不況以来ほぼ1世紀にわたる歴史的発展傾向をつぎの三面から逆転し，自由な市場での競争による資本主義の原理的作用を再強化する方向に逆説的発展を示し，歴史的発展方向の螺旋的逆流現象を呈している」（12～13ページ）。第一に，19世紀末以来の大規模・重厚長大な設備投資は市場の管理，独占，カルテルなどを形成する傾向を有していたが，ME技術は軽薄短小を特徴とするので競争を活発化させる。一部では独占化の可能性も無視できないが，中期的には競争的市場の再活性化が主流を占めそうである。第二に，労働市場も自由化されて，組織率の低下，インデックス賃金（生産性成果の賃金分配）なきポスト・フォーディズムとなりつつある。第三に，新自由主義イデオロギーが蔓延し，民営化・福祉と教育の後退・経済生活の市場化が推進されている。だが，働く人びとや社会的弱者に経済危機の負担が転嫁されている。「これに対抗し，現代資本主義のダイナミズムの体系的で批判的な解明により，その基本的限界を克服する方向をさぐるマルクス経済学の任務とその意義があきらかに重要性を増している」（17ページ）。

さて現在の自由な市場競争，国家の経済的役割の縮小，企業と労働者への競争圧力は，現代資本主義のグローバリゼーションと表裏をなして進行している。現代資本主義は，市場を世界的に拡大し，海外投資の多国籍化，国際的資金移動，労働者の国際移動を促進している。マルクス，エンゲルスのいうように，「資本主義はその発生以来，世界市場を拡大し，一貫してグローバルな展開を示してきた」。「実際，資本主義は，もともと国際的な交易による世界市場の発生を基盤とし，世界資本主義としての発展をとげる特性を有している。そうとすれば，現代資本主義のグローバリゼーションは，資本主義のそうした本来的な発展傾向が，1973年以降の経済危機とその後の高度情報化にともない，再強化されてふたたび重要性を増している状況を示すものと考えられる。その意

味でも現代の資本主義は，19世紀末以降の国家主義的な資本主義の管理の強化を逆転して，生来の世界市場的発展にたちもどっているわけである」。

それではグローバリゼーションの現代的特徴はどこにあるのか。その要点の一つは，高度情報技術の発展とそれにもとづく多国籍企業の成長にある。重商主義段階の独占的貿易会社や帝国主義段階の巨大石油企業のような先駆的事例も少なくないが，現在では先進諸国，アジア諸国，企業の大中を問わず，また製造工業にも多国籍化が進んでいる。すでに1980年代には，日米の貿易の3割強が多国籍企業の企業内取引からなっている。「こうした多国籍企業の最近の成長は，重商主義段階や古典的帝国主義段階における海外投資と異なり，国家の政治的軍事的保護をともなうものではなく，また国家主義の強化に役立つものでもない。むしろ国民国家の経済活動への規制や保護を回避しつつそれらを弱め，さらには産業空洞化をもたらして，国家の経済的役割と国民経済の衰退をまねく要因として作用する傾向がある」(18～19ページ)。

ところで，グローバリゼーションは各国経済の国民的・地域的特性を失わせつつあるが，むしろ逆説的にそれぞれの経済体制の差異が経済再生への過程で重要視される傾向がある。実際，レギュラシオンによれば，現在ではアメリカのネオ・フォーディズム，日本のトヨティズム，北欧のボルボイズムといった蓄積体制の差異が重視されているし，また銀行と企業の資金調達関係，大企業と系列下請け関係の差異，政治家・官僚・財界の関係のあり方などにも制度的特性がみられる。さらに，旧社会主義諸国でも，ロシア共産党の回復，東欧の北欧型社会民主主義の復権，中国の社会主義市場経済による社会主義の復活路線と，経済体制は多様化している。それはアメリカの経済的凋落とともに生じたが，「……企業の多国籍化は，むしろ経済体制の多様化を前提とし，これを利用して企業活動の分散配置を組織する側面もある。その意味では，多国籍企業のグローバルな活動にとっても，国際的に多様な経済体制が存在することが，重要視されざるをえない。逆にグローバルに経済が形成されてしまえば，企業活動を多国籍化する必要もなくなるであろう」。「現代資本主義のグローバリゼーションは，こうした側面からみれば，企業活動の多国籍化をつうじ，地域的，

国民経済的な体制の諸差異を棲み分け的に助長する進化の一面をふくんでいるともいえる。それは，マルクスのいう『資本の文明化作用』にともなう産業・消費生活の普遍化，あるいは現代的にはとくに経済生活のアメリカ化と複合的に進行しているグローバリゼーションのもうひとつの重要な側面にほかならない」(25ページ)。

　氏の議論の特徴が，①戦後の高度成長が1970年代には，労働力と一次産品の供給の硬直化に直面した。経済危機＝「インフレ恐慌」の発生である。

　②しかし資本主義は「自己再生のダイナミズム」を展開する。その中心はMEによる高度情報技術にあった。そのインパクトは，あらゆる産業分野に及んだ。それは歴史的発展傾向を逆転させ，(1)市場の管理・独占から，競争を活発化させ，(2)労働市場も自由化され，(3)新自由主義の蔓延＝民営化・福祉と教育の後退・生活の市場化が推進され，競争による資本主義の原理的作用を再強化した。

　③自由市場競争，国家の役割縮小，企業と労働者への競争圧力は，グローバリゼーションと表裏をなしている。市場の世界的拡大，海外投資の多国籍化，国際的資金移動，労働者の国際移動などのグローバリゼーションは，資本主義の本来的な発展傾向が，経済危機と高度情報化にともない，再強化された状況である。

　④グローバリゼーションの現代的特徴の一つは，情報技術の発展とそれによる多国籍企業の成長にある。それは国民国家の規制や保護を回避させ，産業空洞化を帰結して，国家の経済的役割と国民経済の衰退をまねく要因として作用する。

　⑤グローバリゼーションは各国経済の国民的・地域的特性を失わせつつあるが，経済体制の差異も重要視させている。ネオ・フォーディズム，トヨティズム，ボルボイズムといった蓄積体制の差異である。またロシア共産党や東欧の北欧型社民の復活，中国の社会主義市場経済化など，経済体制は多様化している。多国籍企業にとっても多様な経済体制は不可欠である。こうしてグローバリゼーションのもう一つ重要な側面は，企業活動の多国籍化をつうじ，地域的，

国民経済的な体制の諸差異を棲み分け的に助長する進化の一面をふくんでいる。

まず氏の議論の意義についてみよう。現在の資本主義の状況を，資本の過剰蓄積と情報革命に基軸を求め，「逆流する資本主義」としたのは氏が最初である。その内容に異論のある人でも納得しうるであろう。また氏の議論が，引用文献では経済危機を起点として，情報技術の役割，国家の経済的役割と国民経済の衰退，産業空洞化などのグローバリゼーションの諸特徴はほとんど網羅されている点も評価されるべきであろう。しかし「逆流」「螺旋的逆流」という表現は，つぎにみる難点を多数生む結果となっている。

そこで難点について指摘しよう。①経済危機を労働力と一次産品の供給の限界としたことは別にして（すでにみたようにその原因は重化学工業資本の世界的過剰化にあるのであるが），グローバリゼーションを「自己再生のダイナミズム」と把握する方法は，現代世界経済の過渡期性を見失うものである。またそれを高度情報技術に求め，資本主義の本来的な発展傾向を再強化したと捉えることは，高度情報化の特殊の性格とその限界も見失う。今のところアメリカの独り勝ちだからである。

②グローバリゼーションは多国籍企業と同一物と理解されている。しかしそれでは両者の相違が不明となる。前者は世界的集中・合併・提携を内包するからである。すなわち単なる自由化ではないのである。

③グローバリゼーションが各国経済の国民的・地域的特性を失わせる一方で，経済体制の差異が重要となっているのは，グローバル化に対する自己防衛策ないしナショナリズムであって，過渡的性格のものである。グローバリゼーション自体が過渡期の現象なのである。これらについては次節で検討する。

B　横川信治の超国籍資本主義論

横川信治は「市場資本主義・管理資本主義・超国籍資本主義」（伊藤誠編『現代資本主義のダイナミズム』御茶の水書房　1999年）でつぎのように論じている。[19]

(19)　横川信治「管理資本主義の発展と崩壊」（『武蔵大学論集』第52巻2号　1997年），同「管理資本主義から超国籍資本主義へ：資本主義の中間理論」（『経済理論学会第48回大会報告要旨』2000年），横川信治・野口真・伊藤誠

『進化する資本主義』日本評論社　1999年　第6章も参照されたい。

氏は，宇野段階論を批判して（たとえば重商主義は広義の資本主義として段階論から排除される），19世紀のイギリスを中心とする市場資本主義（Market Capitalism），第一次大戦後を管理資本主義（Bureaucratic Capitalism），1970年代以降を管理資本主義の没落期＝脱管理蓄積体制としてとらえ，90年代を「資本主義の新たな進化形態の可能性を示す」超国籍資本主義（Transnational Capitalism）（87ページ）の形成過程と規定する。なお超国籍資本主義とは，「超国籍企業（Transnational Corporation）を主要な企業形態とし，北アメリカやEUのように国籍を越えて統合の進んだ市場を単位とする資本主義の進化形態」（110ページ）とされているが，従来の「多国籍企業」（Multinational Corporation）とほぼ同内容で，訳語上の違いとされている。

19世紀の市場資本主義は，①価値法則＝市場の価格機能（ただし労働力商品については完全には機能しない）と②「動学的価値法則」＝景気循環による価値規制（労働力商品の価値規制を行う）の二つの価値法則によって自律性を保っていた。市場資本主義としての世界資本主義は，イギリスを基軸通貨国とする国際資金循環によって世界的な景気循環に規定されており，「動学的価値法則が働き，自律的な市場資本主義の世界的な再生産構造が維持された」（89ページ）。しかし1870年代以降，生産力の不均等発展と国際資金循環の変化によって市場資本主義は没落期を迎える。

1920年代は管理資本主義の形成期であるが，「この時期の有効需要の構造は国際的にも，国内的にも拡大が困難なものであった。この結果，有効需要不足から好況はアメリカ国内でも十分拡大せず，また中心国アメリカで形成された余剰資金が国際的に活動資本化される機構も存在しなかったため，好況の国際的連動力も弱かった……」（95ページ）。1929年以降の構造的恐慌は動学的価値法則による市場資本主義の自律性を崩壊させた。こうして「1930年代に入ると各国政府は市場による景気の自動回復をあきらめ，金本位制を中止して積極的な経済介入を行なって国内需要の回復と貿易の拡大を目指した。有効需要政策にふさわしい機構が国内的にも国際的にも形成されていないため，これら

の政策は必ずしも有効には働かなかった。国際的には為替ダンピングの弊害を避けるために，ブロック化が進み，経済戦争が実際の世界大戦を生み出した」(87〜88ページ)。

　管理資本主義の典型的発展は1960年代である。①アメリカでは寡占的大企業体制の強化の下で非寡占部門の保護策や，②労使協調路線，③政府の介入＝有効需要政策と恐慌回避の金融政策などが発展した。国際的には，(1) GATT，(2) IMFが創設され，(3)アメリカによる国際的な通貨供給の管理，④国際的な資金移動の管理などが行われた。こうして「遊休貨幣資本が国際的に活動資本化され，大戦間に問題となっていた有効需要不足の問題は解決され，ヨーロッパや日本の活発な資本蓄積と，アメリカ国内の旺盛な消費需要によって，好況が世界的に連動した」。「1960年代までは，資本蓄積は好況と不況を循環的に繰り返し，市場資本主義の景気循環に近い形の循環性が見られた」(99ページ)。こうして「管理資本主義の黄金時代においては，寡占的企業間の仲間的競争による市場の価格機構と，堅固な金融構造のもとに，カルドー型蓄積とカレツキー型蓄積が循環的に繰り返されることにより労働力の需要と供給が調整され，社会的再生産が自律的に進行したのである」(101ページ)。

　1970年代以降は管理資本主義の没落期である。国内的にはキャッチアップ効果の減少と脱工業化による生産性上昇率の低下に直面した。また完全雇用と資本の不完全稼働という「資本の絶対的過剰」が顕著となった。国際的にはアメリカの停滞と日欧の発展という生産力の不均等発展が明確となり，管理資本主義の協調的な資本蓄積構造と堅固な金融構造を破壊した。この期の資本蓄積体制を「脱管理蓄積体制」と名づける。不均等発展は，①固定相場制の崩壊から変動相場制へ，②ブレトン・ウッズ体制の外側に市場原理に基づくユーロ市場を形成し経済を不安定化した，③さらに金融の自由化＝1980年代初頭の金融制度改革が金融構造を脆弱化させるという結果を生んだ。

　それは「超国籍資本主義化」の過程でもある。「脱管理蓄積体制において，新たな生産力の発展と，それに伴う生産構造の変化が生じつつある。情報技術の発展とそれを利用する生産のグローバリゼーションである。情報化と国際化

は経済の規模の範囲を拡大し，世界的労働力の移動，世界的生産手段調達，世界的な資金調達を国際競争の必要条件としたから，一国単位では十分に規模の経済を追及できなくなった。またこのような新たな資本蓄積構造に適合的な金融構造が市場重視型のアングロ・アメリカ型金融構造として形成されつつある」(101〜102 ページ)。最近の国際経済のグローバル化は産業部門内貿易（同一発展段階国が相互に同性格ないし同製品を交易すること）に特徴がある。それは，①現代技術の規模の経済が一国規模では実現できないこと，②地域経済圏における市場統合が進展しているからである。こうして「……1990 年代のアメリカ経済の復活は金融のグローバル化・自由化を利用して，国際的なネットワークを持つ市場型資本主義の形成によるものであった。しかし，国際資金循環のいっそうの脆弱化はアメリカ型の資本主義の存在をも危機に陥れるものであった。この過程で形成されつつある超国籍資本主義は規模の経済の正常進化として資本主義の新たな進化形態としての可能性を持つが，それにふさわしい国際資金循環構造が形成されない限り発展は望めない」(109 ページ)。

横川氏の議論の特徴は，①資本主義の歴史を市場資本主義，管理資本主義，超国籍資本主義に分けるところにあるが，ここでは後者を検討しよう。

② 1970 年代以降は管理資本主義の没落期である。資本の絶対的過剰期である。アメリカの停滞と日欧の発展という不均等発展による管理資本主義の金融構造を破壊した。この期は脱管理蓄積体制である。

③それは「超国籍資本主義」への過程でもある。新生産力の発展と生産構造の変化が生じつつあるからである。情報技術の発展と生産のグローバリゼーションである。それは世界的労働力の移動・生産手段調達・資金調達を必要条件とし，一国では規模の経済を追及できなくなったことに由来する。また新たな資本蓄積構造に適合的な金融構造が市場重視型のアングロ・アメリカ型金融構造として形成されつつある。

④ 1990 年代のアメリカ経済の復活は金融のグローバル化・自由化を利用した市場型資本主義の形成による。だが国際資金循環の脆弱化はアメリカをも危機に陥れるものであり，「形成されつつある超国籍資本主義」も資本主義の新

たな進化形態としての可能性を持つが，それに適合的な国際資金循環構造が形成されないかぎり発展は望めない。

氏の主張の中心は③，④にある。すなわち新生産力を情報技術とし，生産構造の変化を生産のグローバリゼーションとする。そして1990年代のアメリカ経済の復活と市場型資本主義の形成をもって超国籍資本主義の形成期とする。だが問題は，第一に情報技術が新生産力たりえるのか，あくまで基軸は重化学工業にあるのではないのか，という点である。第二に，ニューエコノミー論に似た議論であるが，現実はそうなっているのか，アメリカによる新自由主義や規制緩和の各国への強制，すなわち国民国家としてのアメリカの世界戦略などをどう把握するのか，という点である。これらについては次節で検討する。

その他，段階論については，第三に〈市場〉資本主義と〈管理〉資本主義が対概念であるのに対して，〈超国籍〉資本主義は極めてあいまいな規定である。したがって，第四にすでにみた1950年代後半から発展した多国籍企業との相違さえ明らかではない。1970年代以降が誇張されているのみである。つまり多国籍企業と超国籍資本主義の区別が明確でないのである。ただ新生産力の発展として情報技術をあげているにすぎない。第五に世界資本主義論の特質をなす国際的資金循環に超国籍資本主義の命運を求めているが，それは今後の推移しだいとされているので，超国籍資本主義を「資本主義の進化形態」とすること自体に疑問符がつく。国際的資金循環は資本蓄積の表象にすぎない。

C 新田滋（高杉公望）の超資本主義論

新田滋はすでに，『段階論の研究』（御茶の水書房　1998年）において[20]，宇野段階論を検討した上で否定的結論を出し，超資本主義論を展開している。たとえば，従来の「後期重商主義期」は①「初期自由主義段階」とされ，さらに古典的自由主義と帝国主義段階を「ひとつながりの時期としてとらえ」る。ただし1870年代以前を②「中期自由主義」，以後を③「後期自由主義」（438ページ）に区分する。つまり自由主義は三段階あるのである。そして20世紀前半の世界恐慌・世界戦争・世界革命の時代を「『資本主義社会』の爛熟・没落期としての『超国家主義』段階」とする。それは「『資本主義社会』の末期段階

であると同時に新しい社会・経済システムの世界史的初期段階でもある」。そして第二次大戦後の安定的高度成長期は，「明らかにすでにして『(厳密に狭義の)資本主義社会』(19世紀世界・産業資本主義システム)を越えた，なんらかの『超資本主義』的な社会・経済システム(社会民主主義的混合経済システム)だった」，つまり「社会民主主義・ケインズ主義的段階」だという。「そして，それがさらに動揺し混迷を続けるさらなる過渡期としての70年代以降の新自由主義・ポストモダン的段階」(460～461ページ)があるという。[21] 第8章の論理構成からも，「〈現在の資本主義〉と段階論」では，①「過渡期としての『超国家主義』段階」と，②「『社会民主主義』段階」，③「『新自由主義』段階」ということになり，③は「『超資本主義』的過渡期?」とされている。つぎにみる論文では，1990年代後半の第三のグローバリゼーション，IT革命の時代が「超資本主義」の典型として付加されている。「超資本主義」が第二次大戦後の安定的高度成長期にはじまるのか，1970年代以降なのか，筆者にはわかりづらい議論であるが，[22] これを念頭において，氏の最近のグローバル化に関する議論を検討しよう。引用は，氏自身のいう「みいはあ趣味の筆名」，高杉公望「超資本主義の現在──極端な資本主義と脱・資本主義との交錯としての──〈上・中・完〉」(『情況』第3期第2巻第2号，第4号，第7号2001年。なお新田滋名で同名の著書が御茶の水書房から近刊されるという)による。

(20) 新田滋の『段階論の研究』については，福留久大の書評(東京大学『経済学論集』第66巻第2号 2000年所収)がある。参照されたい。

(21) 別の箇所では，「『資本主義』を『超・脱』するとは，どういうことか」と設問し，「貨幣資本形態を越えることはできない」が，自由競争は適度にコントロール，調整されるべきであり，自由な蓄積も自己抑制が必要であり，かつ産業技術開発の否定＝素材エコロジーまたは超産業化＝脱工業化＝脱産業化＝情報化・知識化そのものであるという。さらに先進国では労働力商品化の無理も貧困も著しく減少したが，地球的規模では超貧困や環境問題が現存する。日本は90年代以降，閉塞に陥っている。「『超資本主義』とは，そのような二重・三重の矛盾を抱え込んで，容易に『死後の世界』へ転生を果たしえないでいる世界・産業資本主義システムの限界状況を表現しようとするものの言い方にほかならないであろう」(490～491ページ)とされている。

(22) 高杉公望「『情報革命』と『資本主義の原理』」(『情況』第 2 期第 9 巻第 8 号 1998 年) も参照。

　氏の現在のグローバリゼーションの基軸は，一言でいえば IT 革命にある。まず第一のグローバリゼーションは 16 世紀の世界帝国システムから世界資本主義システムの大転換期に起こった。「しかし 18 世紀末に蒸気機関が登場し産業革命・動力革命・交通運輸革命が起こると，19 世紀の第 2 のグローバリゼーションが展開した」。「しかし 19 世紀末からドイツが台頭して……国家主義・帝国主義的な傾向を強めるようになり，……ついに第一次大戦を勃発させる主要因となった。第 2 のグローバリゼーションは早くも終息に向かい始めた……」。「第二次大戦後はあきらかに第 2 のグローバリゼーションの完全に終息した時代であった……」。ところが「1990 年代後半になって一挙に様相を変えるに至った」のが「…… IT 革命に促進された第 3 のグローバリゼーションなのである」。今日のグローバリゼーションの中身は多様であるが，「…… 20 世紀前半の統制経済から後半の自由貿易の理念追及……へ，というかたちで，国際政治のゲームの土俵の上にのみ存在していた各国の自由化・規制緩和というものから，IT 革命という交通・通信手段の変容を基礎として，もはや国際政治ゲーム的な各国の政策的操作そのものが不可能になってしまったことに，『第 3 のグローバリゼーション』……」(183 ～ 187 ページ) がある。[23]

(23) 以上，第 2 号より引用。

　国際政治では国際ネットワークの重層的発展，たとえば 1920 年の国際連盟，戦後の国際連合などの国際機構の飛躍的発展があり，レーニンによって葬り去られたカウツキーの超帝国主義論を，氏は再評価する。かくて「今日これを(カウツキーの超帝国主義論─筆者─) 結果的にみれば，まずは的確な予言といわざるをえない……」(109 ページ) という。[24] そして第二次大戦後の各種の国際機構の発展をみた後，「プチブル」平和主義運動にも一定の評価を与える。

(24) 以上，第 4 号より引用。

　こうして氏は，「現在」を「超資本主義」と規定する。それは，①現在の資本主義システムが「資本主義」という概念から逸脱し，かつ国際的には「超帝

国主義」へ漸進しつつあり，さらに先進国では大衆的富裕化現象がみられること，②「1990年代末以降，IT革命に連動して暴威をふるうグローバル資本市場のように，資本主義的なものが徹底的に極端なところまでゆく現象を指して」おり，「相反する二重の意味」(192ページ)をもっている。そこで氏は，超帝国主義の現実性に対して，(1)経済的要因である過剰資本・資本輸出との関連を，(2)グローバル金融資本の構造変化，(3)先進国における高度大衆消費社会段階の問題構制（造？）を検討し，超資本主義の現在とその行方を探求する[25]。

(25) 以下，第7号より引用。

(1)については，ホブソンやレーニンの過剰資本論を批判して，独占による停滞現象が出現するのは，侘美光彦[26]に依拠して戦間期であると結論する。

(26) 侘美光彦『国際通貨体制』東京大学出版会 1976年，同『世界大恐慌』御茶の水書房 1994年を参照。

「第一次大戦を契機にして，アメリカが過剰資本・債権国となったが，その後の1920-30年代にはアメリカの過剰資本が有効に国際的に循環される機構が形成されなかった」。再建金本位制の崩壊，世界大恐慌の発生である。「第二次大戦の直後は，アメリカは膨大な過剰資本をマーシャル・プランなどによって循環させる体制を構築し，……ドル散布が国際的な資金循環をつくり出していた。ところが，1958年以降は欧・日の経済復興も一段落し，かえってドルの垂れ流しによる過剰流動性が増加の一途を辿ることとなった。アメリカはこれ以降，長期的に資本不足への道を進み，71年にはドル・ショック，85年には債務国への転落となったわけである。この過程で資本過剰・債権国として登場してくることになったのが日本経済であった。

このように，世界全体でみれば，過剰資本というものは，それぞれの時期においてつねに特定の地域……に偏在しているものなのである」(197～198ページ)。

「90年代になると，米国経済はジャパン・マネーによって貯蓄不足を補う構造は依然として同じであったが，IT革命や金融商品の新開発によって有効需要を日本企業から米国企業に取り戻すことに成功した。こうして90年代の米

国経済は，経済そのものの活性化にもとづいて輸入を増やして世界経済の牽引車に返り咲いたのであった。このような状況は，ニューヨーク株式市場にネットバブルを引き起こしつつ，21世紀までつづいてきたのであった」(200ページ)。

(2)については，1970年代以降，超帝国主義的な傾向が強まる一方で，「古典的資本主義すらも越えて資本主義が『やり過ぎ』てしまうという側面がせりあがってきた……」。つまり「超資本主義」である。それは「……機関投資家によってメカニカルに運用される貨幣資本が文字通りグローバルに金融資本市場を駆けめぐり，それによって現実資本・産業資本の経営や雇用労働者の生活を瞬時に吹き飛ばしてしまう側面である」。株式会社の普及は，所有と経営の分離を促すが，「貨幣資本の所有者にとっては，あくまでも私的所有の自由が重要である。それは株式資本市場での自由な売買によって保障される。他方，機能資本の経営者にとっては，企業組織の維持運営が重要であるが，それは企業組織内部や市場取引関係における組織化をすすめるものとなる。自由市場の論理と組織化の論理という相矛盾する傾向がそこにはあったわけである。この二つの傾向のうち，20世紀中頃までは，組織化の論理のほうが強く働いていたといってよい」(202～203ページ)。ところが「1970年代以降になると，機能資本の固定資本化・組織化の傾向に対して，固定資本の流動化・セキュリタイゼーション（証券化）の傾向のほうが強く作用し始めるようになった。そこでは自由な市場取引，個々の貨幣資本の私的所有者の論理が，それまでの組織化・『福祉国家』等々の論理を凌駕するようになっていったのである」(204ページ)。

その原因は，①コンピュータ・ネットワーク，つまりIT革命による新金融商品開発と，②1970年代不況による世界的な貯蓄過剰（過剰資本）問題の発生，③先進諸国での過剰富裕化，つまり大衆資金の形成と動員である。「まさしく，膨大な大衆資金が大衆自身の生活過程の不安定化としてはね返ってくるという，典型的な『自己疎外・物象化』がより高次の形態で再現してきたといってよい」(206ページ)。

(3)については、「現在の超資本主義が伝統的な『資本主義』を乗り越えてしまっていると感じられるとしたら、そこには大きく分けて二つの側面がある。一つは、巨大企業や巨大労働組合や『大きな政府』による組織化が20世紀半ばまでに不可避的な水準にまですすんできたという側面である。そしてもう一つは、先進諸国では、資本主義的な経済成長が順調にすすみ、工業化から脱工業化（＝サービスや情報などの第3次産業の増大）をへて大衆の労働様式も変容し、また生活水準も著しく上昇してきたということである」（207〜208ページ）。他方このような「過渡的状況」のなかで、学校の崩壊、大学の空洞化、医療現場の混乱、エリート層の腐敗と堕落、ほとんどの反体制的な思想・観念の有害無益化等々が蔓延している。人びとはそうした問題に対して、古典的な左翼保守主義や保守的保守主義によって理解しようとし、対応策を見出そうとして袋小路にはまり込んでいる。

　こうして氏は、「超長期的な歴史的視点でものを考えれば、遅かれ早かれ経済・社会の発展段階と既存の諸制度・諸観念・諸感性との矛盾は先進諸国の内部では解消されてゆくであろう。また、そうした段階に現在、先進諸国にはいらない諸国・諸地域の社会もはいってゆくことになるであろう。その具体的な経路や時間的尺度は見通しにくいものかもしれない。しかし、大局的な趨勢としてはそうなってゆくということ自体は見通しやすいことである。

　そうした趨勢的傾向よりも見通しにくいのは、高度大衆消費社会に固有といえるような問題構造を検出し、問題解決の対象として課題設定することである。そこから逆照することで、現在の過渡的な様相で何と何が混在しているのか透視できるようになるはずだからである」（212ページ）と論じている。

　氏の議論の特徴は、まず第一に、1990年代後半以降をIT革命による3回目のグローバリゼーションとする類型論である。しかし"3回目の正直"という俗説は経済学に無用である。そこで氏のいう今日のグローバリゼーションの中身をみれば、「多様」であるが、20世紀後半の国際政治上にのみ存在していた自由化・規制緩和から、IT革命によって国際政治ゲーム的政策的操作が不可能になった点に第三のグローバリゼーションがある、という。つまり国際政治

と経済にズレがあったというにすぎない。

　第二に，そこで氏はカウツキーの超帝国主義を再評価して，国際連盟や国際連合などの国際機構の発展を取り上げる。しかしそれが第1章でみたような労働力商品化の無理やそこに起因する戦争の回避を原因としていることは問題にもされない。カウツキーの超帝国主義論を結果的にみれば的確な予言というにすぎない。ソ連型社会主義の崩壊によってレーニンの呪縛が解かれた現在，それは簡単な方法である。しかしさらに三つの問題点がある。①カウツキーの再評価は目新しいものではない。事実カール・カウツキーの『帝国主義論』(波多野眞訳　創元文庫　1953年)の訳者・波多野は「解説」で，「しかしながらかような超帝国主義的な考え方そのものは資本主義が続くかぎり，なかなか消え去らないものである。近いところでは，第二次大戦後の国際連合，ブレトンウッズ機構等もその考え方の具体化されたものといえる。世界資本主義の不均等発展が激化し，資本主義国が自国内で経済問題を解決し得ず，多かれ少なかれ国際的な問題として，問題を処理しなければならなくなればなる程，色々の超帝国主義理論乃至思想が，今後もつぎつぎと新たな装いを以てあらわれてくることであろう」(125ページ)とのべている。

(27)　K. Kautsky, *Der Imperialismus*, Neue Zeit. 32. Jg. Bd. 2. 1914. K. Kautsky, *Zwei Schriften zum Umlernen*, Neue Zeit. 33. Jg. Bd. 2. 1915. K. Kautsky, *Der Imperialistische Krieg*, Neue Zeit. 35. Jg. Bd. 1. 1917. 以上の三論文は，波多野眞訳『帝国主義論』創元文庫　1953年に訳出，収録されている。ただし15年論文はクノーに対する批判部分のみが訳出されている。カウツキーの帝国主義論については，前掲，降旗『帝国主義論の史的展開』第3章，鈴木編『マルクス経済学講義』第2編第1章，入江・星野編『帝国主義研究Ⅱ』第2篇も参照されたい。

②つぎは経済学の方法に関するものである。1914年と15年のカウツキーの超帝国主義論に対してレーニンは，「もし純経済的見地を『純粋の』抽象と解するならば」，結局「一個の世界的独占」「一個の世界的トラスト」に向かっているという「命題に帰着する」，そして「この命題は争う余地がない」，だがその「発展」は実験室内と同じで無内容である，かくて超帝国主義論はナンセン

スである,「歴史的＝具体的時代としての金融資本の時代の『純経済的』諸条件について語るならば」「超帝国主義」は「死んだ抽象」であり,これに対する「最良の答は,この抽象に現代世界経済の具体的＝経済的現実を対置することである」(152～154ページ) と批判した。そして不均等発展による帝国主義戦争と革命を論じたのである。だがそこには重大な方法上の限界があった。

(28) 第1章の注(7)を参照。なお同「第二インターナショナルの崩壊」『レーニン全集』第21巻 大月書店 1957年（邦訳219～224ページ），同『帝国主義論ノート』（ノートδ）『レーニン全集』第39巻 大月書店 1962年（邦訳233～237ページ）も参照されたい。

この限界に対して宇野弘蔵は『経済政策論〈改訂版〉』（『著作集』7 岩波書店 1974年）において，レーニンによるカウツキー批判をつぎのように批判している。「ここでレーニンのいう『純経済的見地を〈純粋の〉抽象と解するならば』というのは,おそらく私のいう原理論的規定と解してよいのではなかろうかと思うのであるが,そうすると方法論的に極めて興味ある重要な問題が生ずることになる。国際的関係自身をも捨象した原理論的規定がどうして『発展は独占にむかってすすんでおり,したがって一つの世界的独占へ……一個の世界的トラストへむかってすすんでいる,という命題』が出てくるのか,そして『この命題は争う余地がない。しかし……無内容である』ということになるのかという点である。『資本論』のような原理論的規定がいかにして国家や国際経済を展開しうるのか,この点を明確にしないことが,むしろカウツキーのいうような『〈超帝国主義〉という死せる抽象』を展開せしめることになったのではないであろうか。『現代世界経済の具体的＝経済的現実を対置させること』がこの抽象論に対する『最良の答え』というレーニンの主張は,原理論に対して段階論的規定としてこそ意味があるのではあるまいか。そしてそれは,もちろん,単に経済政策論などで尽しえられるものではなく,経済学的にも,法律学的にも,また政治学的にも究明されるべき広範なる研究分野をなす具体的な現実なのであるが,しかしそのことは『20世紀の初めにあたる歴史的＝具体的時代としての,金融資本の時代の〈純経済的〉条件についてかたる』ことを

――もちろんカウツキーのいうような意味ではないが――妨げるものではないのである。原理論と段階論とを区別しないところにむしろ帝国主義論が政治論に解消される危険さえあるといえるであろう」(214〜215ページ)。つまり宇野はカウツキーに対してもレーニンに対しても，その経済学的方法を批判して三段階論を提起したのであった。

(29) 宇野は「帝国主義論の方法について」(『著作集』10　岩波書店　1974年)では，現在でも純粋資本主義へ進んでいると考える説に対して，「カウツキーの『超帝国主義』説などはその最もよい見本」」(161ページ)と批判している。

③氏の議論の問題点は，政治的・法制史的アナロジーである。実際，氏は紀元前からの領土や戦争協定を，国際機構発展の諸前提として詳しく論じているが，カウツキーの超帝国主義と歴史的にどこが，どう違うのか論じていない。「超資本主義」の諸側面の国際ネットワークの発展傾向とされているにすぎない。このような政治・法制史的方法は，しばしば過去の事実をいきなり現在にアナロジーでもって適用させるものであり，経済学的概念規定なきものである。カウツキーの超帝国主義論も同様である。カウツキーの理論は，すでに多くの世界カルテルが形成されている現実を見据えて，かつ大戦が帝国主義諸国に膨大な軍事費と植民地経営費に負わせており，「純経済的に見れば，このような大きな負担が，最後には帝国主義諸国家間の神聖同盟をつくらせ……帝国主義戦争を解消させる」という「現在ではありそうには思えないような最後の解決に向か」(35ページ)う可能性を予測したのである。そして「……帝国主義のインターナショナルが社会主義政党のインターナショナルより早く効果をあげるのを眺めるという，われわれにとって恥ずべき猿芝居を体験する可能性をも計算に入れておかねばならない」(108〜109ページ)と論じたのである。ソ連や中国革命なきばあいの帝国主義諸国の同盟を論じたのであって，その登場と崩壊を経験した現在に適用できるものではない。さらに国際連合はソ連型社会主義も加盟国とするものであり，とてもカウツキーの議論と整合しうるものではない。

(30) 宮崎犀一・奥村茂次・森田桐郎編『近代国際経済要覧』東京大学出版会

1981年 108ページを参照。出典は，有澤廣巳・脇村義太郎『カルテル・トラスト・コンツェルン』御茶の水書房 1977年 238～242ページ。

氏の議論の特徴の第三点は，現在を「超資本主義」と規定する，①経済的要因＝過剰資本・資本輸出との関連，②グローバル金融資本の構造変化，③先進国の高度大衆消費社会段階の問題を提起する点にある。

まず①について。第二次大戦後のアメリカの膨大な過剰資本はドル散布によって国際的な資金循環を形成していたが，1958年以降は欧日の経済復興によってドルの垂れ流し＝過剰流動性に転化した。アメリカは以後資本不足への道を進む。これに対して資本過剰・債権国として登場したのは日本であり，これを補足した。しかしアメリカは，1990年代にはIT革命や金融商品の新開発によって有効需要を取り戻した。こうしてアメリカ経済は経済活性化と輸入増によって世界経済の牽引車に返り咲いた。この状況はネットバブルを引き起こしつつ，21世紀までつづいてきた。氏のこの点についての議論は，通説での一面であるが，他方重化学工業の生産力視点が欠けており，世界資本主義論的資金循環論となっている欠点がある。

つぎに②について。1970年代以降は超帝国主義的傾向が進むとともに，古典的資本主義を越えた"やり過ぎ"の側面が登場した。超資本主義である。機能資本の固定資本化・組織化の傾向に対して，固定資本の流動化・証券化が強く作用し始めた。自由な市場取引，貨幣資本の所有者の論理が，組織化・福祉国家の論理を凌駕した。だが氏の"やり過ぎ"を超資本主義とする方法は極めて感覚的であり，後者の原因も不明で，経済学的方法を逸脱している。

最後に③について。超資本主義には二つの側面がある。一つは巨大企業や巨大労働組合や大きな政府による組織化が20世紀半ばまでに不可避的水準まで進んだ側面であり，二つは先進諸国では脱工業化によって労働様式も変容し，生活水準も著しく上昇してきたという側面である。他方，学校の崩壊，大学の空洞化，医療現場の混乱，エリート層の腐敗と堕落，反体制的な思想・観念の有害無益化等々が蔓延した。だが氏のこの方法も感覚的で経済学的方法を逸脱している。一つ目の側面は程度の問題にすぎないし，その原因の経済論理的説

明があいまいである。二つ目の脱工業化については，次節でその意義と限界を検討する。最後の学校崩壊云々はもはや文明論の領域である。

かくして氏の「超資本主義」論は，第一次大戦後の世界経済構造もソ連型社会主義の登場・崩壊の意義も説明できないだけでなく，現在のグローバル化の歴史的意味も労働力商品化という資本主義の本来的矛盾も把握できない「超」経済学的な，感覚的な文明論にすぎない。

D　高橋洋児の「サバイバルのための生産」論

高橋洋児は，現在のグローバリゼーションの根拠を，資本制システムと世界市場の対抗関係による世界的な過剰生産力に求めている。同「現代世界経済のアポリア——あるいは生産力過剰論（上・中・下）」（『情況』第2期第10巻第2,3,5号　1999年）を紹介，検討しよう。[31]

(31)　なお，同「経済グローバル化の現段階——資本蓄積論の視座から」（静岡大学人文学部『経済研究』第3巻第3号　1998年）も参照されたい。

氏自身による議論の要旨はつぎのとおりである。「①資本制システムは，生産力を発展させることにかけては史上最強の経済システムである。②その『強さ』の根源ないし支柱をなしているのは大別2様の資本蓄積メカニズムと，その補完機構としての近代的信用（金融）制度である。……③資本構成が不変のままの増強投資による生産規模の拡大は等差級数的な生産力発展をもたらすにとどまるのに対し，資本構成の高度化を伴う合理化投資は生産性そのものを向上させることによって等比級数的（飛躍的）な生産力発展をもたらすことが，原理的にも現実的にも可能である。しかし市場拡大に関しては，飛躍的に拡大することがあるとしても，それは偶発的なことで原理的にそうなるというものではないから，生産力発展のペースが市場拡大のペースを追い越してしまうという跛行が生じる。このような原理レベルのことに加えて，資本制経済の無政府性が……両ペースの跛行状態を増幅する要因となる。④資本制経済は，こうした需給不均衡，すなわち市場規模に比して生産力が過剰であるという難題を本来的に，経済システムそのもののうちに抱え込んでいる。⑤資本主義が世界市場を形成し世界資本主義として立ち現れるにつれて，生産力過剰もグローバ

ル化してきた。⑥だが，そのつど（ほぼ時代順に）恐慌・世界戦争・大量消費という3種類の過剰処理メカニズムが働いたことで需給不均衡は是正され，資本主義はそのつど立ち直ってさらなる生産力発展を遂げてきた。⑦ところが，世界的には1970年代以降，もはやこうした過剰処理メカニズムが働かなくなった。それが現代資本主義の根本問題として世界経済の行き詰まりを招いている。『強い』資本主義が乗り越え不能の自己矛盾に陥り，自己制限にぶつかったのである。⑧これを打開する抜本策としては，『過剰生産力の国際調整』しかない」[32]（131～132ページ）。

(32) 第2号よりの引用ページを指す。

　氏は，経済グローバル化の始まりは1848年の『共産党宣言』以来で，今なおグローバル化の過程にあるが，今日のそれとは「資本主義発展段階に大きな質的違いがある」（137ページ）という。外延的市場拡大 → 内包的需要増大 → 工業発展は，19世紀末に行き詰まる。19世紀末,「生産力が受け皿としての市場規模を上回るほど発展しすぎた結果としての帝国主義の段階に入ってゆく。そして第二次世界大戦終結後,『帝国主義』色は薄まったとはいえ市場規模に比して生産力が過剰であるという事態は今日の大競争時代に至るまで引き続くのである」（135～136ページ）。

　そこで氏は，世界市場形成の必然性を問う。市場拡大には交換国の旧来の生産様式を前提とした方法＝「外延的市場拡大」または「世界商業レベルの市場拡大」（氏はこれを「単純拡張型」と名づける）と，相手国に資本制生産様式を導入して新たな需要を創出する「内包的」方法または「世界市場レベルの市場拡大」（氏はこれを「生産力強化型」と名づける）がある。マルクスによれば，絶対的剰余価値の生産の拡大につれて，それが実現されるべき「広義の流通圏が拡大されることが」要件となる。それが「自国外」であれば「資本による世界市場の形成の必然性ということになる」（137～139ページ）。「相対的剰余価値の生産に基づく生産力の拡大は，その受け皿として，いっそう増大した剰余生産物に見合うだけの消費の増大を必要とする。すなわち，生産領域が拡大するだけでなく消費領域も拡大することを要する」。「そこで，あらゆる可能性を求

めてさまざまな開発・開拓努力が行なわれることになる」（140〜141 ページ）。
「マルクスの説明はしかし，資本の世界大の展開の必然性，したがって世界市場の形成の根本動因を理論的に説明したものにすぎない」（142 ページ）。

　氏によれば，資本蓄積の第一段階は「生産のための生産」であり，それは「当該社会において資本制生産様式が支配的となっているとはいえ生産力発展が相対的に低位段階にあるときに共通に見られた特徴である」。それは生産性の向上によって「生産的に消費・損耗した資本財の補塡分，ないし蓄積のための追加分の確保が最優先されなければならない」（117〜118 ページ）段階である[33]。

(33) 以下第 3 号より引用のページを指す。

　資本蓄積の変容過程＝第二段階の特徴は「消費のための生産」である。「再生産表式でいえば，第Ⅱ（生産手段＝資本財生産）部門から第Ⅰ（消費手段＝消費財生産）部門へと次第にシフトする」段階であり，それは生産性の向上によって生産物価値が相対的に低下した分，「その余力を消費財生産に回すことができる」ことによって可能となる。また第Ⅰ部門から第Ⅱ部門へのシフトは，「生産力発展を持続するために必要であり必然的である」。なぜなら，雇用労働者数も増大するから消費財生産も拡大しなければならないし，資本家階級（経営者）による個人消費分も絶対的に増大するからである。また「第Ⅰ部門における生産規模の拡大したがって剰余価値量の増大が第Ⅱ部門における生産規模の拡大にも依存している……」（119〜120 ページ）からである。それは，奢侈品や無駄な物までが労働者の消費に入る過程でもある。「生産や資本蓄積のあり方が消費財依存型への傾斜を強めるにつれて，産業構造全体も大きな変容を遂げる。消費財（物財とサービス）産業への重点移動，小売業のウェイト増大および業態の多様化，広告宣伝・割賦販売などをも含むマーケティングの発達，等々」（121 ページ）。

　資本蓄積の変容の第三段階は「サバイバルのための生産」であり，1970 年代以降十数年来のものにすぎない。だがその世界基調は 19 世紀末以降の帝国主義段階に始まる。その原因は既述の市場と生産力の需給不均衡にある。「世

界資本主義が総体として資本蓄積を重ねてゆくなかで，市場規模に比して生産力が過剰であるという需給不均衡もグローバルな規模で巨大化してきた。問題は，需給不均衡が新たな『秩序』回復に結びつく程度の『ゆらぎ』にすぎないかどうか，である」(121～122ページ)。過去，過剰処理は恐慌や世界戦争によって可能になった。「二度の世界戦争は，資本主義が過剰を処理してさらなる発展の過程を歩むための必要条件だったのである」。生産力発展は実質賃金の上昇によって市場を拡大し，「『生産力発展 → 市場拡大』という図式の上に，第二次世界大戦後，大量生産＝大量消費方式がアメリカ以外の諸国にも普及することが可能になった」。しかし黄金の1960年代をピークにして世界資本主義は長期不況局面に入っていく。需給不均衡によって各国間にトレードオフ関係が形成される。基本的原因は，1970年代以降に世界資本主義の生産力過剰が顕在化したことにある。「第二次世界大戦後，一段と目覚ましい発展を遂げた生産力は，基調としては処理不能の過剰状態に陥ってしまったのだ。大量生産＝大量消費方式の行き詰まりは世界資本主義そのものが最終的に行き詰まったことを示している。3種類の過剰処理メカニズムがいずれも働かなくなったからだ」(124～125ページ)。

こうして氏は「経済グローバル化の現段階」は，「市場規模が生産力に比して相対的に狭小な中で市場争奪戦が行われている——これが現代世界経済(「グローバル経済」)の基本構図である」として，「大量リストラと金融肥大化」現象を論ずる。[34] そしてこの「行き詰まりの打開は可能か」と設問して，不可であると結論する。過剰処理メカニズムをもたないからである。「したがって，資本主義の論理にそのまま沿わない打開策が求められている」として，「過剰資本の国際調整」を提言する。だがそれは資本そのものや原理を廃棄するものではない。資本制システムに代わるものは存在しないからである。「現存原理の肯定的理解のうちにその否定態を暴き出しつつ，新たな契機も加えて肯定面との総合のうちにより高次の原理を探り出してゆくという『弁証法的運動』の考え方が，ここでも必要である」(167～171ページ)。その方法は，①先進国間の「過剰生産力の国際調整」，②過剰生産力の後進国への無償移転である。

なお氏のこの議論の詳細は省略する。いずれにしろ「生産力発展を自明の善と見なしてきた価値観そのものを転換してゆくほかないわけである。『生活原理の転換』という視座に立って『世直し』のための新たなヴィジョンを構想してゆくことが求められている」(176 ページ) という。

(34) 第5号より引用。
(35) この点について，高橋洋児・石塚良次『2001年の事始め』実践社　1999年も参照されたい，と氏はいう。

氏の議論の特徴は，第一に原理論から類推された類型論である。それゆえ多くの難点を有している。世界市場形成の根拠も，資本蓄積の歴史を第一段階「生産のための生産」，第二段階「消費のための生産」，第三段階「サバイバルのための生産」とする方法がそれである。特定の産業も蓄積様式も国際関係も具体的には問題にされないからである。しかしここではそれらを不問に付して，第三段階「サバイバルのための生産」のみを検討しよう。

「サバイバルのための生産」は 1970 年代以降の現象であるが，それは世界資本主義の生産力が市場規模に対して過剰化して需給不均衡をグローバルにしたからである。過去，過剰処理は恐慌や世界戦争によって可能になった。しかし 1960 年代をピークにして世界資本主義は長期不況局面に入り，需給不均衡によって各国間にトレードオフ関係が形成される。原因は 1970 年代以降に世界資本主義の生産力過剰が顕在化したことにある。だが重化学工業や労働力問題の国民国家包摂の限界の視点がない。

第二の特徴は，経済グローバル化の現段階は，市場規模が生産力に比して相対的に狭小になり市場争奪戦を引き起こし，大量リストラと金融肥大化現象を生じさせた，そしてこの行き詰まりの打開は不可であるとする点にある。過剰処理メカニズムをもたないからである。したがって，資本主義の論理に沿わない打開策＝「過剰資本の国際調整」を提言する。それは資本や原理を廃棄するものではない。資本制システムに代わるものが存在しないからである。かくてその方法は，①先進国間の過剰生産力の国際調整，②過剰生産力の後進国への無償移転，とされる。生産力発展を自明の善と見なしてきた価値観を転換して

いく生活原理の転換という視座に立つ世直しのヴィジョンの構想を求める。だが①，②の提案は，それぞれ非現実的な夢想論にすぎない。ただし，世界的な過剰資本論を提起した意味は，それなりにあるとしなければならない。しかしそれは現状分析的に論証されるべきものである。

……＊……

こうしてわれわれは，現在のグローバリゼーションについての多くのキーワードをえた。世界的過剰資本，多国籍企業の拡大，情報技術の発展，金融の国際化と暴走，労働力の国際的流動化，国民国家の役割の衰退，等々である。しかしなぜか，現在のグローバル化が世界的市場化を進めている点は取り上げられてはいるものの，それが国境を越える集中・合併現象を内包している点は等閑視されている。またそれが，アメリカの復活のための世界戦略と不可分であること，さらに東ドイツ崩壊とドイツ統一，そしてソ連崩壊と経済の「市場化」，中国の「市場経済化」を契機として，世界各地に難民・移民・出稼ぎが激増した点も無視されている。つまり世界経済論としてグローバル化現象が把握されていないのである。かくてこれらの論点を付加して，現在のグローバル化現象をトータルに経済論理的に，かつ過渡期世界経済論として解明しなければならない段階に達した。

第4節　過渡期世界経済と資本の普遍化の特性

第一次大戦の特需によって資本蓄積の拡大と生産力の高度化を果たしたアメリカ資本主義は，戦後に自動車，家電に代表される重化学工業を基軸産業とするに至った。しかしその大規模資本の必要，大量生産方式と高所得を前提とする生産力的特性は，欧州諸国では普及を困難とする原因となった。むしろそれはこれら諸国を停滞させ，1929年恐慌の大不況後はブロック経済を起点として国家主義を再び台頭させ，第二次大戦を勃発させた。

大戦後は社会主義国が拡大し冷戦構造が形成された。欧州や日本の復興と対社会主義政策の世界戦略は，アメリカの経済・軍事援助なくして不可能であっ

た。先進各国は福祉国家体制をとることによって完全雇用と社会保障政策を展開するとともに、その実現のためにアメリカ型重化学工業化を国家の基軸政策とした。しかし日欧の経済的発展とアメリカの加重負担は、ドル危機に代表されるアメリカ経済の衰退を帰結した。1971年にはドル＝金兌換が停止された。世界に三大重化学工業基地が形成されたのである。こうして先進各国は、貿易摩擦に代表される世界的過剰資本と石油危機を契機として低成長に陥った。とくにアメリカの停滞は著しく、1970年代後半には日米経済の逆転現象が問題化した。[36]

(36) 石崎昭彦『日米経済の逆転』東京大学出版会　1990年を参照されたい。

A　グローバリゼーションの根拠—アメリカの対外政策と国内政策—

アメリカは経済・軍事援助の肩代わりを要求する一方で、国際協調政策を展開した。仏大統領によって提唱されたものであるが、先進国首脳会議＝サミット（1975年～）やG5～G8などの国際協調会議がそれである。後者はG10（蔵相会議）として1963年にIMFに国際金融問題を協議するために設置されたものであるが、不定期開催で正式機関ではなく、参加国を絞ったG5（78年の為替市場への協調介入、85年のプラザ合意後のドル売り協調介入）やG7（86年）、G8（97年）が70年代以降頻繁に開催されている。なかでも1977年のロンドン・サミットで提唱された「機関車論」は世界経済の牽引役を日本と西ドイツに要求したものとして記憶に新しい。

1980年のレーガン大統領の登場は、レーガノミックスとして世界に衝撃を与えた。すでに前年イギリスでサッチャー政権が登場しており、世界がその潮流に進んだことは明らかになっていたが、レーガノミックスによる新自由主義・規制緩和および強いアメリカの復活政策は世界を席巻した。その政策基軸の一つは、1981年から毎年10％、3年間で30％の大幅減税とそのための財政支出削減計画であった。しかしもう一つの強いアメリカの復活は軍事費の膨脹を伴うものであり、緊縮財政とは矛盾するものであった。すでに1970年代後半から新保守主義が台頭し、減税、財政の縮減、福祉の見直し、統制の撤廃などがアメリカの政治潮流となっていた。レーガノミックスはこれを背景に登場

したものである。しかし1983年以降減少していたアメリカの対外純資産は悪化して，84年には70年ぶりに債務国に転落した。理由は海外企業の対米資本投資増，国内投資の増加，高金利政策などである。レーガノミックスも双子の赤字を増大させるのみで修正を迫られることになる。

　世界的低成長に至ったとはいえ，日本の欧米への，とくにアメリカへの輸出は「洪水的」と表現された。一人日本のみが低成長下で優等生として活躍したのである。その根拠はCでみる産業のME化（FA化とOA化）を徹底的に追及したところにあった。先の「日米逆転」の議論もこうした状況を根拠としている。こうして日本とアメリカの間の貿易摩擦は，「日米構造協議」へと発展する。日米の貿易摩擦は，1980年代半ばまでは自動車や半導体などの個別商品が中心であったが，後半からは経済構造，経済制度，経済慣行，非関税障壁などが争点となった。1986年には「ゲッパート条項」が議会に提出され，88年には「包括通商法」（Comprehensive Trade Act）が成立し，89年には同法の「スーパー301条」が発動された。こうして1989年にはブッシュ大統領との「日米構造協議」がスタートした。最後の「包括通商法」の関税法，第377条改正と301条の新設は知的所有権＝特許やアメリカの先発明主義による自国産業の保護政策であり，商品貿易で遅れを取るアメリカが知的所有権で巻き返しを図ったものであった。新自由主義と規制緩和を新たな世界戦略としたのである。小松聰がアメリカ経済を「外需依存型への転換」（現代日本経済研究会編『日本経済の現状〈2001年版〉』学文社　2001年　補章）と規定した理由がここにある。しかし国内政策と資本の対応も忘れてはならない。[37]

　　(37)　小松聰「現代アメリカの経済政策と産業空洞化Ⅳ」（筑波大学『経済学論集』第37号　1997年），同「アメリカの高圧的対外経済政策の展開」（『筑波女子大学紀要』第5集　2001年），同「アメリカ経済政策の転換」（『筑波女子大学紀要』第3集　1999年）も参照されたい。

　アメリカの国内政策として重要なのは「金融革命」である。1970年代半ば以降，高インフレと高金利の傾向となって，アメリカでは預金からマネー・マーケット・ファンド（MMF）などへの新金融商品への大量の資金移動が生じ

た。そこで銀行は市場金利に連動した，決済性がありかつ自由金利の新種預金（MMA）を導入し，また1983年定期預金金利も自由化した。金融派生商品＝デリバティブが数多く発生した。これには政府による「1980年預金金融機関規制緩和・通貨管理法」（30年代以降の最重要な金融再編改革法といわれる）と82年の「ガーン＝セント・ジャーメイン預金金融機関法」によるところが大である。[38] さらに変動相場制への移行（1973年）は金利リスク，為替リスクなど新たな金融・資本市場状況を生み「金融革命」の要因となった。最も重要なのは，その背後に世界的過剰資本の形成があり，とりわけ経済停滞を原因とするアメリカ貨幣資本の過剰があった。さらに高金利政策によって世界から掻き集めた貨幣資本の過剰があった。金融革命を成し遂げ，かつ世界の金融・資本市場となったアメリカに世界から過剰な貨幣資本が集中した。それはアメリカ財政赤字の補填の役割をもなした。アメリカ政府は金融制度改革と高金利政策，さらに1990年代には金融のIT化政策によってこれを促進したのである。

(38) Thomas, F. Cargill, Gillian, G. Garcia, *Financial Deregulation and Monetary*, Stanford Junior University, 1982.（立脇和夫・蠟山昌一訳『アメリカの金融自由化』東洋経済新報社　1983年）を参照。

産業資本の形式は，貨幣資本 → 生産資本 → 商品資本 → 貨幣資本と循環するものであるが，商品資本の過剰は売残り，投売り，価格下落として現象する。生産資本の過剰は操業短縮，設備の遊休，解雇として現象する。貨幣資本の過剰は投資先の減少，過剰資金として現象する。金融資本の蓄積様式も基本的にはこの資本形式の外部から貨幣 → 生産，商品 → 貨幣，貨幣 → 貨幣，の過程に介入し寄生するものにほかならない。だが管理通貨制度の下でも貨幣＝不換銀行券が一般的等価物であることに変わりはないし，資本（ときには大衆の資金）としてより高い利潤や利子，配当を求めて奔走することになる。こうしてそれは株や債券（社債，公債），土地という生産を増大できない擬制商品＝資本に集中することになる。世界的資本の過剰化した現在では"カジノ資本主義"を形成し，また情報技術の発展により世界を瞬時に徘徊する"グローバル・キャピタリズム"となる。諸氏のいう金融のグローバリゼーションの根拠である。

さて議論を日米経済の逆転に直面したアメリカ企業の対応に移そう。自動車の生産基地デトロイトは廃墟と化し，日本製家電製品をアメリカの失業者が打ち壊すシーンがテレビで放映された。バブル期には日本資本がアメリカの有名ビルや企業を買収し，『タイムズ』誌はその表紙に自由の女神が日本企業に買収される戯画を載せた。欧米ともに失業者は増大した。こうしてアメリカではリストラクチャリングが不可欠となった。最初は解雇，つぎは減産であった。M&Aによる企業買収も活発化した。やがてトヨタのムリ・ムダ・ムラのないカンバン方式（1975年確立のジャスト・イン・タイムによる生産管理方式）を取り入れたリーン生産方式を80年代に確立し，さらに90年代以降アメリカ企業は，多品種少量生産に効率的，かつ開発・生産・販売・メンテナンスなどを一体化した企業組織，リーン企業体方式を導入するに至る。それはIT革命により多国籍企業にも最適な生産方式となる。なお企業組織のIT化を可能にしたのは，Cでみるアメリカの国策＝IT化政策であった。

B　グローバリゼーションの展開1―世界的集中・合併運動―

以上はアメリカを中心としたグローバル化の根拠であった。すなわち世界的過剰資本と貿易摩擦，そして最も停滞化したアメリカの新たな世界戦略であった。しかしグローバリゼーションはアメリカ一国で可能ではない。ここでは世界的な集中・合併運動を検討しよう。

まずアメリカでは企業のリストラの過程でM&A（買収・合併）が活発化したが，1980年代まではM&Aは雑多な企業を売買するたんなるマネーゲームとよばれるものであった。アメリカのM&Aブームは過去4回あり，第一次は19世紀末の金融資本形成期の「水平型買収の時代」＝トラスト運動期であり，第二次は1920年代後半の自動車産業などの生産過程の一貫統合＝「垂直的買収の時代」であり，第三次は第二次大戦後のアメリカ経済の成熟化と独占禁止政策の強化の過程で生じた「コングロマリット型買収の時代」＝すでに見た多国籍企業化の時期であった。そして第四次は1980年代以降の「リストラクチャリング型買収の時代」[39]である。それは1980年代に石油業からはじまり，重化学工業部門へ波及した。しかし1987年のブラックマンデーで頓挫した後，92

年から増大に転じて第五次ブームを迎える。

(39) 西澤昭夫「投機性を強めるアメリカのM&A」（現代日本経済研究会編『日本経済の現状〈1988-89年版〉』学文社　1989年）を参照されたい。石油ショック後，産油国の石油国有化により利権を失ったメジャーが「アメリカ要塞」を築くためにアメリカ国内独立系石油会社を買収しはじめたことを契機としていた。

　それはTOB（株式の公開買付け）やLBO（買収企業の資産を担保に借金をして，少ない自己資金で企業買収をする方法）などによる，本業を売却して新分野への転換を図るものや国際化を進めるM&Aを活発化させた。第五次ブームが過去のそれと決定的に違うのは，重化学工業や銀行という基軸産業でのグローバル化の動きである。さらにM&Aは現在，企業構造を組替えたり，新技術，市場の変化に対応して競争力の強化を図ろうとする戦略も展開している。そこでまず問題にするのは，国境を越えるM&A＝世界的な大型の集中・合併現象，それも重化学工業部門でのM&Aである。なぜならいかにIT化（ネットビジネスやソフト開発）が進んでも現代の基軸産業が重化学工業であることに変わりはないからである。図2.1を参照されたい。1990年代後半から国境を越えたM&Aが増加しているのがわかる。資本のグローバリゼーションの重要な側面である。

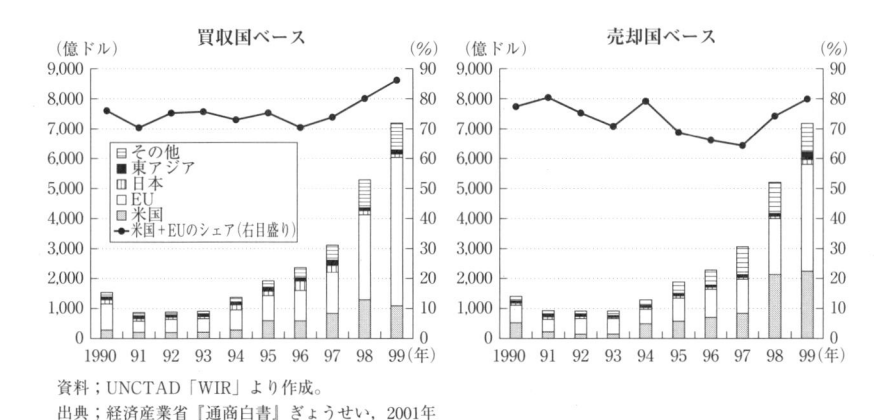

資料；UNCTAD「WIR」より作成。
出典；経済産業省『通商白書』ぎょうせい，2001年

図2.1　世界のクロスボーダーM&Aおよび欧米のシェアの推移

表 2.1 国境を越える買収合併（クロスボーダーM＆A）上位案件

買収・合併企業	産業分野	被合併・買収企業	産業分野	M＆A 総額（単位：10億ドル）
ボダフォン・グループ	自動車電話	エアタッチ・コミュニケーションズ	自動車電話	67.00
ブリティッシュ・ペトロリアム（BP）	石油	アモコ	石油	55.04
ダイムラー・ベンツ	自動車	クライスラー	自動車	39.00
チューリッヒ・フェアジッヒルングス	生・損保	B.A.T.（金融部門）	生・損保	18.35
テキサス・ユーティリティー	電気・ガス	エナジーグループ	石炭採鉱	10.95
ロシュ・ホールディングス	医薬品	コランゲ	医薬品	10.20
ドイツ銀行	銀行	バンカース・トラスト	銀行	10.10
アリアンツ・ホールディング・ベルリン	生・損保	AGF	生・損保	10.04
ICI	石油化学	クエスト・インターナショナル	芳香製品	8.00
ビーチャム・グループ	ヘルス・ケア	スミスクライン・ベックマン	医薬品	7.92
日本たばこ産業	たばこ・食品	RJRナビスコ（海外たばこ事業）	たばこ・食品	7.80
松下電器産業	電器・エレクトロニクス	MCA	映画・娯楽	7.41
ヘキスト	化学製品	マリオン・メレル・ダウ	医薬品	7.26
アップジョン	医薬品	ファルマシア	医薬品	6.99

原データ　Securities Data Co.　出所　*New York Times*、1998年5月8日に一部追加。
出典；『エコノミスト』第77巻第15号　1999年

　またその業種は広範囲にわたっており、自動車とその関連産業、石油と石油化学、家電・エレクトロニクス、銀行・保険業、医薬品など、となっている。しかしそのほとんどは重化学工業と銀行・保険業であり、重化学工業を起点とする生産資本の過剰と貨幣資本の過剰を反映している。表2.1がそれである。表には載っていないが、アメリカ企業フォードによるボルボの買収、AT＆TによるBTとの国際部門の統合があり、欧州内のボーダレスM＆Aとしてはヘキストとローヌ・プーランの医薬農薬子会社の合併・統合や、スウェーデンのアストラと英ICIの医薬子会社セネカルの合併などがある。欧州通貨統合によ

第2章 過渡期世界経済と資本の普遍化 147

って，欧州企業のM&Aも活発化した。世界のM&Aに占める欧州企業がらみの案件は，1998年の3割台から99年には4割台に上昇した。通信や金融が中心であり，スペインのテレフォニカの子会社によるインターネット関連の米ライコスの買収125億ドル（2000年），スイスの最大銀行による米証券ペインウェバーの買収108億ドル（同年），スイスの大手行クレディスイスによる米ドナルドソン・ラフキン・アンド・ジェンレットの買収の決定（同年），米シティグループによるメキシコ・バナクシの買収128億ドル（2001年），独エーオンによる英パワージェンの買収73億ドル（同年），米コノコによるガルフ・カナダ・リソーシズの買収63億ドル（同年），などである。やはり表には載っていないが，エクソン，ロイヤル・ダッチ・シェル，ブリティシュ・ペトロリアムがスーパー・メジャー三社としてOPECを勢力圏に吸収して寡占体制を築こうとしている。

このほか，巨大企業をもつアメリカでのM&Aも活発である。それは国境を越えないまでも巨大世界企業として同様な意味をもっている。たとえば石油では，米エクソンによる米モービルの買収，金額863億ドル（1998年）がある。銀行では米トラベラーズが米シティコープを725億ドル（1998年）で買収，通信では米SBCコミュニケーションズが米アメリテックを723億ドル（98年）で買収，米ベル・アトランティクによる米GTEの買収708億ドル（98年），AT&Tによる米テレ・コミュニケーションズの買収682億ドル（98年），AT&Tによる米メディアワンの買収631億ドル（99年），米ネーションズバンクのバンカメリカの買収616億ドル（98年），アメリカ・オンラインとタイム・ワーナーの1800億ドルの史上最大の合併（99年），保険大手アメリカン・インターナショナル・グループによる同アメリカン・ゼネラルの買収234億ドル（2001年），米ファースト・ユニオンによる米・地銀ワコビアとの合併131億ドル（同年），米ブリストル・マイヤーズ・スクイブによるデュポンの医薬品部門の買収78億ドル（同年），などがある。また欧州では，独アリアンツ銀による独ドレスナー銀の買収205億ドル（同年），英ハリファクス銀による英スコットランド銀の買収205億ドル（同年），仏CDCによる仏CNCEの買収71億ドル

（同年）など，枚挙にいとまがない。このほかグローバルな資本提携も盛んである。日本国内でも対抗上あらゆる産業において巨大集中・合併が不可避となって進展している。また旧財閥を越えた銀行合併も推進され四行寡占体制が築かれつつある。

しかしネットバブルの崩壊＝ハイテク株不況の下で，2001年1～6月には9061億ドルと前年同期比で世界のM&Aは半減した。とくにメディア，ハイテク，通信の三分野で急減した。また北米ではクライスラーが大幅減益となった。さらに北米企業では企業の高額買収のツケが巨額評価損を計上した。米欧の独禁摩擦も生じた。米GEと米ハネウエルの買収計画にEUの欧州委員会が差止めを決定したのである。航空機エンジンの大手，英のロールスロイスなどが猛反対したのである。合併するとGEの手掛けていないのは，飛行機の胴体構造と空輸業だけとなる恐れがあったからである。すでにEUは，2000年に米メディア大手タイム・ワーナーと英音楽大手EMIの音楽事業の統合を認めなかった。また仏複合企業ビベンディとカナダのメディア大手シーグラムの合併にも厳しい注文をつけていた。それらはグローバル化に対するEUのリージョナリズムの対応であるが，欧州資本のM&Aも増えており，矛盾するものである。だがグローバル化の限界をなしているのも事実である。とくにヘッジファンドの暴走に対してはその抑制を求める声が諸国から出ている。

すでに第2節において，アメリカの過剰重化学工業資本は多国籍企業という形で，復興した欧州市場に進出したことをみた。しかし日欧の重化学工業的発展はアメリカ経済を衰退させ，先進諸国間で貿易摩擦を激化させた。1970年代後半以降は国際協調によってその解決を目指し，かつ90年代には発展するNIEs諸国へも多国籍企業による生産基地の移転が活発化したが，大量生産方式と高所得を前提とするその特質は資本の過剰を顕在化した。後にみる環境問題の深刻化によるクリーン車（燃料電池車）の開発にはさらに膨大な投資が不可欠となり，一社での対応が不可能になった。

そこでここでは重化学工業の基軸産業である自動車を例にグローバル化の現状をみよう。すでに世界に数十社の自動車会社は不要であるといわれて久しい。

第 2 章 過渡期世界経済と資本の普遍化　149

戦後，完全雇用と社会保障実現の要の政策として遂行された重化学工業化が限界に達したのである。企業は買収または資本提携などによって，他国企業の傘下に入るしかない。そのプロセスをトレースする紙幅もないので，図 2.2 参照。

　世界に衝撃を与えたのは，なんといっても独ダイムラー・ベンツと米クライスラーの合併（1998 年）であろう。買収金額 395 億ドル，製造業では史上最大規模の合併であり，従業員数は約 43 万人，1998 年の売上高は 1546 億ドルで，米ゼネラル・モーターズに次いで世界第二位になるからである。さらに以後自

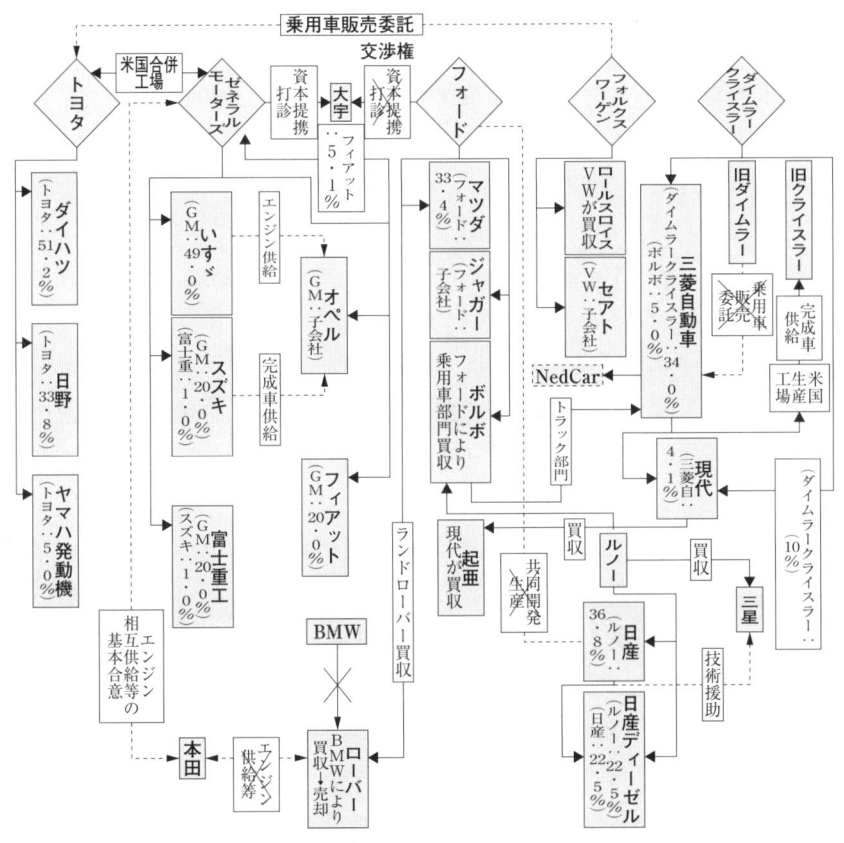

出典；『エコノミスト』第 79 巻第 5 号，2001 年

図 2.2　加速する自動車業界のグローバル再編

動車の世界的再編が進んだ。現在，自動車メーカーのグローバルな合併と資本提携によって，ゼネラル・モーターズ，フォード，トヨタ，フォルクスワーゲン，ダイムラー・クライスラーのビッグ5に，ルノー・日産が加わって六大自動車グループが形成された。本田は独自の動きを見せつつも，GM とのエンジンの相互供給に基本的な合意を示している。

　合併と提携にはそれぞれの理由や事情があるが，基本的原因は既述の世界的な資本の過剰化であり，企業業績の悪化である。それによってエンジンなど技術の相互移転，部品の共通化，自社にないあるいは不得手な部門の内部化，不採算部門の統合による整理などが，それによって可能となるからである。

　これに拍車をかけているのが環境技術開発である。環境問題が深刻化するなかで，すでにハイブリッド＝ガソリンと電池をエルネギーとする方式は，トヨタを中心に普及途上にあるが，ガソリンを使用する点で排気ガスが出ることに変わりはない。価格もまだ高く，次世代への過渡的方式である。CO_2 や NOx の削減の究極の解決が水素をエネルギーとする燃料電池車であるといわれている。その方法は，①改質ガソリンから水素を抽出して電気エルネギーとするもの，②メタノールと水から水素を抽出して燃料とするもの，③水素のみをエネルギーとするものなどが開発中である。いずれも水の電気分解の原理を逆利用して水素と空気中の酸素を反応させ発電してモーターを回転させるものである。スタンドなどインフラ整備に膨大な時間がかかるため，トヨタと GM は米エクソンモービルと組んで，①改質ガソリン方式を採る方針である。究極の方法は完全無公害で，無限に存在する水素と酸素をエルネギーとする③水素燃料電池車であり，EU や本田はこれを主力として開発中である。いずれにしろその開発には莫大な研究開発費が必要であり，資本のグローバル化の要因の一つとなっている。またそのデファクト・スタンダードの早期達成が自動車業界を制するとされている。また他産業への利用も可能である。なお燃料電池は 1980 年代から原子力潜水艦や宇宙開発での利用からはじまったものである。

　さらに商用車部門でも同様な再編・提携が進んでいる。2001 年 4 月現在，GM はいすゞ自動車に 49.0％出資し，ダイムラー・クライスラーは韓国の現

代自動車に10％を出資するほか，三菱自動車に37.3％を出資し，ルノーは日産ディーゼルに22.5％を出資するほか，日産自動車へも36.8％を出資している。日産自動車は日産ディーゼルに22.5％を出資する。ルノーはボルボに20％を出資するが，ボルボはルノーのトラック子会社を買収する，という複雑な関係を展開している。なおトヨタは日野自動車に36.6％を出資している。

こうして1990年以降の経済のグローバル化は世界的集中・合併現象に特徴があり，それは重化学工業，銀行，新産業としての通信・ITを中心としてあらゆる分野に及んでいる。だが集中合併の歴史は新しいものではないし，乗っ取りや多国籍企業も存在した。新しいのは国境を越えたM&Aが基軸産業の必然的潮流となっている点である。つまりグローバリズムとよばれるのは，近年の世界的集中・合併現象を一つの，しかし重大な原因としており，大きな歴史的エポックをなしている。それはもはやたんなる多国籍企業の問題ではない。もちろん結果的には形としては国境を越えたM&Aも，超巨大な多国籍企業になるのだろうが，筆者はそれを〈新たな資本の普遍化〉と名づけたい。それは，従来の多国籍企業を越えた新たな現象がグローバリゼーションであるという認識と，世界史的に世界の基軸産業＝重化学工業が過剰資本の最終的処理を行う段階を迎えつつあるという認識による。

C　グローバリゼーションの展開2──IT革命の歴史的意義と限界──

つぎに第3節でみた諸氏のグローバル化論の基軸をなす情報技術＝IT革命の歴史的意義と限界を検討しよう。

1970年代後半以降はFA（ファクトリー・オートメーション）とOA（オフィス・オートメーション）の時代であった。前者は日本で発展した，生産工程にコンピュータ制御されたロボット機械を導入するものであり，賃金，品質，価格，省資源面で国際競争力を飛躍的に高めた。それは既存生産力の高度化であった。後者は事務部門にパソコン，ファックス，コピー機などを導入して，事務の効率化を図るものであった。1980年代後半からは，パソコンやワークステーションのネットワーク化が普及した。LANやVANの時代であるが，いまだクローズドなものであった。しかし1990年代にはアメリカでインターネ

ットの標準技術が開発され，インターネットは90年代中葉以降「ネットワークのネットワーク」として普及する。いわゆるIT革命を迎えたのである。それはオープンなもので，①企業と消費者＝B to C，②企業と企業＝B to Bの発展を，③さらにB to Bはビジネス・プロセスやビジネスモデルを，企業組織や労使関係，企業関係まで一変させたのである。つまりIT革命はアメリカ発の1990年代後半に展開された新技術であった。その基礎は1970年代末から90年代に形成され，90年代のアメリカの独り勝ち，日欧の停滞の原因となったのである。それらは主に流通費を削減するものであった。なおインターネットが，1960年代末にアメリカ国防総省が開発したデータ通信網を基盤として発展したことは周知の事実である。

(40) ③については，鎌田一義「アメリカの『IT革命』」(現代日本経済研究会編『日本経済の現状〈2001年版〉』学文社　2001年)が詳しいのでぜひ参照されたい。

また，ハイテク産業の中心をなすベンチャー企業に資金供給をなす，証券・金融制度改革も1980年代以降それを支援した。なかでもアメリカの国策としてのベンチャー企業支援はつぎのようなものであった。1979年からカーター・イノベーションとよばれる，ハイテク・ベンチャー企業の支援策が活発化した。まずベンチャー企業の支援のために州と地方による複合政策がとられた。1980年には「スティーブンソン・ワイドラー法」と「バイ・ドール法」が制定され，科学・技術政策の転換が図られた。それは国立研究所から民間への技術移転，研究成果の特許化，特許の民間活用を企図したものであった。市場志向型の技術革新を目指す「中小企業技術開発法」も1982年に成立した。その他キャピタルゲイン税率の引き下げや，1980年代のテクノポリス政策，産学官連携政策がある。かくて1994年以降，「大企業体制」から「ハイテク・ベンチャー企業体制」へとアメリカ経済の構造変化が起きたといわれる。たしかに，アメリカ経済が情報化に特化したのは事実であるが，GMやフォード，GEに代表される重化学工業が基軸であることに変わりはない。ただし多国籍企業化やM&Aのグローバル化＝産業空洞化によって，国内経済に占める比

重を下げていることは事実である。
- (41) 長谷部孝司「『IT 革命』に不可欠な金融システム改革」（前掲『日本経済の現状〈2001 年版〉』）を参照されたい。
- (42) 西澤昭夫「日本におけるベンチャー企業支援政策の成果と限界」（前掲『日本経済の現状〈2001 年版〉』）を参照。同「金融仲介機関としてのベンチャーキャピタルの成立と展開」（東北大学『経済学』第 60 巻第 2 号　1998 年），同「エンジェル・ネットワークの形成と展開」（東北大学『経済学』第 61 巻第 4 号　2000 年）も参照されたい。

　すでにみたように，それは商品貿易で赤字をつづけるアメリカが，軍需技術を起点とする情報技術やその特許によって世界制覇の復活を図った結果でもあった。そこで最後に情報技術の発展や IT 革命の，現代的意義と限界を検討しよう。まず IT 革命に関する対立する二つの議論を紹介することによって，議論の手掛かりとしよう。

小松聰の IT 論

　小松聰は，前掲「90 年代アメリカの経済構造」（『日本経済の現状〈2001 年版〉』）で，1990 年代のアメリカの独り勝ちの成長を「ニューエコノミー」論で説明する方法をつぎのように批判している。①単純な賃金インフレ説を前提にしたものであり，多国籍企業の逆輸入やメガ競争圧力，輸入物価の大幅低下などを無視したものであり，②国内の IT 革命が過大評価されているし，それが成長のエンジンであったかどうかは疑問である。なぜなら，(1) IT は 19 世紀末の重工業や第一次大戦後の重化学工業に比べてその関連産業が極めて狭隘である，(2) また IT は雇用吸収力が際立って低い（1997 年でその雇用は 4.7 ％にすぎない），(3) IT 情報量は，財貨・サービスの生産・流通・消費に依存して決まるものであり，その他はせいぜい携帯電話くらいのものである。日本や EU がアメリカと同時好況を達成できなかった所以である。つまり IT は「……爆発的機動力や全経済を率先・牽引する主導力を備えているとはいえないのである」（129 ページ）。むしろアメリカの 1990 年代高成長は外需依存型経済への転換にあるという。

榎本正敏の IT 論

これに対して榎本は,「『IT 革命』の歴史的な意味を考える」(前掲『日本経済の現状〈2001 年版〉』)で,「……結論は,70 年代半ば以降それまでの戦後福祉国家体制のもとで実現してきたアメリカ型重化学工業的発展が行き詰まり,低成長化し,福祉国家体制自体も維持困難の度を深めてきたのに対し,IT は従来の生産力に質的変化を与え,資本主義的発展を再活性化し,福祉国家体制の延命を可能にするものではないか,ということである」(4 ページ) と論じている。

その内容は以下のとおりである。アメリカは 10 年を越える持続的経済成長,労働生産性の上昇,失業率の記録的低さ,連邦財政の黒字化などを達成し,経済に重大な変化をもたらした。そしてアメリカ商務省の 2000 年のリポートを参考にしつつ,IT 革命による産業発展の軸心は,じつは個人消費の拡大ではなくて,産業企業の IT 投資 = IT 利用に,なかでもとくにインターネットの普及によって実現した 90 年代半ば以降の電子商取引の導入という,産業分野の変化にあったという。電子商取引は B to B と B to C に分けられるが,前者は部品などの調達価格の引き下げ,在庫の削減,全体としてのコスト削減を可能とする。後者は無店舗販売や問屋の中抜きによる販売コストの削減を可能とする。

資本主義の発展は流通経費の増大を伴うが,とくに耐久消費財では 7〜8 割が流通コストである。歴史的にはこの削減にはほとんど手がつけられなかった。IT はまさにこの流通経費の削減を全社会的な規模で可能にする方法を生みだした。「つまり,『IT 革命』は,これまで社会的に大きな負担となってきた膨大な流通経費を大幅に削減することで社会的な生産性の上昇をもたらした。さらに,それによって企業利潤と投資の増加,雇用と消費の増大を生みだし,ひいては社会的な生産力の拡大を実現した。いわば流通経費の削減を軸心とし動力として資本主義的発展を実現する,新しい性質の生産力を形成したといえるのである」(17 ページ)。しかしそれは,IT 産業自体がリードするのではなく,IT を利用する産業の流通経費の削減によって,全産業の生産性の上昇と利潤

の増大を可能とする〈特質〉をもっている。

　こうしてアメリカで発展したITは，「この意味で，資本主義の自己の体制保存に欠かせない福祉国家体制を維持しながら，言い換えれば国民の高い生活水準を基本的に低下させることなく，企業利潤を確保し，雇用を増加する，新たな経済発展の時代に入ったといえるのである」(19ページ)。しかしITにも「知識」を「商品化」するという「薄弱な存立基盤」がある。一度公開されれば排他的に占有できないし，複製も可能である。また知識は労働生産物として占有，処分できるものでもなく，国家の権力的な占有権・特許権に依拠するしかない。ここに新時代の資本主義の重大な「二律背反」が発生する。国民国家がどこまで知識を商品として維持できるかは不確定である。[43]

　(43)　榎本正敏「現代資本主義分析と段階論」(降旗節雄・伊藤誠編『マルクス理論の再構築』社会評論社　2000年)では，ITの私的所有に資本主義の限界を求めている。参照されたい。

　両者の議論は，修正主義論争や日本資本主義論争を彷彿とさせるものである。榎本氏の新生産力説の傾向はすでに第3節でみた，逆流する資本主義論，超国籍資本主義論，超資本主義論，サバイバルのための生産論や，拙著では取り上げなかったが大内秀明の『ソフトノミックス』(日本評論社　1990年)など，資本主義の新段階ないし新局面を主張する説にも現われている。[44] これに対抗する説が小松氏の議論であり，宇野派内部でも論争となっているからである。

　(44)　大内秀明の『ソフトノミックス』の難点については，前掲拙稿「現代産業の歴史的位置と意義」(第2章注(10))，65～66ページを参照されたい。

　そこでわれわれは，まずITのもつ特殊な性格とその歴史的意義を確定することから出発しよう

ITの特殊な産業的特性とその世界経済的意義と限界

　まず，図2.3によってITの産業的特性を確定しよう。

　どのような歴史社会でも，生産・分配・消費なしでは成立しない。最後の消費は生理的（労働力の再生産）過程であり経済学の範囲外であるが，商品経済の発展は生産過程を資本によって包摂して産業資本を確立したのであった。ま

たその過程で生産される剰余価値を，利潤・地代・利子として分配する原理的機構を形成したのである。

ではIC（集積回路）やITの発展は，この資本主義的生産にどのように機能したかといえば，1970年代後半では生産過程のME化によって，フォード的ベルトコンベヤー方式にIC制御されたロボットを組み込んで，飛躍的に生産力の向上を果たしたのであった。ICはアメリカで軍需産業として発展したものであるが，日本はそれを電卓という民需生産に活用して市場を大規模化し[45]，かつ日米逆転を帰結したのである。それは世界的に過剰化した重化学工業生産力が，その高度化によって他国を排して，国際競争力をさらに強化したものであった。なお1970年代末のトヨタのカンバン方式はIT以前の図のB to Bの先駆をなすものである。他方OA化は経営組織の事務の効率化の根拠をなした。したがってこの期の特徴は，FAによる生産力の発展を基軸とし，OAによる事務を補完する点にあったといってよい。図2.3参照。

(45) 前掲拙稿「現代産業の歴史的位置と意義」を参照。

だがインターネットの発展はB to BやB to Cという，榎本のいう流通費の節約をいっそう可能とする方式を登場させた。「いっそう」というのは，すでにトヨタのカンバン方式があったからである。ただしFAとITは，生産力の発展と流通費の削減という違いがある。図の $G - W$ の過程は， $G=$ 貨幣が一般的等価物であるから原理的には一瞬で終わると考えられがちであるが，現実はそうではない。とくに過剰設備とメガコンペティションの時代での，部品や原料の安価な調達，新製品開発や新技術の採用には，ムダの縮小やより短い時間が不可欠とされる。インターネットによる「IT革命」は世界中にオープン

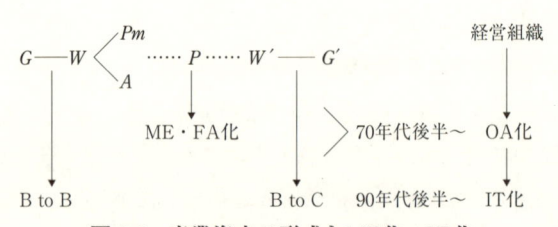

$$G - W \Big\langle\begin{array}{c}Pm\\A\end{array} \cdots\cdots P \cdots\cdots W' - G'$$

　　　　　　　　　ME・FA化　　　70年代後半〜　　OA化
　　B to B　　　　　　　　　　B to C　　90年代後半〜　　IT化

図 2.3　産業資本の形式とME化・IT化

で，より安く，より早く，よりよい部品や設備を調達できる技術的根拠となった。とくに 1990 年代以降のパソコンや IC 技術の 2～3 年という速いサイクルの更新は，部品や設備の更新時期を早める。アメリカでのそのいち早い発展は政府の経済政策によるところが大であり，IT の産業化が 1990 年代のアメリカ経済の復活，独り勝ちを可能としたのである。それは榎本のいうように IT 産業自体がリードするのではなく，IT を利用する産業の流通経費の削減によって，全産業の生産性の上昇と利潤の増大を可能としたのである。なお付加すればインフレなき繁栄というニューエコノミー論の根拠（ときにデフレとよばれる）はこのような流通費の削減が寄与している。もちろんその背後には基軸として商品資本の過剰がある。

しかしそれは，世界的過剰資本のもとでは，早い者勝ちとなる。それが世界化すれば超過利潤は失われるし，流通費の削減も無限に可能ではない。結局 IT 化によっても世界的な重化学工業資本の過剰そのものは防げないし，IT の産業化による利潤と雇用増大にも限界がある。リアルタイムの IT は最初は大きな成果を上げるが，リアルタイムであるだけに一度普及すればその効果は薄くなる。他国の追い上げもある。もちろん落ちこぼれないために世界経済はいずれ IT 化せざるをえないが，長続きするものとは思われない。榎本自身がいうように，それは「知識」を基軸とするものであって，モノを生産するものではない。アメリカ経済にかぎらず「知識」＝ IT のみで経済が成立するはずがない。それは産業資本の循環過程に介入することによってしか成立しえない。商業資本は産業資本の $W'—G'$ の過程を代位することによって，資本主義社会に特有な遊休貨幣資本を節約し，かつ全社会的には剰余価値総量を増加させて，その商業利潤としての分配にあずかるのである。その関係は IT にも妥当する。違うのは，世界的過剰資本の顕在化した 1970 年代に IC の発展があり，またそれを活用した 70 年代後半の ME 化があり，さらに 90 年代後半の IT 化の根拠となったという点である。

小松がニューエコノミー論をアメリカの独り勝ちで，日欧にも同時の好況を達成できないと批判する根拠がここにある。すなわち榎本の説は一国経済的視

点が強く，世界経済的視点が弱いのである。いわゆる国内外でのデジタル・デバイドの視点が弱いのである。背景に，世界的重化学工業資本の過剰化があり，すでにみたボーダレスなM&Aが進展しているのはその証左である。「流通経費の削減を軸心」とする「新しい性質の生産力」とか「新たな経済発展の時代に入った」とは，アメリカを除けばいえないのである。事実，21世紀初めにはネットバブルがはじけて，世界的な不況がIT関連を中心に起こっている。もちろん資本主義がそれで直ちに大恐慌や大不況に突入するとは即断できない。過剰設備の廃棄や各種経済政策によっていずれは景気は持ち直す可能性があるからである。

なお図2.3の経営組織のIT化については，1990年代後半には製品開発をもIT化するコンカレント・エンジニアリング，全業務を統合管理するサプライチェーン・マネジメント，ナレッジ・マネジメント，コアコンピタンス経営，ソフトサービスを提供・販売するドイツのSAP，アメリカのオラクルなども登場させた（前掲，鎌田「アメリカの『IT革命』」を参照されたい）。

最後に，榎本は「……今日の資本主義が中枢商品としなければならない『情報』そのものが，資本主義的制度と矛盾する性質をもつ……」（22ページ）こと，またその国家による特許占有の基盤は「薄弱」で「苦手の産業」であるから，中国が知的所有権を拒否し「人類共通の財産と宣言したらどうなるか」（前掲「現代資本主義分析と段階論」127～128ページ）と仮定して資本主義の無限の発展に疑問を呈している。この点について検討しよう。[46]

(46)　特許そのものは資本主義の歴史とともに古い。重商主義期からあり，産業革命期には多くの特許が認められ，またプレ帝国主義期には特許の国際化（1883年工業所有権保護同盟条約＝パリ同盟条約，86年ベルヌ条約＝著作権保護）などが承認されている。

まず現在のIT技術の基礎は，1964年にIBMが世界に先駆けてOS・360（オペレーティング・システム＝基本ソフト）を開発したことに始まる。それはプログラムの入れ替えを自動化して大型コンピュータに搭載され，あらゆる仕事をこなせるものとして革命的な技術となる。こうしてIBMは世界最大のコン

ピュータ・メーカーとなった。だがその基本ソフト＝OSは公開されないで企業秘密とされた。1981年IBMはパソコンを発売する。後のマイクロソフト社会長のビル・ゲイツがこのOSの開発を担当する。やがてマイクロソフト社はIBMに代わってコンピュータ業界を支配するに至る。同社によるウィンドウズは，使いやすさによって世界を席巻し，現在も世界最大の企業である。なおコンピュータ・プログラムは著作権で保護するのが世界的傾向であり，アメリカでは1980年から，半導体回路の保護は84年から行われた。1996年にはWIPO＝世界知的所有権機関（パリ・ベルヌ条約が前身で国連16機関の一つ，1974年成立）が二件の新著作権，つまり著作権条約（コンピュータ・プログラムとデータベースの保護など）と実演・レコード条約を締結した。

　問題はOSがモノと違って製造過程を見られなくて，封印されていることである。モノならば輸入し，分解して構造を模倣することができる。しかしOSはパソコンに内蔵された「知識」であって，社会主義国であっても容易には模倣できない。部分的な模倣，たとえばワードや一太郎のソフトを盗用することはできても，基本的なOSまでは容易にわからないのである。だが1991年にフィンランドのリーナス・トーマスによって新たなOSが開発された。それは未完成だったが，インターネットで無料公開され，ソフトの追加・改造を世界の技術者に要請したのである。そして世界中の技術者が参加して，3年後にはさまざまなパソコンを稼働できるようになる。それは無料・改造・追加が可能なものとして，プログラムは数百倍になった。ハリウッド映画の"タイタニック"のCG技術に利用されたし，NASAもこれを活用している。そして中国も，無料・改造・追加が可能なOSとして，2000年「紅旗リナックス」を開発した。遅れた国々も参加できるようになったのである。それは榎本氏のいう，資本主義的所有の限界とか社会主義への根拠となるものではないようである。むしろリナックスは世界的技術として経済成長の技術として活用されている。今後もっと発展するものと予想される。資本主義の社会的生産と私的所有の矛盾を社会主義への根拠とするのは無理があるのではないか。根拠はやはり労働力商品化の無理にあるのではないか，というのが筆者の主張である。

小 括

　現代では，過剰資本は恐慌として発現しにくくなっている。戦後，管理通貨制度による需要創出政策＝ケインズ政策が一般化したからである。だがそれも限界に直面した。新たな方策は，停滞したアメリカによるグローバリゼーションによる市場の解放と，その下での流通費の削減・研究開発や企業経営の効率化である。一方における資本の集中・合併，他方におけるIT化であり，いずれもグローバリゼーションの表裏をなす。現在はそのグローバル化によるアメリカを中心とする国民国家的解決方法を模索する世界的過渡期である。しかしそれは国際的・国内的な失業，リストラ，社会保障の後退，そしてデジタル・デバイドを引き起こすものでもある。

　最後に本章の議論を要約すると，資本の普遍化の歴史課程は，①マルクスの世界市場論に代表される〈資本主義発展期の資本の普遍化〉，②資本輸出，世界カルテル，植民地再分割戦争という〈帝国主義期の資本の普遍化〉，③第一次大戦後の，重化学工業化，多国籍企業のルーツ，国際分業の破綻，アメリカの対欧資本輸出＝ドーズ債券，イギリスの短期借りの長期貸し，スターリング・ブロック，ナチス広域経済圏，第二次大戦後のドル散布，多国籍企業の発展，ユーロダラー市場，EEC～EUの発展という〈現代的資本の普遍化〉，④グローバリゼーションとIT革命を背景とする〈新たな資本の普遍化〉となる。なおこの点については，第4章第3節Bでも再論する。

第3章　戦後日本型福祉国家財政の展開と限界

　序章でみたように，ソ連型社会主義も福祉国家体制も，第一次大戦後の労働力商品化の矛盾を一見異なった方法で解決しようとした体制であった。もちろんワイマールもナチスもニューディールも同様である。しかしそれらはすべて国民国家的限界を越えられない矛盾を有していた。本章では福祉国家体制の限界の事例として，戦後世界に圧倒的生産力を形成した日本資本主義における福祉国家体制の限界を，財政的側面から摘出することによって現代資本主義の過渡期性を論証しようとするものである。

第1節　戦後福祉国家体制の三類型

　まず戦後資本主義諸国の福祉国家体制の三類型を提示しよう。アメリカ型，ヨーロッパ共同体型，日本型がそれである。それらは戦後の①歴史的位置と②資本蓄積状況に規定されて，国によっても時代によっても異なった様相をみせている。しかしその基本的特徴に資本蓄積による完全雇用と社会保障の充実がある。したがってここでは①と②に論点をしぼって概観しよう。

A　アメリカ型福祉国家体制

　アメリカは，戦災をほとんど受けなかったこと，戦中に世界の兵器廠として拡大された生産力が一挙に過剰化する恐れがあったことから出発した。したがって徴兵と労働動員による戦時完全雇用から大量失業がふたたび発生する恐れから，1945年「完全雇用法案」が合衆国連邦議会上院に提出され，1年余の完全雇用法案論争をへて46年「雇用法」として成立した。[1]それは「できるだけ多くの雇用と購買力の助長」を政府の責任とするものであり，大恐慌の教訓によるものであった。すでにニューディール期の1935年には「社会保障法」

が制定されていた。だが戦後の社会主義圏の急拡大と東西対立を契機にして，国内ではマッカーシー旋風を追い風にして，アメリカ資本主義は産軍複合経済による過剰生産力の処理を適合的とするに至った。当初は西側への，以後は後進国への経済・軍事援助やICBM，核，電子情報技術，宇宙開発とその技術の民間移転による生産力向上などを基軸にした完全雇用の実現が資本蓄積適合的となった。他方過剰農産物処理政策は，工業大国であると同時に農業大国でもあるアメリカにとって，周辺産業での失業予防策をなした。したがってアメリカの戦後財政に占める福祉費の規模は先進国中できわめて小さいものであった。アメリカが「福祉後進国」(2)とよばれる所以である。しかし大戦後には福祉費がアメリカにも定着し，ジョンソン政権下の「偉大な社会」政策において増大している(3)。それはドル危機の深化とアメリカ経済の停滞に起因している。こうしてそれは戦後の世界経済に条件づけられ資本蓄積に規定された福祉国家体制としてアメリカ型と特徴づけうる。なお1980年レーガン政権の登場によってそれは限界を迎えた。

(1) 平井規之『大恐慌とアメリカ財政政策の展開』岩波書店　1988年　第5章を参照。
(2) 林健久『福祉国家の財政学』有斐閣　1992年　13ページ。
(3) 渋谷博史『現代アメリカ財政論』御茶の水書房　1986年参照。

B　ヨーロッパ型福祉国家体制

　大戦後ヨーロッパ諸国は戦時完全雇用から一挙に大量失業に直面した。すでにイギリスでは戦時動員への国民意識の向上と国民生活への配慮から1942年ベヴァリッジ報告が，44年には白書『雇用政策』が発表されていた。しかし欧州諸国はアメリカの援助なしには復興は不可能であった。したがってヨーロッパ共同体型は，アメリカのマーシャル援助によって戦後復興をなさねばならないこと，および重化学工業化によって完全雇用を達成する必要から共同体の結成を不可欠としたことから出発した。1948年の援助開始からヨーロッパ諸国はOEEC結成によって，50年にはEPU結成によってドル不足への対応や対米為替管理を実施した。また新産業の育成には単一巨大市場が不可欠であり

EEC（1958年発足）を結成した。したがって当初EECに加盟しなかったイギリスと加盟6ヵ国では出発点が違う。イギリスがEECに加盟しなかったのは，重化学工業化がある程度進んでいたのと，スターリング地域との結びつきによる蓄積とその利権喪失の恐れがあったからである。政治的にはフランスの加盟反対もあった。しかしEECの発展とイギリスの停滞は結局1973年に加盟を不可避とし，EC，EUへと発展をみる。つまりヨーロッパ共同体型は，巨大市場を創設することによって成立したリージョナリズムによる福祉国家体制として特徴づけうる。もちろん各国に相違はあるが，諸国は共同体に大きく制約されて福祉国家を運営せざるをえないことになる。たとえば工業化の進んだ国と農業国との調整，域内の資本と労働の自由移動のための域内関税の撤廃や域外共通関税の設定，EC型付加価値税の創設などである。連帯・高負担型福祉の要因をなす。なお戦後ヨーロッパ諸国は，農産物の自給化政策によってドルの節約と同時に周辺産業での失業予防策を展開した。だが1979年サッチャー政権が登場した後，福祉国家体制は大きく後退することになる。なおここ数年ヨーロッパでの社民政権の復活がみられるが，EUと国家間の調整はまだしも，リージョナルな共同体とグローバリズムとの間には越えがたい対立がある。リージョナリズムも過渡期の一形態にすぎないのではないか。

(4) 大島清編『現代世界経済』東京大学出版会　1987年参照。

C　戦後日本型福祉国家体制の基本構造と規定要因

日本型の特質は大企業中心の蓄積拡大＝雇用第一主義の福祉国家体制であったといってよい。戦後日本の経済構造を規定した根本要因は大量失業にあった。敗戦による生産設備の破壊，原料不足，旧経営者の追放，民需生産への転換の遅滞，復員軍人，引揚者などによって，戦時下で貧しいとはいえ徴兵と労働動員によって完全雇用にあった労働状況は一挙に悪化し，労働運動の解放とあいまって社会不安と混乱を激化した。したがってこの解決が戦後日本資本主義に課された最重要課題となり，その政策は雇用第一主義とならざるをえなかった。しかし対米依存の下で資本主義体制を維持しながらこれを遂行するには，まず資本蓄積の拡大をとおして雇用の増大を図る以外に方策はなかった。そのため

には戦前型の財閥，綿工業，軍需重工業という産業構造から，アメリカ型重化学工業への転換を図ることが不可欠であった。最先端の国際競争力をもつ新産業を擁した国のみが優先的に成長と雇用を確保できるからである。かくして政策は，大企業中心の蓄積拡大型とならざるをえない。いわゆるパイの理論である。また旧植民地や勢力圏の喪失および軽工業での後発諸国の追上げによって，旧来型産業での蓄積と雇用の拡大には限界があるという日本的事情があった。しかしまた新耐久消費財産業は高額投資，高価格，大量生産方式を特徴とするために，その普及には失業問題の解決による国民所得の向上を不可欠とするという相反する難点を克服することが必要であった。[5]

(5) 大島清・榎本正敏『戦後日本の経済過程』東京大学出版会　1968 年, 大島清監修『総説日本経済』(全 4 巻) 東京大学出版会　1978 年を参照。

　戦後日本の高度経済成長は重化学工業化によるものであり，それを牽引したのは財政・金融政策を両輪とし，かつ各種行政指導による国家まるがかえのものであった。後に「日本株式会社」と批判された根拠がそこにあった。狭隘な金融・資本市場に対しては，低金利政策による大企業への融資集中制度によって対抗し，かつ日銀信用の都市大銀行への膨張によって補完した。したがって財政構造の特質も新産業の保護・育成・普及を第一目標に形成されざるをえない。それがまず失業者を吸収し雇用を拡大するとともに，実質賃金の上昇によって耐久消費財の市場の形成と拡張を可能とするからである。実際安価な家電から高価なものへ，そして自動車へと普及をみたのであった。しかしそれも一挙には達成できないので，基軸産業による積極的雇用創出政策を補完する消極的な失業予防策が不可欠となる。それは周辺産業の支援であり，潜在的失業人口のプールとして機能する農業・中小企業政策に代表されるが，就業人口に対して支援額は極めて少なかった。

　また，世界経済の構造変化によっては重要産業といえども周辺産業化の危機に直面する。こうして自由化期の産業再編成政策と大型化投資支援および石油危機後の構造不況業種対策が展開された。実際日本経済が重化学工業のみで成立しうるわけはなく，それ以前に世界経済は過剰資本化に直面して貿易摩擦に

呻吟するのである。1965年以降には需要創出のための国債発行も定着するし，それを補完する日銀の買いオペも行われる。また近年の金融破綻に対してはなりふりかまわぬ銀行・証券救済も行われた。さらに新たな先端産業が出現し遅れをとるに至ればその育成が不可欠となる。情報，ベンチャー，バイオテクノロジー，環境や福祉産業の育成策がそれであり，1999年夏，政府はその政策を2000年度を目標にしたミレニアム・プロジェクト（千年紀事業）と称して開始した。

　だがそれでも景気変動にともなう失業者の増加もあれば，市場では包摂しえない社会的弱者もいる。その政策基軸は失業保険や失業対策事業にあるが，蓄積＝雇用第一主義の財政構造を基本としながら財源の確保が可能になれば政策を充実していくことになる。つまり蓄積拡大と雇用の増大をまって，いわゆる社会保障と福祉が充実されていく。ここに日本型のもう一つの特質がある。1961年の国民皆保険・皆年金制度，65年以降のひずみ是正，73年の「福祉元年」などがそれである。

　しかし蓄積拡大や社会保障の枠組み形成において，財政構造を規定したアメリカの対日政策（パクス・アメリカーナ体制の展開）と法改革も重要である。そしてそれは，蓄積＝雇用第一主義が確保されるかぎりで国民的合意を維持しえたのである。まず日本国憲法（1946年）は国民の基本的人権の保障と最低限度の生活の権利を認め，かつそれを国の義務としている。また戦争の放棄を謳い，後の軍事費の膨脹に歯止めをかけた。後者は戦後復興と資本蓄積の拡大を側面支援した。租税負担や資源配分の観点からして膨大な軍事費は，経済規模の極端に縮小した敗戦国日本にとって経済停滞や高インフレの要因とならざるをえないからである。さらに財政法（1947年）は主に公共事業の財源を除く公債発行を制限するとともに，その日銀引受けを厳しく制限している。これも戦前のような軍事公債の日銀引受けとインフレに制限を加えた。地方財政法（1948年）は地方自治を謳い，地方債の発行も制限つきながら国と比較して緩いものとなっている。地方自治は3割にすぎなかったとはいえ，戦前に比すれば大きな進展であった。また別途，地方公共団体の財政調整をなす地方交付税法（1950

年)が制定され,地方レベルでの財政支出のナショナルミニマムの実現が図られた。さらにシャウプ勧告(1949, 50年)は戦後日本の直接税中心の税制構造を規定した。このほか経済民主化措置は,近代的な金融資本の形成,労働者・農民の発言権の拡大と所得向上を可能とし,新産業の蓄積拡大と市場拡張を補完するほか,高度成長による雇用と社会保障充実の根拠をなしたのである。

ところで先進資本主義諸国が福祉国家体制を展開する一方で,後進諸国は南北問題に直面した。それは先進諸国の,①重化学工業化による自然原料から合成原料への代替化と②失業予防策としての農業保護政策が必然化したものであった。この点については前掲大島清編の諸著を参照されたい。それは国民国家としての福祉国家体制の世界経済的限界を意味している[6]。各種国際機関の設置によっても解決困難なのが現実だからである。

(6) 宮本憲一は,かつてアメリカを軍事国家,イギリスを福祉国家,日本を企業国家の典型と規定した。もっともそれは現代資本主義の三つの顔,三つのベクトルであると論じた。だがそれが皮相な現象論であることは以上の論述から明白である。同『現代資本主義と国家』岩波書店 1981年 8〜9ページ参照。

第2節　戦後日本型福祉国家財政の形成と展開

A　戦後日本型福祉国家財政の形成

1　蓄積拡大＝雇用第一主義の経費構造

日本の重化学工業化は1945年以降の復興期をへて51年からの産業合理化期によって準備され(1952年講和条約発効,対日援助の打切り),ほぼ55年を起点とする民間設備投資主導型の第一次高度成長期に開始,実現された。したがって蓄積拡大＝雇用第一主義の財政構造と社会保障の体制もこの期に形成されたといってよい。

新産業の保護・育成・普及のために,対外的には貿易制限と為替管理を実施するほか,国内的には1955年以降に国家財政・地方財政・財政投融資(以下,財投)などをつうじてあらゆる手段が講じられたが,そのもつ性格によって内

容や比重は異なっていた。

　まず1960年度の国の一般会計の産業経済費（目的別分類）は1492億円で合計に占める比重は9.4％となっており，うち産業投資特別会計繰入れ，商工鉱業費，運輸通信費などの振興助成的諸経費は711億円で産業経済費の47.7％を占める（他は農林水産費と食糧管理特別会計繰入であって，失業予防＝周辺産業費である）。しかし国の一般会計は財源が租税ということもあって，蓄積促進のための支出という性格は薄い。だがその規模の膨脹と各種立法による補助金や繰入れ，優遇税制などをつうじて蓄積促進の先導的役割を果たしたといってよい。

　財投は低利，長期の政策金融によって蓄積促進的機能を果たした。財投は，産投会計，資金運用部資金，簡易生命保険，郵便年金特別会計の積立金を原資として，政府関係機関や特殊会社への貸付け，地方債の引受けを行っている。蓄積促進の典型をなしたのは日本開発銀行と日本輸出入銀行である。前者は主に新産業開発に，後者は輸出産業に長期，低利の融資を行うことによって蓄積を促進した。とくに1955年以降にその果たした役割は大きい。1960年の民間企業向け財政投融資実績（合計2174億円）の開銀と輸銀の比重は，それぞれ430億円，19.8％，485億円，22.3％であり，両者で42.1％にのぼる。なお全体の使途別分類の基幹産業，貿易・経済協力は21.1％である。

　さらに本来公平であるべき課税の，重要産業・企業に対する差別的優遇措置がある。それは新産業の設備投資と更新を有利にする特別償却制度，準備金・引当金の特別措置などに代表され，減税が補助金の役割をなした。これも1955年以降に果たした役割は大きく，60年の租税特別措置による租税の減収額は1407億円にのぼり，国税総額（当初予算）に占める比重は10.5％となっている。その内容は，内部留保の充実，貯蓄の奨励，環境改善・地域開発促進等である。なお貯蓄の奨励はいまだ狭隘な国民貯蓄を間接金融と低金利政策によって大企業に融資集中する制度を補完した。さらに法人税率・留保分も1955〜65年に40％から37％に引き下げられて蓄積を促進した。後掲図3.3を参照されたい。

表 3.1　一般会計歳出補正後予算（主要経費別分類）

（単位；億円，％）

		1955	60	65	70	75	80	85	90	95	99
1	社会保障関係費	9.8	10.8	14.5	14.1	19.4	18.9	18.5	16.6	18.6	19.7
2	文教及び科学振興費	12.9	12.9	13.2	11.7	12.9	10.5	9.2	7.7	8.7	7.9
3	国債費	4.4	1.6	0.3	3.5	5.3	12.6	19.1	20.7	16.5	24.2
4	恩給関係費	8.9	7.4	4.6	3.6	3.6	3.8	3.5	2.6	2.2	1.8
5	地方交付税交付金	15.6	18.8	19.1	21.6	16.2	17.9	18.2	22.9	15.8	16.5
6	防衛関係費	13.1	8.9	8.2	7.2	6.6	5.2	6.0	6.1	6.1	6.0
7	公共事業関係費	13.9	17.4	19.8	17.2	15.9	15.6	13.0	10.1	18.2	11.5
8	経済協力費	0.2	0.3	0.3	1.1	0.8	0.9	1.1	1.2	1.3	1.2
9	中小企業対策費	0.0	0.1	0.6	0.6	0.6	0.6	0.4	0.3	0.3	0.3
10	エネルギー対策費	—	—	—	—	—	1.0	1.2	0.8	0.9	0.8
11	食糧管理費	0.7	1.8	3.5	5.6	4.4	2.2	1.3	0.6	0.3	0.3
12	その他事項経費	18.5	13.3	12.0	11.5	13.3	10.1	8.2	8.1	7.9	6.6
13	予備費	0.8	0.6	1.2	1.2	1.0	0.8	0.4	0.5	0.3	0.4
	歳出合計	100.0	100.0	100.0	100.0	100.0	100.0	100.0	100.0	100.0	100.0
	歳出金額	10,133	17,652	37,447	82,131	208,372	436,814	532,229	696,512	780,340	818,601

注；経費の分類は，1975年度までは以後の年度に準じて組替えた計数である。55〜65年の（11）は食管会計繰入れ，55〜70年の（8）は貿易振興及び経済協力費である。なお99年度は当初予算である。

出典；1955, 60年は主に大蔵省主計局調査課『財政統計』1962年版　大蔵省印刷局により，55〜85年は大蔵省財政史室編『大蔵省史』第3, 4巻　大蔵財政協会　1999年より作成。55年, 90, 95年は財政調査会『国の予算』1956年，1992, 1996年版　はせ書房より作成。なお大蔵省財政史室編『昭和財政史　昭和27〜48年度』第19巻〈統計編〉東洋経済新報社　1999年も参照されたい。

　ところで蓄積の隘路除去かつ需要創出機能をあわせもつものに公共投資中心の財政構造がある。それは国の公共事業費の増大を出発点として，地方譲与税・国庫支出金などをつうじて地方の土木費を膨脹させ，さらに財投でも各種政府機関をつうじて公共投資を拡大させた。1960年の一般会計の公共事業関係費は3067億円，シェアは17.4％となっており，地方財政の土木費は3426億円，同17.2％となっている。表3.1参照。また財投の同年の公共投資関連実績は2024億円で32.4％にのぼる。このため政府の財貨・サービス購入に占める資本支出の対GNP比は，1955年の43.2％から65年には50.8％へと上昇した。これは戦前（1934〜36年）の17.1％に比しても諸外国に比しても2倍近く高い。それは重化学工業化にともなう主に工業団地向けの産業基盤の整備が不可欠だったからである。この期の行政投資のうち産業基盤は8割弱，生活基盤は2割強であり前者に傾斜している。また隘路拡大に対しては1962年に全

国総合開発計画が出され，2次〜4次（1987年）と計画は拡大していく。この公共投資の拡大は投資基盤の整備による生産力の拡充のほか，ゼネコンを基点とする市場を拡張して蓄積を促進したのである[7]。

(7) この点については，前掲大島清監修，榎本正敏・丹下博之・樋口均・松本和日子『総説日本経済』第2巻〈財政・金融〉編を参照されたい。

　失業予防＝周辺産業支援にかかわるものとして中小企業・農業の保護がある。この分野は失業者・潜在的過剰人口のプールとして機能する。その意味で福祉国家体制の一翼を担うものであるが，前者には下請けとして大企業の蓄積を補完する機能もあった。両経費は1955年以降にしだいに増大をみた。すなわち新産業の発展を基礎にして拡大したのである。一般会計に占める中小企業対策費は1955年の0.0％から，65年には0.6％へと増大した。他方，農業保護は食糧管理費に代表され，やはり0.7％から3.5％へと増大した。しかし基軸重化学工業対策に対してそれらの経費は極めて少ない。

　この期の農業対策は農業基本法に代表される。1960年からの貿易自由化によって，農産物の自由化と輸入拡大が徐々に進められることになり，畜産物・野菜・果実など農産物の高度化政策＝選択的拡大が不可避となり，農業基本法（1961年）が制定された。農業近代化は生産性向上を目的とし，①農業基盤整備（前年までは食糧増産対策とよばれていた），②技術研究と改良普及事業，③経営の多角化を行い，そのために一般会計の農林漁業予算の計上のほか，資金運用部の融資による特定土地改良工事特別会計予算，農林漁業金融公庫，開拓者資金融通特別会計などの資金貸付けを行う。なお1962年度から第一次農業構造改善事業が実施された。④外国に比べて割高な農産物価格の安定には，食糧管理特別会計による米，麦，大豆，繭等価格の管理が行われたが，経済成長の結果工業と農業との所得格差が広がるに及んで，1960年以降は生産者米価が毎年10％も引き上げられ，食管会計の赤字は増大の一途を辿ることになった。赤字は主に一般会計からの税金の繰入れによって賄われた。食管・調整資金勘定への繰入額は，1960年290億円，65年1205億円，70年3746億円，75年7520億円と拡大した。

また中小企業対策は中小企業基本法に代表される。貿易自由化（1960年～）と高度成長にともなう労働力不足への対応，物価安定を目標に，中小企業基本法（1963年）が制定された。それは，①業種別近代化融資を機械工業振興臨時措置法によって開銀，中小公庫などをとおして行う，②設備の近代化については，中小企業設備近代化資金貸付制度に基づいた輸出振興，産業構造改善などのために都道府県をつうじて資金貸付けを行う，また機械類貸与制度の資金貸付けも行う，というものである。新設された中小企業高度化資金融通特別会計（同年）もほぼ同じ目的を有している。さらに，③集団化・協業化による高度化措置が中小企業高度化資金貸付制度によって，④経営合理化・技術の向上が中小企業指導法に基づいて行われ事業費補助がされる，なども実施された。⑤金融・税制上の措置としては一般会計の中小企業対策費や税制面での優遇措置，また一般会計からの交付金・出資金を加えた財投計画が国民金融公庫，中小企業金融公庫，商工組合中央金庫などをとおして行われた。また中小企業近代化促進法（同年）で指定された業種では，資金の確保，合併，共同出資社の設立等の指導，税制面での優遇措置などの助成が行われた。なお1967年度には中小企業振興事業団が新設され，事業の共同化，協業化，集団化，その他高度化措置が講じられた。中小企業の労働対策には中小企業退職金共済事業団，建設業退職金共済組合，清酒製造業退職金共済組合などに国が補助を，また労働条件の改善，労働力の確保，事業所内職業訓練にも補助を行っている。

　日本型福祉国家財政の特質は蓄積＝雇用第一主義にあり，財源の確保をまって社会保障・福祉を充実する点にあった。1945年以降の一般会計の社会保障関係費は生活保護にあったが規模は小さい。しかし社会保険を中心に1955年の9.8％から65年には14.5％へ増大した。だが地方財政の民生・労働費はまだ横ばいだった。GNPに占める政府の個人への移転的支出も4.0％から4.4％へと上昇した。それは1961年に国民皆保険・皆年金制度が完備され，福祉国家体制の基礎が築かれたからである。

2　税の自然増収と公債不発行主義

　日本型福祉国家財政の構造を可能にした財源は世界に類をみない第一次高度

経済成長（1955〜64年）によって可能となった。

　政府は予算編成にあたって予想成長率をたてて税の自然増収を見込み当初予算の増加と減税を決定する。しかし高度成長期の予想成長率は弱気で実際より低く，実質経済成長率はそれをはるかに越えた。そのため年度内にさらに税の自然増収が生じ，政府はこれを財源として補正予算を組んだ。そして決算で剰余金が生ずると後年度の財源とされた。[8] 1955〜64年の年平均実質成長率は13.8％と高いものであったため，結果的に予算規模は膨脹の一途を辿った。それは地方交付税，地方譲与税，国庫支出金などをつうじて地方財政をも膨脹させた。そして前述の景気刺激的な資本支出がさらに成長率を押し上げたのである。かくして中央・地方の財政規模の純計の対GNP比は，GNPの増大の結果1955年から65年にかけて18％前後を推移し，国民所得に占める租税負担率（国税・地方税）も19％前後の低位に保ち蓄積拡大を阻害しなかったのである。国際比較でも日本の租税負担率は3分の2と低い。

(8) 拙稿「昭和40年代財政の歳入機構」（『岐阜大学教育学部研究報告＝人文科学＝』第25巻　1977年）参照。

　なお，財投も郵貯増大や皆年金開始による積立金によって膨脹した。そして租税による一般会計の膨脹を受益者負担によって肩代わりし，第二の予算（一般会計規模のほぼ2分の1）として活躍した。これは一般会計の財投化とよばれた。

　この結果，財政法第4条に規定されている公債発行の禁止が維持され，いわゆる公債不発行主義が貫かれたのであり，[9]狭隘な金融市場を圧迫しなかったのである。

(9) 公債不発行主義については，拙稿「戦後日本の国債——公債不発行主義の意義について——」（『岐阜大学教育学部研究報告＝人文科学＝』第31巻　1983年）を，金融・予算・税収・剰余金および経済成長のメカニズムについては，拙稿「景気変動と金融・財政」（武田隆夫・林健久編『現代日本の財政金融Ⅰ』東京大学出版会　1978年）を参照。

　なお高度成長の結果，完全失業者数は1955〜65年に，108万〜62万人に

減少し，完全失業率も 2.6 ～ 1.3 ％へと改善した。1960 年以降は若年層で労働力不足さえ生じた。ところで 1960 年からドル危機が発生したほか，国内的にも海外市場の開拓が必要となって貿易の自由化が進展され，また政府主導による産業再編成＝集中・合併も実施された。もし放置すれば重要産業といえども国際競争力に敗れて周辺産業化する危険があったからである。

B 戦後日本型福祉国家財政の展開
1 蓄積拡大＝雇用第一主義の経費構造とひずみ是正・社会保障の充実

国内中心の民間設備投資主導による重化学工業投資の一巡はすでに 1962 年頃から典型期とよばれる企業の収益率・稼働率に低下傾向を呈していた。だが GNP 伸び率はかなり高いものであった。それはオリンピック景気といわれたように蓄積外的政府需要と全国総合開発計画に支えられたものであった。政府収支も悪化傾向を示し，財投関連の政府保証債や地方債も膨脹傾向に転じていた。しかし 1965 年まで国の一般会計から普通国債は発行されなかった。

戦後最大といわれた 1965 年不況後，ベトナム戦争への介入によるアメリカ経済の停滞とインフレを契機として，日本経済は対米，対アジア輸出増大による第二次経済成長を開始した。しかし国債発行による公共事業を中心とする需要創出政策を忘れてはならない。それが，輸出主導・財政補完型の成長とよばれた所以である。いずれも内外経済の条件変化の下で，蓄積拡大＝雇用第一主義の財政構造を維持・展開した帰結現象であった。

まず，政府は先進国に対しては貿易・資本の自由化を進める一方で，1965 年の日台経済協力協定，日韓基本条約を基軸として対アジア進出政策も進めた。内容は日本製品の輸出を拡大する紐付き援助が中心であった。ここに蓄積＝雇用第一主義の援助の性格が現われている。しかし田中首相が 1974 年に東南アジア諸国を訪問した際，反日デモが爆発したので以後無償援助が増えていく。また輸銀の財投実績は，全体に占める比重は若干下げたものの，1965 ～ 75 年にかけて 1509 億円～ 6515 億円と 4.3 倍に増加した。この結果対米輸出を中心に日本の貿易黒字は増大の一途を辿った。また資源問題が深刻化するに及んで資源確保のための経費も増大した。

国内政策としての需要創出政策は，1965年度補正予算での国債発行にはじまる。それは1966年から68年にかけて公共事業の財源として膨脹され，景気を下支えした。一般会計の公共事業費は，以後つぎにみる支出の多様化と社会保障・福祉費の増大によってシェアを低下させているものの，政府支出に占める政府固定資本形成は，後掲図3.2のように上昇した。地方財政では土木費が1965年の9600億円，21.4％から70年には2兆5410億円，24.7％へと増大したが，石油危機後の総需要抑制策により75年には5兆2068億円，19.3％となった。財投でも景気対策として膨脹が図られた。景気回復のために国を出発点とし，地方・財投の公共投資規模を拡大したのである。地方債，政保債も膨脹した。それは日本経済が国債発行による公共事業費拡大を必要としはじめたことを意味していた。

こうして第二の高度成長が到来し，それによって得られた利潤は重化学工業のいっそうの大型化に投資された。それは規模の経済によって対米格差を縮めるものであった。1960年に対し比重は低下したものの，70年の財投実績のうち，基幹産業は5.7％，貿易・経済協力は10.6％，合計5828億円となっている。また同年の租税特別措置による減収額は技術振興・設備近代化535億円，輸出振興785億円等で，国税総額に占める比重は5.5％となっている。この結果日本経済は1970年代には最先端産業を除けばほぼアメリカに並んだのである。さらに1975年以降にはハイテク・ME化分野でもアメリカを凌駕するものである。

さて，この期の失業予防策としての農業対策には変化が生じた。それは1968年以降の総合農政の展開と食管赤字対策において顕著である。「総合農政の推進について」（1970年・閣議了解）がそれを代表する。その背景には農産物の輸入制限緩和要請の強まりとコメ過剰・食管赤字があった。その重点は，コメの生産調整，農業生産基盤の整備開発，畜産・園芸の生産強化，農業構造改善の推進，価格安定と流通加工の近代化，近代的農業経営者の育成，農業金融の拡充に置かれた。第二次農業構造改善事業は1969年度に発足した。また野菜生産出荷安定法，果樹農業振興特別措置法に基づきその生産・出荷の近代化

が図られた。さらに1970年度から農業者年金基金が設立され、農業者年金の給付、農業者離農給付金の支給、離農者の農地売買を行い、経営近代化が図られた。これらのため、一般会計の農林予算の増額のほか、農林漁業金融公庫の投融資拡大、農業近代化資金助成法に基づく農業近代化資金の融資枠拡大と農業信用基金協会の債務保証機能の拡充等が実施された。

　他方前期の生産者米価の引上げは、消費者米価の引上げに限界があったために逆鞘状態がつづき、食管会計の赤字が膨脹した。農家も儲かるコメに生産を集中したため、1967年以降コメの過剰生産がつづいた。かくして1969年以降は生産者米価の据置きのほか、コメ減産政策が不可避となった。しかし稲作転換対策費、稲作転換協力費の膨脹のほか、古米の保存費などによって食管会計の赤字は前述のように膨脹した。一般会計からの食管・調整資金勘定繰入額が横ばいに転ずるのは、1975年以降に入ってからであった。それでも7000億円を前後した。なお1980年以降は財政再建もあって減少に転じた。

　ところで経済成長と完全雇用を第一課題としていた1955年にはじまる経済計画は、65年より「極大成長」から「ひずみ是正」を第一課題に掲げるようになった。それは住宅、生活環境にかかわる都市問題、公害問題が一挙に噴出したほか、過疎・物価問題などが深刻化したからである。そして都市部ではこの解決を主張する革新首長が続出し、政府も対応せざるをえなくなった。環境庁が1971年に創設されたのはその点をよく示している。その経費は多面にわたっており「支出の多様化」[10]と特徴づけうる。だがそれは、資本蓄積の新たな隘路を打開するという意味において、蓄積と雇用を側面支援する性格も有していた。国の一般会計の公共投資では都市・公害問題対策経費が1965年から75年にかけて増大した。また地方では過疎問題にも取組みがみられた。財政では住宅・生活環境整備・厚生福祉・中小企業など民生向けが1965年の8965億円、50.5％から、75年には5兆9724億円、64.1％へと増大した。この支出の多様化は蓄積＝雇用第一主義の財政構造を維持しながら、問題発生によってその解決を図るという日本型福祉国家財政の特徴をよく示している。

　(10)　前掲大島監修『総説日本経済』第2巻〈財政・金融〉編、拙稿部分参照。

これに対し本来の一般会計の社会保障費は1965年の14.5％から75年には19.4％へと増大した。その中心は社会保険費と社会福祉費であった。地方財政の民生・労働費は1965年の4135億円，9.1％から75年には3兆3346億円，12.4％へと膨脹した。とくに1972年の老人医療費無料化と児童手当制度の実施，73年の年金給付水準の引上げ，年金物価スライド制がその画期をなした。このような蓄積拡大経費に付加した新たな支出の多様化は，経費全体を膨脹させ，一般会計・地方普通会計純計の対GNP比を1965年の18.7％から75年には24.5％と増大させ，政府の個人への移転的支出も4.4％から7.2％へと上昇させた。

2 歳入構造と建設国債主義

租税収入は第二の高度成長によって回復したが，経費膨脹に対して十分ではなかった。所得税は毎年，物価調整減税が必要だったし，間接税の引上げも所得逆進性・消費収縮の危惧があった。ただ法人税のみが1970年にわずか1.75％引上げられたが，それは55年以来の資本優遇政策への国民の批判によるものであった。しかし石油危機後の1974年には，超インフレ対策としての所得税の大幅減税の財源として法人税率は40％に引き上げられた。後掲図3.3参照。各種企業優遇税制も改正された。こうして1965年以降の歳入確保には国債が不可欠となる。だが，ここでも蓄積＝雇用第一主義が貫かれることになる。それが①建設国債主義と②日銀の国債買オペレーションであった。[11]

(11) この点については，拙稿「建設国債の機能と意義」（武田隆夫・林健久編『現代日本の財政金融Ⅱ』東京大学出版会　1982年）および前掲大島監修『総説日本経済』第2巻〈財政・金融〉編，拙稿部分を参照。

①国債発行は1965年度補正予算での歳入欠陥額2590億円を国債で賄うことが不可欠となったことにはじまった。それは歳入補塡のため赤字国債，ないし特例法が必要だったので特例国債とよばれた。戦後最大といわれた1965年不況は，大型倒産が発生したほか証券会社への昭和恐慌以来はじめての日銀特融を必要としたので，増税や予算規模の縮小は不可能であった。1966年からは当初予算で，財政法第4条の但書による公共事業・出資金・貸付金の財源，す

図 3.1 財政のあゆみ

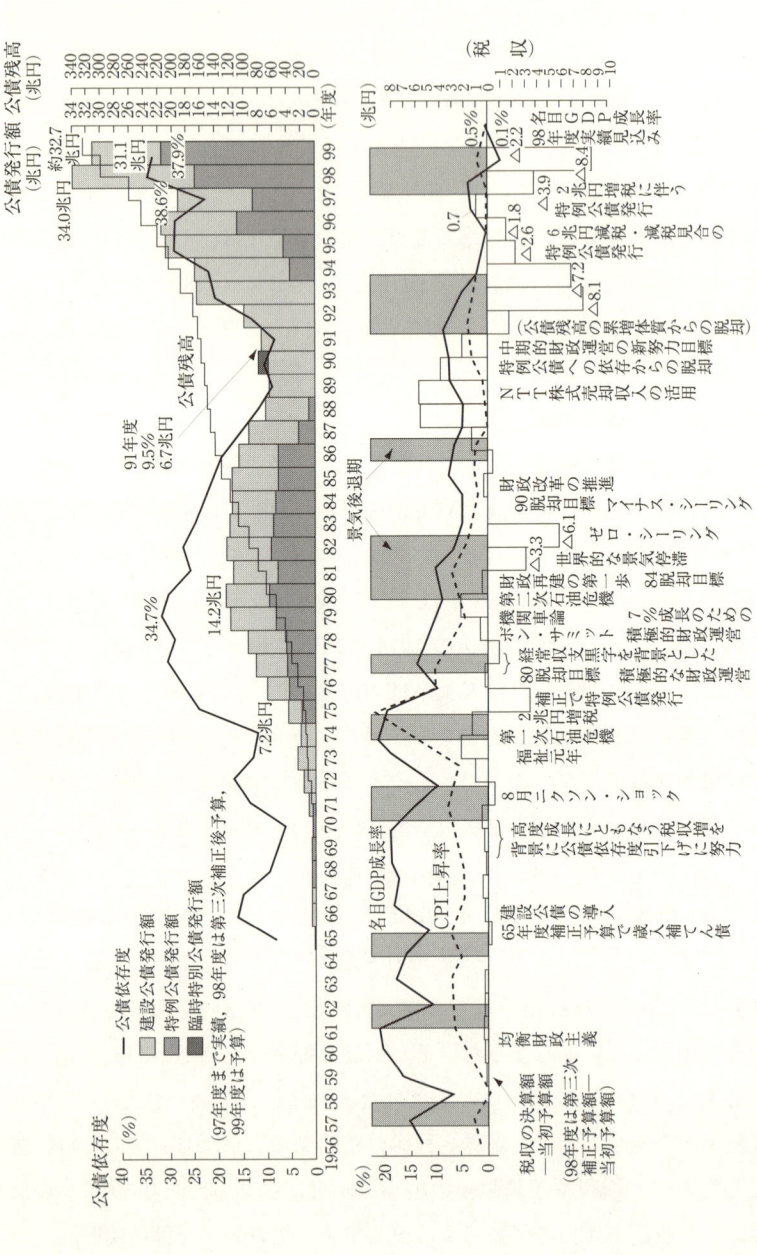

注：名目 GDP 成長率は、1997年度以前は実績、98年度は実績見込み、99年度は見通し。CPI 上昇率は、98年度以前は実績、99年度は見通し。
出典：杉島和行編『図説日本の財政〈平成11年版〉』東洋経済新報社、1999年より。

なわち建設国債＝4条国債として発行されることになった。償還期限7年，表面金利6.5％であった。そして以後国債発行は継続されたが，1975年当初予算まで建設国債主義が維持され，蓄積＝雇用第一主義を補完することになった。図3.1参照。それはまず第一に公共事業費の財源として景気刺激的に作用した。第二に，永年にわたって政府資産として残るし，子孫にも受益があるので，後の世代も負担をすべきだという世代間の公平を論理として，借換えによってほぼ60年で償還されるものとされた。すなわち借換えによって蓄積の阻害要因となる税負担を当面繰延べ，軽減したのである。これに対し特例国債は，経常的な消費支出や減税にあてられるので，特例法で借換えは不可とされた。

②第二の高度成長によって税の自然増収が増え，1969，70年に国債の減額が行われたが，71年からは再増発されることになる。図3.1参照。その発行条件は財政負担の軽減と低金利政策のため一部大銀行を除けば逆鞘というものであり，公社債市場も名目的なものにすぎなかった。そこで金融機関と証券会社による国債引受けシンジケート団が結成され，強制的な引受け方式＝御用金割当てが実施された。前者が9割を，後者が1割を引き受けて個人に販売した。[12]しかし銀行引受け分は銀行の手持ちとし，行政指導によって国債の市場放出が禁止された。流通利回りが上昇して新発債が売れ残る恐れがあったからである。したがって財政法第5条（国債の日銀引受けの禁止）を遵守しながら発行を継続するには，発行1年後の国債を日銀の買オペレーションとする措置が不可欠であった。このため発行1年後の国債の9割以上が日銀によって買上げられるという事態が生じた。これによって銀行を救済するとともに，低金利政策を維持し，蓄積＝雇用第一主義の金融体制を展開したのである。だがまだ発行量に制限のある建設国債のみだった。なお1967年には減債制度が確立された。減債制度については第4節Bでふれる。

(12) 拙稿「高度成長と国債政策」（大内力編『現代資本主義と財政・金融1 国家財政』東京大学出版会　1976年）参照。

第3節　戦後日本型福祉国家財政の動揺

A　戦後日本型福祉国家財政・動揺の経費構造
1　成長率低下を基軸とする経費膨脹と財政再建

　戦後日本社会に形成され発展した福祉国家財政は，1975年以降に入ると成長率低下を原因として動揺を呈することになる。経費が膨脹を迫られたほか租税収入は停滞し，特例国債が累積することになったからである。この結果，国債費が膨脹して財政運営を困難にする事態が生じた。この傾向は，すでに1971年8月のニクソン・ショック＝IMF体制の崩壊後の建設国債の膨脹現象に現われていた。図3.1参照。各国から国際収支の黒字削減＝内需拡大が要請されたほか，国内的には景気回復・福祉拡充要求が財政を圧迫したからである。1972年の日本列島改造論と1973年の「福祉元年」がそれを端的に示している。1973年秋には第一次石油危機にともなう狂乱物価が発生し，73～74年にかけて総需要抑制策がとられ，景気悪化・失業増大が生じた。

　石油危機後スタグフレーションが発生し資本主義世界は長期停滞期に突入した。これに対し先進各国はサミット（1975年～）やG5～G7などの国際協調を不可欠とするに至り，貿易摩擦に代表される国際経済構造の変化を背景として日本もこれに挑まざるをえなくなる。すなわち一方で国際協調を図りながら，他方で蓄積＝雇用第一主義を維持することを迫られたのである。したがって国際協調についていえば，日本にとってそれが世界経済の隘路打開になるものであり，直接・間接に国益に繋がるものであるかぎりそれに対応しようしたが，そうでないものについてはできるかぎり回避しようとして欧米と対立した。たとえばODAの増額や軍事費の肩代わりは実施したが，企業や農業保護のため，非関税障壁撤廃やコメ自由化などの措置はなかなか進めなかった。ちなみにODA予算は1995年までDAC加盟国全体の伸びを上回って増加し，91～96年まで6年連続で世界第一位となったが，以後大幅に低下した。なお1999年度より再び増額された。ODAは後発国の市場開拓に繋がるものであり，軍事費もすべてではないが軍需産業の自主開発（三菱を中心とするFS-X次期支援

戦闘機や日産のミサイル開発参加）に資するものだからである。もっともアメリカも多大の圧力をかけて FS‑X の共同開発にこぎつけた。ここにこの期の双子の赤字に苦悶する米通商法 301 条に代表されるアメリカの対日圧力の性格がある。すなわち各国間に，国際協調と失業を巡る国民国家対立という越えがたい矛盾が生じたのである。

1975 年度補正〜 79 年度予算＝積極財政・特例国債増発期

　日本型福祉国家財政の動揺の根本原因は特例国債の累積にあり，それは 1975 年度補正予算にはじまる。国内的には資本蓄積の停滞打開と失業増大の解決を最重要課題としながら，すでに形成・発展された福祉国家財政を維持せざるをえない。こうして経費は膨脹を必然化されることになる。1975 年度当初予算は総需要抑制予算であったが，75 年度補正から公共事業費を中心に経費が膨脹した。そのシェアは 1976 年から 79 年に 14.5 〜 17.2 ％に増大した。伸び率も予算規模の平均 16.1 ％を上回り 22.5 ％となった。また公共事業予備費が 1976 年に 1500 億円，78，79 年に 2000 億円が追加された。地方の土木費は 1976 〜 79 年に 5 兆 6203 億〜 8 兆 8985 億円に，シェアは 18.5 〜 20.4 ％と

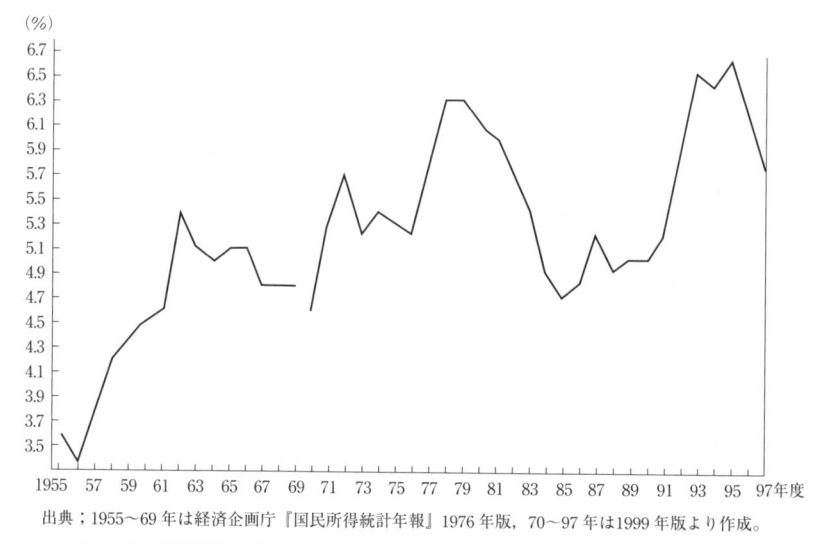

出典；1955〜69 年は経済企画庁『国民所得統計年報』1976 年版，70〜97 年は 1999 年版より作成。

図 3.2　国民総支出に占める一般政府ベースの固定資本形成の割合

増加した。その結果,政府固定資本形成の対GNP比は図3.2のように上昇し,欧米に比べて3～4倍となった。これが基軸産業に対する雇用維持政策であった。

この期の公共事業費の増大は本格的なニューディール的なものであったが,対外的には1977年の日独機関車論の展開,国内的には失業増大によるものであった。1965年以降に日本経済は大型投資によって重化学工業の規模と生産力を格段に増大させたが,70年頃から資本の過剰化傾向が顕在化し,公共投資が不可欠な要素として定着していく。それは重化学工業が大量生産を特質として大量の市場を,しかも赤字財政による不断の市場創出を不可欠とするに至ったからである。さらに対外的に貿易摩擦の激化によって内需拡大を要請されつづけたからである。

他方この期に重要産業の周辺産業化という危機が生じた。石油危機後,過剰設備,極端な採算悪化に直面した構造不況業種が経済問題化した。構造不況業種とされた平電炉,板紙は高度成長末期に大幅な設備投資をしたため,塩ビ,合板,工作機械,精糖は需要構造の変化に直面したため,繊維,肥料は途上国の追上げによるため,アルミ精練は石油コストの増大によるためであった。[13]それは平電炉,塩ビ,アルミなど重要産業の一部が周辺産業化するという危機的状況を意味していた。

(13) 前掲大島監修『総説日本経済』第1巻〈分析と展望〉編 第4章を参照。

こうして1978年,特定不況産業安定臨時措置法が施行された。それは不況の克服と経営の安定を図るため,①過剰設備処理に必要な資金の借入れにかかわる債務保証業務を行わせるための特定不況産業信用基金(開銀出資)を創設する,②開銀は不況産業特別融資枠を新設したり海運枠を設けて造船や不況業種に貸付けをする,③金属鉱業事業団は金属鉱業緊急融資制度によって貸付けをする,④中小企業振興事業団は繊維工業構造改善臨時措置法(1967年)を延長して融資を行う,というものであった。大型公共事業の展開も背景に,これによって各国に比べかなり有効な産業調整が進められたと1982年度の『経済白書』は報じている。なおこれにともなう失業対策は後でふれる。

つぎに失業予防＝周辺産業支援対策としての1975年以降の新たな中小企業政策をみよう。既述のように従来の中小企業対策は，企業の協同化・高度化という生産規模・販売数量を一定水準に引き上げることが中心だったが，1975年以降は事業転換を促進するよう方向転換され，76年中小企業事業転換対策臨時措置法が，また大企業と中小企業の分野調整のために77年に中小企業分野調整法が制定された。さらに1980年以降になると，政策課題は人材育成，新製品・新技術開発力，それに情報収集力の強化など，経営資源の充実に重点を移すことになった。またメカトロニクス，生命工学など最先端技術分野を中心にニューベンチャービジネスも増えたので，通産省は中小企業向けの（財）研究開発型企業育成センターを設立して，1983年度に債務保証機能の拡充を行った。さらに開銀や中小三政府金融機関もこの分野への投融資を増やしている。

他方，一般会計の社会保障関係費のシェアも1965年の14.5％から75年には19％前後と膨脹した。地方の民生・労働費も12％台を越えて推移した。財投も景気刺激・内需拡大のため規模が増加され，資金運用部による国債引受け増大のほか，住宅・生活環境整備・中小企業など福祉性を強めた。社会保障移転の対GNP比も1975年の7.8％から80年には10.1％へと上昇した。この結果一般会計と地方普通会計純計の対GNP比は，1975年の24.5％から80年には28.9％と上昇した。これらが特例国債の再発行・累積を不可避とした主な原因であった。

石油危機後失業問題が一挙に悪化した。1975年の完全失業者数は104万人で完全失業率は1.9％となった。1985年には158万人で2.6％へと上昇した。そこで政府は1947年制定の失業保険法を改定し，①雇用保険法を新たに制定して（1975年）給付率の引上げと高齢者優遇をする，②雇用調整給付金制度を創設し（同年）困窮する事業主に対して休業手当を助成して失業を予防する，③高齢者対策（76年）として雇用安定とシルバー人材センターの設置をする，④身障者対策（同年），⑤雇用安定資金制度の創設（雇用安定資金〈労働保険特別会計〉77年の設置），中高年齢者雇用開発給付金制度の創設（79年），⑥特定不況業種離職者臨時措置法（78年），特定不況地域離職者臨時措置法（同年）

の設置によって失業給付の延長を図る，などを実施した。なお，①法は1984年に改正されて再就職手当制度が創設されて改善された。また⑥の二法は1983年度に整備・統合され機能の充実が図られた。ところで石油危機後の大量失業にもかかわらず，日本的雇用慣行（終身雇用，年功賃金，企業別組合）が維持されたので，国際的にみれば失業問題は相対的に小さくてすんだが，過剰雇用を滞留させたと1976年度の『経済白書』は報じている。

1980～90年度予算＝特例国債脱却努力と実現期

この期の特徴は①経費節減と②消費税導入問題にしぼられる。②はつぎのB1の課題なので前者をみよう。1979年9月に政府は，84年度に特例国債からの脱却目標を立て，80年度予算を財政再建元年とする財政改革を実施した。その第一の原因は，前述のように特例国債は借換えが不可なので1985年から大量の特例国債償還が不可避となり，財政運営を圧迫するからであった。また国債費が表3.1のように膨脹したため，国債費と地方交付税を除く一般歳出を圧迫して財政運営をいちじるしく困難にしたからである。なお国債費については第4節で一括して検討する。第二の原因は，大量国債の発行に直面して，それまでの低金利による強制的引受け方式に1976年度から銀行団が抵抗しはじめたからである。第三の原因は，特例国債発行額が建設国債発行額を凌駕する年が生じ，政府・大蔵省にとって，両国債発行の根拠を失いかねない事態が発生したからである。とくに前者は消費支出や減税の財源となるので国民的合意を得にくいし，後者のように資産として残らないからであった。実際前者が後者を上回った1976年には「公債依存度危険30％ライン」が宣言され，77年には一般消費税構想が，79年には「財政再建に関する国民決議」が出され，80年には第一次土光臨調が発足している。土光臨調は中曾根内閣によるサッチャー，レーガン流の小さな政府・規制緩和・福祉負担の軽減策の日本版であった。また特例国債が建設国債額を上回った1983年，84年には積極的な間接税改革が再度提言されている。[14]

(14) この点については拙稿「財政出動と破綻する財政構造改革法」（現代日本経済研究会編『日本経済の現状〈1999年版〉』学文社　1999年）を参照。

こうして1982年度予算では概算要求で歳出のゼロシーリングが，83年度予算以降はマイナスシーリングが設定された。また臨時行政調査会の答申を受けて，年金や医療保険そして老人保険負担制度の見直しと軽減，地方財政改革と補助率の見直し，食糧管理費の軽減，三公社の民営化措置などがあいついで実施された。国の社会保障費も1975年以降19％前後から，90年には16.6％に下がり，地方の民生・労働費は80年度～90年まで5兆8086～9兆2660億円，シェアは12.0～11.2％となった。その結果，社会保障移転の対GDP比も11％台と横ばいになった。これらの結果，特例国債依存度は図3.1にみるように低下傾向を呈するに至った。そして1990年度予算においてようやく15年にわたる特例国債依存から脱却することになった。一般会計と地方普通会計純計の対GDP比も1980年の28.9％から90年には27.4％へと低下した。かくして社会保障・福祉についていえばこの期は停滞・後退期である。なお財投は1980年度からは規模抑制，86年度から急増大となったが，国債引受けと福祉性は維持された。

しかし特例国債の予定償還は不可能なことが確実となり，1984年度当初予算の特例法からは借換えが認められ，また75年度以降の特例国債にも借換え措置が適用され，実行された。だが1985年9月のプラザ合意によって円高不況の様相が現われ，86年度補正から87年度にかけて，表3.2のように各種景気対策が不可避となり，政策転換が図られることになる。ところで1987年頃から90年までのバブル経済の膨脹が，税収の増大を帰結し特例国債脱却を促進したことを忘れてはならない。だがバブル経済は円高不況の下で過剰資本が非生産的な株や土地投機に奔走した結果生じたものであり，長続きするものではなかった。

なお，この期の失業予防＝周辺産業支援の特徴は以下のとおりである。農業対策としての一般会計からの食管・調整資金勘定繰入額は1985年以降には低下し，89年には2000億円台になり，94年には2000億円弱まで下がった。原因の一つにアメリカのコメ自由化要求に代表される日本農業の聖域にまで及ぶ対外圧力がある。1975年以降には日米農産物交渉が，95年度にはウルグア

表 3.2 1985 年以降の経済対策

年　月	名　　　称	財政上の措置の概要
1985.10	内需拡大に関する対策	公共投資等事業規模約 1 兆8000億円の追加
85.12	内需拡大に関する対策及び対外経済対策について	上半期公共投資等に約1500億円追加
86. 4	総合経済対策	公共事業等の施行促進
86. 5	当面の経済対策	
86. 9	総合経済対策	公共投資等事業規模約 3 兆円の拡大
87. 5	緊急経済対策	公共投資等事業規模約 5 兆円の拡大 上半期契約経済目標80％以上
92. 3	緊急経済対策	上半期契約経済目標75％以上
92. 8	総合経済対策	公共投資等事業規模 8 兆6000億円の拡大
93. 4	総合的な経済対策の推進について	公共投資等事業規模10兆6200億円の拡大 上半期契約経済目標75％以上
93. 9	緊急経済対策	生活者・消費者の視点に立った社会資本整備の推進（事業費約 1 兆円の追加）
94. 2	総合経済対策	公共投資等事業規模 7 兆2000億円の拡大
95. 4	緊急円高・経済対策	阪神・淡路大震災からの復旧・復興事業，各種円高対応策等の実施に必要な財政措置
95. 6	緊急円高・経済対策の具体化・補強を図るための諸施策	公共事業等の施行促進
95. 9	経済対策―景気回復を確実にするために―	公共投資等事業規模12兆8100億円の拡大
97.11	21世紀を切りひらく緊急経済対策	規制緩和を中心とした経済構造改革，土地の取引活性化・有効活用，中小企業対策等
98. 4	総合経済対策	社会資本整備等事業規模 7 兆7000億円の拡大
98.11	緊急経済対策	社会資本整備等事業規模 8 兆1000億円の拡大

出典；杉本和行編『図説日本の財政〈平成11年版〉』東洋経済新報社　1999年より。

イ・ラウンド農業合意が実施されている。1997 年 11 月には「新たなコメ政策大綱」が策定され，コメ需給の改善，価格の市場化，稲作経営の安定などが図られている。また「新農業基本法」に向けた「農業改革大綱」(1998 年 12 月) の取りまとめも行われた。原因の二つめは次節でみる財政構造改革法に代表される財政赤字対策である。それは農業の切捨てに繋がるという批判が出る根拠をなしている。だが農業人口の減少・高齢化もこの背景にあることを忘れてはならない。農林業人口は 1955 年に 1478 万人，65 年に 1046 万人，75 年 618 万人，85 年 464 万人，98 年 317 万人と激減したのである。バブル不況後はより有効な全体的な雇用対策が求められている。

また構造不況業種に対する政策も維持された。それが特定産業構造改善臨時措置法である。1983年には，78年法を延長・強化した特定産業構造改善臨時措置法が施行された。通産省は構造改善基本計画を作り，①構造改善の目標と目標期日，②設備処理（休・廃）の内容，③設備の新増設，改造の制限または禁止，④事業提携，活性化設備投資，新商品・新技術に関する事項，などを具体的に盛り込んだ。同法施行のほか，基礎素材産業対策として所要の税制金融上の措置や共通基礎型石油代替エネルギー技術開発費補助の推進などを講じた。ただ同計画には強制力はなく企業の自主性にまかせるのが原則となっている。

2　バブル経済の崩壊と経費の再膨脹

1991年に入ると景気悪化は本格化して，いわゆるバブル経済が崩壊した。土地価格，株価が下落して，不動産，銀行業を中心に収益減退は全産業に及んだ。中小企業の経営悪化は深刻で破綻するものも多く現われた。そして日本企業は大企業を含めてリストラを迫られることになった。それと同時に失業増大が以前にもまして社会問題化した。

世界的には大競争時代へ突入していた。ハイテク・ME化技術の普及とアメリカを中心とする多国籍資本の後発国投資がNIEsの発展を可能とし，価格破壊現象を引き起こしたからである。また1991年頃からのアメリカの景気回復を背景にして，新自由主義イデオロギーが世界を覆い，日本にも規制緩和・自由化の圧力が怒濤のごとく押し寄せた。そして1998年のダイムラー・クライスラーの誕生にみられるように，世界経済は本格的なグローバル化と世界的集中・合併の時代へ突入した。それはIMF体制崩壊後の重化学工業基地の日欧米の三極化にともなって発生した世界的過剰資本が，最終的処理をする段階に突入したことを意味している。こうして2001年の日本版金融ビッグバンも時間の問題となり，大銀行・証券会社の破綻が続出することになった。また日本企業もあらゆる基軸産業で国際的，国内的な大合併を迫られた。

完全失業者は1995〜97年には216万〜237万人，完全失業率は3.2〜3.5％へと上昇し，バブル崩壊後はいっそう厳しくなった。かくて蓄積＝雇用第一主義の福祉国家財政は世界経済の大変動に直面してその基本構造を，また

企業はリストラから日本的経営の根幹をなす終身雇用・年功賃金の見直しを，さらに政府は護送船団方式の放棄を迫られることになった。長引く平成不況の深刻化は，日本発の世界恐慌の危機を1998年から現出し，日本の景気回復責任論が欧米，後発国から発せられた。1997年夏からアジアの通貨危機が，ロシア，南米へと広がったからである。

　こうしてバブル崩壊後，財政は蓄積拡大＝雇用確保のために再び出動せざるをえなくなる。その基本はやはり重化学工業への需要拡大を目的とする公共事業費の拡大であった。1992年から，表3.2にみられるように，公共投資を中心とする各種緊急経済対策が展開されたほか，当初予算においても増額された。その結果，一般会計の公共事業費は1990年のシェア，10.1％から95年には18.2％へ上昇したが，以後財政構造改革法（以下，財革法）によって低下した。このため地方の土木費は1990〜94年度に17兆8160〜22兆1250億円へ，シェアは21.4〜22.3％へ増加し，1996年には22兆9890億円，21.9％となった。したがって，政府固定投資の対GDP比も図3.2のように上昇した。財源としての建設国債は1992年から再膨脹をはじめ，特例国債も94年から再発行された。図3.1参照。

　しかし景気対策の効果も薄く，平成不況は現在までつづいている。そこで公共投資の「乗数の低下」が問題とされることになった。実際アメリカを中心に世界の産業構造は，情報・ハイテク化，ベンチャー化しており，日本はそれに出遅れて公共投資の意義が薄れたのである。だが基本的原因は，1975年以降の日本経済が，公共投資漬け，建設国債漬けになっていることであり，少々の公共投資増加では景気回復効果が現われないからにほかならない。実際，1976年以後は公債発行対象経費（公共事業費・貸付金・出資金）のほぼ100％近くが毎年建設国債によって賄われているのである。10人に1人は建設関連労働者だという議論（ちなみに自動車産業関連も約10％）は「土建国家」としての日本の性格を現わしている。[15] 政府固定資本形成の対GDP比が，先進国の3〜4倍という数字もそれを裏付けている。そこで政府も景気対策の効果を上げるべく，次節でみるように近年〈景気対策の多様化〉を図りはじめたが，経費節減のネ

ックとなっている。

(15) 小此木潔『財政構造改革』岩波新書 1998年参照。

　他方，社会保障費のシェアは1990年に16.6％と頭打ちになったが，バブル崩壊後は再び増加し，20％弱となった。地方財政の民生・労働費も1990～97年に9兆2660～13兆7008億円，シェアは11.2～12.8％と上昇し，社会保障移転の対GDP比も80年の10.1％から97年には14.0％（99年13.9％）と上昇した。一般会計及び地方普通会計歳出純計の対GDP比も1993～95年度には30％前後となった。なおGDP見通しでは1998年は26.1％である。経費節減政策にも限界があったのである。その第一の原因は景気悪化にともなう社会保障や福祉費の増大にある。第二は，以前から少子・高齢化が進展し，とくにバブル崩壊後その圧力が倍加したからである。すでに臨時行政調査会が老人保険負担制度の見直し・削減を提言し実行に移されていたが，高齢化は進展する一方だからである。こうして2000年度，介護保険法施行（97年成立）に代表される社会保険改革と福祉の後退が進められることになった。

　ちなみに，1965年度の地方財政の民生費（決算）の内訳は社会福祉費25.6，児童福祉費25.5，生活保護費48.3，災害援助費0.6％であったが，97年度はそれぞれ，27.4，27.7，14.3，0.2％，そして新たに老人福祉費が加わり，30.4％となっている。生活保護から老人福祉へと大転換したのである。また地方財政の労働費（決算）の内訳は，1965年の失業対策費74.8％とその他25.5％から，97年の失業対策費9.0％と労働者金融対策費・労働者福祉対策費・職業訓練対策費が91.0％となり，失業対策事業から多様な失業対策へと様変わりした。なお1997年度の民生・労働費は13兆2064億円で，シェアは13.5％と上昇した。

　福祉国家財政を動揺させた新たな要因は急激な高齢化現象であった。高齢化対策は従来型福祉に付加し膨脹を加速したものとして特徴づけうるが，以前から予想はされていたものの，それが深刻な財政問題となるのは1980年以降であるといってよい。福祉元年以来，社会保障費は膨脹の一途を辿ったが，1980年の『経済白書』は「経済社会変化への対応」なる章を設けて高齢化の問題を取り上げて人件費コストの増大，日本的雇用慣行の修正を論じた。背後に財政

再建問題があり，高齢化が社会問題化しはじめたことを示した。また1985年の『経済白書』は，「人口高齢化と経済活力」の章で，国債増発による公的部門拡大の背景に高齢化による年金保険，医療保険を中心とする社会保障費の肥大化があると論じ，老人医療制度，退職者医療制度の創設と本人1割自己負担や84年の年金制度改正（基礎年金の導入，給付水準の抑制）の正当性を主張した。

こうして日本型福祉国家財政の動揺は，従来型ではあるが高齢化の急進展という新たな変化によって加速されることになった。たとえば1989年12月に，高齢者保険福祉推進10ヵ年戦略（目標90～99年）が策定された。しかし高齢化の進展は早く，1994年12月には同戦略の見直しが不可欠となり，新たな高齢者保険福祉推進10ヵ年戦略（新ゴールドプラン）が策定された。1999年度予算では2000年度実施予定の介護保険制度の基盤整備のために，新ゴールドプランに8777億円が計上された。

B 戦後日本型福祉国家財政・動揺の租税構造

1 成長率低下を基軸とする租税収入の停滞と税制改革

1975年度補正予算で歳入欠陥に陥った一般会計は65年度以来10年ぶりに特例国債の発行を余儀なくされた。景気悪化，成長率の低下にともなって法人税を中心に租税収入が激減したからである。所得税も石油危機後のインフレによって毎年物価調整減税が不可欠であった。図3.1の下段の棒グラフが税収の動きを示している。1978～80年にかけて若干回復したが，81～85年にかけて再び減収となっている。高度成長期に比べると減収の規模の大きさがわかる。成長率も名目で10％（実質は5％程度）を越えることはなく，低成長となった。

こうして政府・大蔵省は新たな財源を求めざるをえなくなる。それが1975年以降の一般消費税導入問題であった。すでにシャウプ税制は地方税として付加価値税を勧告していたが実施は延期され，そのうち廃止となった。かくして酒税や物品税中心の税体系が構築された。しかし高度成長期をつうじて間接税は比重低下の一途を辿った。その原因は，①生活必需品など非課税のものが多く生活向上によっても税収が増えなかったこと，②重化学工業化によって新製品が多く誕生したにもかかわらず課税対象からはずされたこと，あるいは新製

第3章　戦後日本型福祉国家財政の展開と限界　189

品の普及まで低税率が維持されたことなどである。しかし高度成長による税全体の自然増収が多大に上ったので，改革の対象とはならなかった。だが，当初景気回復とともに発行停止を予定していた建設国債の発行継続がつづいたので，1970年に福田蔵相は間接税の増税を提言したが見送られた。当時EC型付加価値税の議論がさかんであった。最大の原因は間接税増税が所得逆進的だったことである。日本型福祉国家財政の展開期にはふさわしくない税制であった。

だが1975年以降に入り社会保障・福祉費が財政を圧迫するようになると，そのための財源を広く薄く徴税する一般消費税が再び議論されるようになった。しかしそれは何度か議論にはなったけれども福祉目的税とされることはなかった。他の経費も膨張していたので新財源として税率引上げが期待されたからである。さらに目的税化すれば，福祉費が際限なく膨張する恐れもあった。少子・高齢化がその根拠にあった。実際，土光臨調にみられるように福祉削減が1975年以降の課題の一つとなったのである。

さて一般消費税導入問題は，特例国債が建設国債額を上回った1977年10月

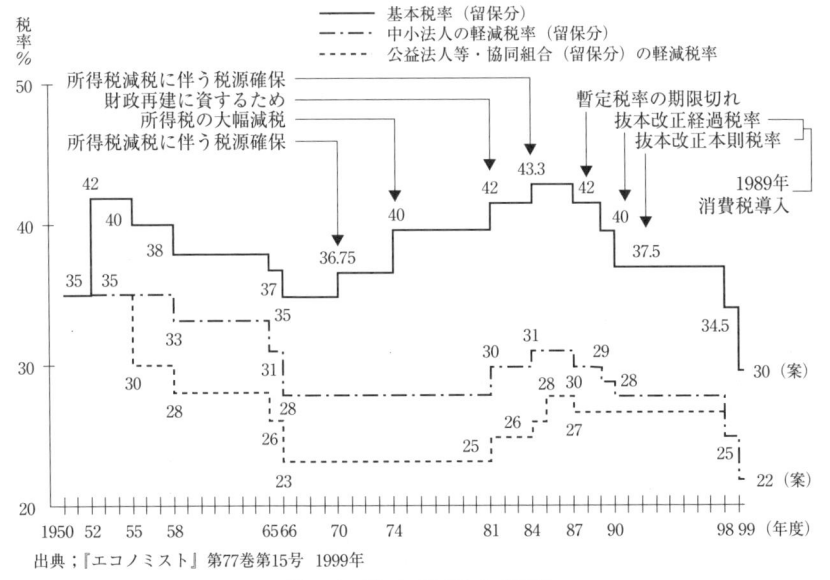

出典；『エコノミスト』第77巻第15号　1999年

図 3.3　法人税率の推移

の政府税調の「今後の税制のあり方についての答申」(中間答申) から本格化した。しかし一般消費税は国民に人気がなく，1979年9月の選挙の遊説先で大平総理は撤回発言を余儀なくされた。以後，1981年の第二次土光臨調にみられる「増税なき財政再建」路線が展開され，福祉や教育費が削減されるのである。だが1983年，再び特例国債が建設国債額を上回ると政府税調は11月「今後の税制のあり方についての答申」で，また翌84年12月には「85年度の税制改正の答申」で，それぞれ"適切な税収の確保"や，"直接税・間接税全体の改革"を提言している。こうして中曾根首相が公約を破棄して売上税導入を宣言した責任をとって退陣した後，竹下内閣の下で1989年4月より消費税が導入されることになった。税率は3％であったが所得逆進税制であった。

なおその間つなぎ財源として，1981年に"財政再建に資するのため"法人税率が42％に引上げられ，84年には"所得税減税に伴う財源確保のため"43.3％へ引上げ措置がとられた。図3.3 参照。こうしてこの期は増税政策の時期として特徴づけうる。

2 バブル経済の崩壊と増税政策の限界

だがバブル経済の崩壊は税制に方向転換を迫ることになった。企業収益の減退，個人消費の低迷が建設国債増発と特例国債の再発行・累積を帰結したからである。すでに法人税率は1987年に，84年度の引上げ理由の期限切れによって42％へ引き下げられ，89年と90年にも消費税導入にともなう抜本改正経過税率，抜本改正本則税率として，それぞれ40％，37.5％へと引き下げられていた。バブルによる税収増と消費税導入がそれを可能とした。しかし長引く平成不況の下で，1998年度，99年度には，それぞれ34.5％，30％へと引き下げられた（図3.3）。こうして国の法人税と地方の法人事業税は欧米並みに軽減されることになり，租税収入の柱が揺らぐことになった。短期的には景気回復が目的であるが，長期的には国際競争力の強化や海外への資本逃避を防ぐ意味があった。それは1975年以降の増税政策の限界を意味している。

他方，海外からの内需拡大要求と国内景気回復のために所得税の特別減税も頻繁に実施された。1994年度予算では1年限りの措置として所得税額から

20％相当額（最高200万円）を控除する定率減税が実施され，95年度には累進緩和・課税最低限の引上げ・基礎控除の引上げのほか，所得税制度減税後の税額から15％相当額（上限5万円）を控除する特別減税が，96年度にも所得税額から15％相当額（上限5万円）を控除する定率減税が，97年度補正予算では98年分の所得税減税2兆円の実施が，98年度第一次補正予算では定額方式による所得税・個人住民税の特別減税2兆円が，99年度には所得税・法人税の恒久的大減税が実施され，所得税は最高税率の引下げのほか，年税額の一定割合（20％）を控除する定率減税（減税の上限25万円）が行われた。この結果，所得税最高税率は先進国中最低となった。[16]

(16) 前掲拙稿「財政出動と破綻する財政構造改革法」参照。

なお消費税率は1997年4月に3％から5％へ引き上げられたが，景気はいっそう悪化して橋本首相は退陣においこまれた。ここにも増税政策の限界があった。こうして1992年以後図3.1のように，税収は激減した。

C 戦後日本型福祉国家財政・動揺の公債構造＝国債管理政策の展開と限界

経費の膨脹と租税収入の停滞を原因とする1975年以降の建設国債・特例国債の大量発行にともなって公債依存度は79年には34.7％まで上昇し（図3.1），財政再建とバブル税収増によって91年まで低下したが，バブル経済の崩壊後再び上昇して98年には38.6％と過去最悪となった。国債費の膨脹問題は次節の課題として，ここでは国債管理政策の展開と限界を中心にみよう。[17]

(17) 拙稿「国債累積下の金融政策と国債管理政策」（武田隆夫・林健久編『現代日本の財政金融Ⅲ』東京大学出版会　1986年）を参照。

国債の大量発行で第一に問題となったのは，発行条件の自由化であった。1965年以降の低金利による御用金的強制割当てに76年度から銀行団が抵抗しはじめたからである。国際的にも金融の自由化が要請されて1980年外為法が改正された。解決策は市場の実勢に沿った発行条件の頻繁な改定と公募入札方式の導入であった。公社債市場も整備された。これによって1965年以降には遥かに掛け離れていた発行条件と流通利回りは接近した。しかしこれは金利負担が増えて国債費を膨脹させる原因となった。

第二は，1965年以降に実施されていた行政指導による銀行などの市場への国債売却禁止の緩和であった。1977年4月には，特例債の流動化（発行後1年後の売却可），10月建設国債の流動化（同），77年5月上場時期短縮（発行後7～9ヵ月以降売却可），81年4月上場時期の再短縮（発行後3ヵ月以降売却可）などが実施された。その背景には石油危機後のインフレ防止のために日銀がマネーサプライ政策を重視するようになり，国債買オペに制限が生じた事情もあった。だがそれは発行条件の頻繁な改定と金利負担をともなっていた。

　第三は，国債種類の多様化の実施である。それまでは1971年改定の10年利付債（シ団引受け方式）のみであったが，中期債として77年に5年割引国債（同）が，79年に2年利付債が，80年に4年利付債が，94年に6年利付債が，公募入札方式で発行された。また超長期債として1986年からは20年利付債がシ団引受けで，87年からは公募入札方式で発行された。さらに1999年からは30年利付債が公募入札方式で発行された。短期債としては従来からの政府短期証券とは別に，割引短期国債が，大量の国債の償還・借換えを円滑化するために，1986年に3ヵ月ものが，89年には6ヵ月ものが，99年には新たに1年ものが，いずれも公募入札方式で発行された。しかし国債管理政策も特例国債の減額・脱却期には有効だったが，バブル経済崩壊後の再増発期とくに1998年以降には限界を呈することになる。

　第四は，国債の個人消化促進政策であり，中心は特別マル優などの利子非課税制度であった。だがこれも，国の借金に減税をするという矛盾を有していた。なお1982年新銀行法が施行され，翌年から銀行による国債窓販が実施された。1988年には郵便局による募集の取扱いも行われた。

　第五は，特例国債の借換え措置である。既述のように，1984年の特例法からは特例国債の借換えが認められ，75年度以降の特例国債にも適用され，実施された。また1985年には国債整理基金特別会計法が改正され，前倒し発行や割引短期国債の発行が実施された。なお「財政法」第5条は日銀の国債引受けを原則禁止としているが，特別の理由による国会議決の範囲内で引受けが認められており，過去の買オペによる日銀保有国債の償還分については現在借換

え債の引受けが行われている。それは乗換えとよばれる。1997年度の内国債の10.9％が日銀所有となっている。資金運用部など政府所有は39.2％，市中銀行21.5％，その他22.8％である。

なお現在，平成不況の下で戦後最低のゼロ金利政策が展開されているが，特例国債の増発・累積はこの矛盾をいつ暴露しないとも限らない。国債政策にも打つ手なしの限界が逼迫している。もともと国債管理政策は，消化促進，借換えの円滑化，利子負担の軽減，金融政策との調整等の事後処理を目的とするものであって，財政当局の時局運営や国債発行量の決定を行うものではないからである。

第4節　戦後日本型福祉国家財政の限界

A　財政危機対策の展開と限界

1　財政構造改革法の成立

バブル経済崩壊後再び両国債は増発されることになったが，1996年度には特例国債が建設国債額を132.9％も上回ってしまう。それまで上回ってもせいぜい110％だったから大蔵省の危機感は一挙に高まったといってよい。国債費も膨脹の一途を辿って一般歳出＝裁量的財政運営を圧迫していた。すでに欧米諸国は赤字財政からの脱却を立法による歳出削減によって進めていたので，大蔵省も同年から欧米的な改革法の創立を公言するようになった。従来の概算要求基準（閣議決定）による経費抑制が限界に達したからである。実際，ゼロシーリングもマイナスシーリングも有効ではなくなった。省庁による増分主義や族議員の圧力そして補正追加の限界があったからである。

こうして財政制度審議会は1996年7月に「財政構造改革白書」を発表し，2002年までに均衡財政を達成するには同年まで一般歳出をマイナス5％にする必要があると説いた。また同年12月の最終報告では2005年までに特例国債から脱却し，公債依存度を下げる目標設定の必要を説いた。そして1週間後「財政健全化目標について」が閣議決定され，①2005年までのできるだけ早期

に国と地方の財政赤字を対 GDP 比 3％以下とする，および特例国債からの脱却，②財政健全化の方策についての原則＝歳出全般の聖域なき見直し等が決定された。1997 年 3 月第 4 回財政構造改革会議で橋本総理は「財政構造改革 5 原則」を表明し，①目標年次を 2003 年に短縮する，②「集中改革期間」(1998～2000 年度）における主要経費の削減目標の設定を定める，ことを提示した。同年 6 月第 8 回財政構造改革会議では「財政構造改革の推進方策」が決定され，「財政構造改革の推進について」が閣議決定された。そして同年 11 月「財政構造改革の推進に関する特別措置法」が成立し，①財政赤字の対 GDP 比を 3％以下とし，かつ特例国債からの脱却目標を 2003 年とする，②「集中改革期間」における主要経費（社会保障，公共事業等）の量的縮減目標を具体的に明示する等が決定された。それは法によって歳出を厳しく制限する点で従来とは決定的に異なっているだけでなく世界的潮流に沿っていた点で，かつ戦後日本の福祉国家財政に転換を迫るという点で歴史的意義を有していた。

2　財政構造改革法の破綻

しかし事態は一変した。消費税率引上げによる消費と景気の低迷，アジア通貨危機の発生，アメリカを中心とする日本の景気回復責任論と失業率の急上昇が深刻化して，1997 年度補正予算での特別減税，三度にわたる 98 年度補正予算が不可欠となって，財革法は破綻することになる。1998 年 2 月には 97 年度第一次補正予算による，金融システム安定化のため 10 兆円の交付国債と 20 兆円の政府保証および 98 年度第二次補正予算での金融機関破綻防止に関する 43 兆円の公的資金枠の設定も付加された。こうして 1998 年 5 月「財政構造改革の推進に関する特別措置法改正案」が成立し，①特例公債発行枠の弾力化措置，②財政健全化目標年次の 2005 年度までの延長，③ 99 年度当初予算の社会保障関係費の量的縮減目標を「おおむね 2％」から「極力抑制」に緩和等，が決定された。わずか 6 ヵ月で財革法はほころびはじめた。

さらに同年 12 月には「財政構造改革の推進に関する特別措置法停止法」が成立し，①財革法全体の施行を当分停止，②停止解除時期は経済が景気回復軌道に入った段階で経済財政状況を総合的に勘案して判断，③停止解除には再施

行のために必要な措置を講ずる等が決定された。こうして財革法は景気回復と税収増が可能となり日本経済が安定するまで停止されることに，否，実質上は破綻することになったのである。発効時期が確定されない法は法ではないからである。それは，①赤字財政脱却という財政政策固有の課題と，②成長＝雇用第一主義による日本型福祉国家体制の経済政策の矛盾であった。結論は，②の失業問題の解決が優先されたのである。したがって，現代資本主義の課題が依然大量失業の解決にあることを示している。[18]しかし現代の日本資本主義が赤字財政脱却と失業問題の解決という二律背反に陥ったことも事実である。したがって日本型福祉国家財政は危機に直面したといってよい。

(18) 前掲拙稿「財政出動と破綻する財政構造改革法」参照。

B 戦後日本型福祉国家財政・限界の現状と構造

1 国家財政の危機

1997年度予算は抑制的であったが補正において2兆円の特別減税が行われ，財革法施行初年度の98年度予算も三度にわたる補正予算の増額が不可欠となり，99年度予算も景気刺激のために増額されて国債増発と国債費の膨脹が不可避となった。表3.1と図3.1参照。

国債費は既発債の元利払い費であるが，その膨脹は財政の硬直要因となる。たとえば1999年度の国債費は24.2％であるが，これに地方交付税法による義務的経費の地方財政費16.5％を加えれば40.7％となり，国家財政の裁量的財源は59.3％しかないことになる。しかも38％の国債依存によって歳入が賄われているのだから，それ（＝借金）がなければ裁量的財源は2割しかないことになる。すでに国債累積が臨界点に達したといわれるのは，それが財政運営を危機に直面させているからである。すなわち日本型福祉国家財政の危機を意味する。景気対策費や社会保障費を抑制して，蓄積＝雇用第一主義と社会保障の維持を不可能とするからである。そのため1967年の国債整理基金特別会計法の改正による減債制度は，①前年度首国債総額（政府短期証券，交付国債などを除く）の60分の1の定率繰入れ，発行価格差減額繰入れ，②決算剰余金の2分の1を下らない剰余金繰入れ，③必要に応じた予算繰入れ，などを決めてい

るが、それを守れない年度も発生する。だがそれは将来の国債費を増加させるという矛盾を有する。

とくに累積する国債費は償還問題を中心に財政の将来計画を危機に陥らせる。このため政府・大蔵省は1980年に『歳出百科』[19]を公刊して財政再建キャンペーンを展開したほか、それまでの「財政収支試算」を81年度から「財政の中期展望」に代えて国会に提出した。そして1996年7月の財政制度審議会は「財政構造改革に向けての中間報告」で、財政・社会保障制度を現状のまま放置すると国民負担率と財政赤字を加えた潜在的な国民負担率は94年の39.2％から2025年には73.4％になるという推計を発表した。租税負担率（対国民所得比）は13.3～33.1％へ、社会保障負担率（同）は12.5～18.3％へそれぞれ上昇するので、2.5倍の大増税と1.5倍の保険負担の引上げが不可避となる。もちろんそれは推計にすぎないが、大増税と税外負担が増大することは避けられない。消費税でさえ導入までに10年以上を要したし、1997年の2％引上げも消費を低迷させて景気悪化の原因となった。こうしてもし大増税が不可能であれば国債の償還が不可となり、国家破産に陥らざるをえない[20]。すなわち国家破産か大増税かという、日本型福祉国家財政の危機なのである。

(19) 大蔵省主計局編『歳出百科』大蔵省印刷局　1980年参照。
(20) 国家破産が革命やクーデタの原因となることは知られている。吉田和男はソ連崩壊の原因は国家破産状態にあったというが、それは一因にすぎない。またソマリア、モザンビーク、エチオピアでは国家破産が戦乱を帰結して大規模な殺戮が行われたという。同『破綻する日本財政』大蔵財務協会　1997年　21～23ページ参照。

もちろん借換え債によって一時的には問題を先送りすることはできるが、根本的解決にはならない。新発債との競合問題がすでに発生しはじめているからである。

こうして1999年2月に入ると、国債の大量発行に直面して、国債の日銀引受け問題が一挙に発生した。1998年末からクラウディングアウトの現象が出て、住宅ローン等長期金利が上昇しはじめたからである。また、景気浮揚のた

めの政府系金融機関や地方自治体への貸付けが増えて，財投・資金運用部は新発国債の引受けをゼロとするほか，既発国債の買入れも停止した。なお1999年2月半ばからは既発債の買入れが開始された。さて国債の日銀引受けは，日銀の拒否と春以降の銀行の貸渋りを背景にした銀行の国債引受けが増えたことによって回避されたが，いつ再燃するとも限らない。もし日銀の国債引受けという伝家の宝刀が抜かれることになれば，大インフレの危機が発生しかねない。それは円安を帰結して輸出に有利に働くほか物価上昇による生産拡大や土地取引を増加させ，かつ累積国債価格の実質価値削減を帰結する。調整インフレ論が登場する根拠がそこにある。しかしそれは日本経済を混乱に陥れるだけでなく貿易摩擦を引き起こし，世界経済での地位低下の原因となる。

そこで1999年夏，新型国債の発行が議論されはじめた。しかし大蔵省の主張する物価連動国債（元金・利子が物価変動に応じて増減する）は借金や国債費をなくすものではないし，ばあいによっては負担が増大するものである。公明党の主張する永久無利子国債（無利子の代わりに額面全体を相続税の課税対象から控除する。償還期限なし）も高額資産家に有利な福祉後退を孕んでいるし，相続税のほうが多いと大蔵省は反論している。いずれにしろ日本型福祉国家財政は危機に直面したのである。

この危機を脱却するにはかなり長期の高度経済成長による税収増大が不可欠である。そのため政府は世界経済構造の変化を背景にして産業構造の高度化を模索するに至った。それは従来型の雇用創出政策に対して，新規産業の育成を図るというものである。アメリカを中心に世界の経済構造は，急速に産業の情報・ハイテク，ベンチャー，バイオテクノロジー，環境・福祉化傾向を辿っており，日本はこれにいちじるしく立ち遅れている。公共事業中心の景気回復策が有効でなくなったことも背景にして，近年政府はこれに力を入れはじめた。それが「新規産業の基軸産業化」を意味するのかいまだ定かでないが，歴史的転換期に立たされたことだけは事実である。たとえば1999年度予算では，創造的・基礎的研究等の充実に配慮し，科学技術庁予算に占める基礎研究費を35.2％と2年連続で増加させ最大費目とした。また1999年夏，政府は2000年

度予算を組むにあたって，情報産業，ベンチャー，バイオテクノロジー，環境などの開発を 2000 年度目標にしたミレニアム・プロジェクト（千年紀事業）と称して開始した。もっともミレニアムといえば何でも要求が通るとの批判も出ている。

しかしバブル崩壊後は大失業時代となり，1999 年 6 月の完全失業者数は 329 万人，失業率は 4.9％と過去最悪となった。日本的雇用慣行も大きく揺らぐことになった。またリストラから世界的集中・合併の時代へ突入した。そこで最近の雇用対策は失業者の救済，再就職といった事後対策にとどまらず失業の予防，雇用機会の拡大へと積極的対策に方向転換しはじめた。ちなみに 1999 年度予算の失業対策は，中小企業における雇用創出のための支援事業の実施，中高年労働者の失業なき労働移動・再就職支援対策の拡充，民間教育訓練機関の活用を含めたホワイトカラー離転職者向け訓練の拡充などの職業能力開発対策を内容とする事業規模 1 兆円程度の「雇用活性化プラン」を実施することとされ，新たな経費膨脹要因となっている。失業増大で雇用保険料の引上げも時間の問題となった。

1999 年 7 月 21 日には労働保険特別会計分を加えた事業規模 5429 億円の 99 年度第一次補正予算が成立した。緊急雇用と各種雇用対策が中心で，少子化対策がそれにつづく。財源は予備費と剰余金を充てたので，25 年ぶりに国債発行なしの補正予算となった。しかし 2000 年度概算要求は第二次補正を視野に入れた 15 ヵ月予算が濃厚となり，総額 83 兆 5400 億円，前年比 2.1％増となる模様だ。国債費は 20 兆 3700 億円，2.7％増の予想であり，第二次補正で国債が追加されれば償還費が増えることになる。なお 1999 年 10 月には景気回復のために総合経済対策を実現する第二次補正予算が提出される見込みである。

少子化対策費も従来型福祉国家財政に新規追加する形で新たな経費膨脹要因となりつつある。しかしそれは〈資本対策〉としての性格も有する混在型のものである。もちろんすでに児童手当法（1971 年成立）によって児童手当が健全育成費として支給されていたし，1991 年に同法が改正され支給額が増やされていた。また育児休業法が 1992 年度施行となり，これに介護休業を盛り込んだ

育児・介護休業法が1995年成立（99年施行）している。しかしそれらはまだ家族支援という従来型の社会保障の範囲内だったし，また年金や医療の若年被保険者の負担加重化という財源問題として論じられたにすぎなかった。

1991年の『経済白書』は，「長期拡大と供給制約」の章で，「人手不足の背景」の節を設けて人口および生産年齢人口の動向を分析し，少子化問題をはじめて取り上げた。その大きな原因が晩婚であり，それに歯止めがかかるばあいとそうでないばあいを予測し，後者のばあいには就業環境の整備や子育て支援対策の充実が必要だと説いた。また1993年の『経済白書』は，「豊かさに向けた経済のリストラクチュアリング」の章で，日本の労働力人口は1985年以降まで増加してきたが，今後増加率は大幅に鈍化すると予測し，労働力人口の絶対数の伸びによる成長への寄与度は小さくなるのでその質の向上を図ることが必要だと説いた。なお，1995年の『経済白書』は，合計特殊出生率（一人の女性の生涯出生率）は2000年まで低下を続けるが，以後緩やかに2025年まで回復すると予測している。しかし低位推計では総人口は2006年にピークに達するという。

だが1999年の報告では，女性の特殊出生率は1.38（東京1.04）と報告されている。急速に少子化が進展しているのである。そこで近年急浮上したのが，それが〈労働力減少〉と〈市場狭隘化〉をもたらして日本経済を危機に直面させるのではないかという危惧の議論である。もちろん外国人労働者の増加や規制緩和，生産性上昇，海外市場の拡大等によって事態は予測どおりにはいかないが，政府が危機感をもつに至ったことは事実である。たとえば1999年度予算では，子育てしやすい環境づくりのための緊急保育対策等5ヵ年事業（低年齢児保育促進事業，延長保育等促進基盤整備事業等の拡充）などの推進に2929億円が計上された。1999年度第一次補正予算も既述のとおりである。

近年の政策はより総合的なものとなっただけでなく，将来の労働力供給や市場対策という新たな〈資本対策〉の性格を付与されるに至っている。それは「日本型福祉国家財政の部分変質＝資本対策化」と称されてよく，福祉と資本対策の混在化したものとなっている。事実2000年1月18日，首相の諮問機関

「21世紀日本の構想」懇談会は，今後の経済政策の一つとして，漸進的な移民の受入れ策を打ち出した。

ところで自民党行政改革推進本部は1999年8月，2001年度までを目標に，①独立行政法人化が予定されている特別会計の廃止，②一般会計からの繰入れが4割以上の会計も廃止するという，特別会計制度の改革案をまとめた。特別会計は現在38あり，1999年度予算での歳入総額は312兆円，一般会計の4倍近くに達し，一般会計から417兆円が繰入れられている。財政の透明性，一覧性を損なうというのが理由の一つであるが，所管省庁の裁量，既得権を剥奪して一般・特別会計をスリムにするのが本来の目的である。もちろん所管省庁の抵抗によって今後の推移は予測できないが，それが日本型福祉国家財政の構造変革を要求していることに変わりはない。

2 地方財政の危機

バブル経済の崩壊後地方財政も景気対策に動員されて土木費の膨脹を背景に地方債の増発・累積に陥っていたが，1998年度予算施行中に法人事業税・法人住民税を中心に大減収が顕在化したので一挙に危機に直面した。とくに大都市での収支悪化がいちじるしく，神奈川県，大阪府，東京都，愛知県ではあいついで財政危機宣言が発せられた。赤字額が都道府県のばあい標準財政規模（税収と交付税）の5％以上，市町村のばあい20％以上に達すると財政再建団体に転落して，自治省の管理下に置かれて福祉や教育などの事業を独自に施行できなくなるからである。それは3割にすぎないとはいえ地方自治を失うわけで，地方財政の危機となるからである。そこで多くの都道府県で，人事院勧告の実施を遅らせたり，凍結・見送りをするほか，特別職などの給与やボーナスをカットする措置がとられた。1999年9月，東京都は都職員給与の4％カット，3月のボーナス全廃を組合に提示した。

結局1999年7月の自治省の見込みでは，98年度の地方税収は地方財政計画の見積額より3兆820億円不足して過去最大規模となったことが明らかとなった。また地方自治体は地方債の増発などで税収不足を補ったため，1998年度の地方財政の借金残高は166兆円に膨脹した。1999年度も同様の厳しい財政

運営が予想されている。1999年度の「普通交付税大綱」(7月)によれば，普通交付税の不交付団体は6年連続で減少し，18年ぶりの低水準となった。97.4％もの団体が交付税の交付を受けている。都道府県での不交付団体は7年連続で東京都だけとなった。また地方税収の少ない団体ほど手厚く配分する交付税に大都市の不満が発生し，①財源調整を弱めたり，②財政力の弱い団体には地方税率の割合を高める比例税の導入をする，などの意見も出ている。それは地方交付税制度の行き詰まりを意味し，戦後日本型福祉国家財政の地方レベルにおける危機を示している。

もちろん地方自治体の責任も大きい。バブル期に高い人件費やバラマキ予算をしたからである。とくにリゾート開発でもてはやされた第三セクターが不況で経営が悪化し，自治体財政を圧迫した。1999年の1年間に破綻した第三セクターは25社にのぼり，過去最大だった前年の約3.6倍に急増した。

また2000年度施行の介護保険制度は地方の負担を増すほか，保険料の地域間格差を4倍にするとの調査報告もなされている。それは少子高齢化の進行の下で老人福祉と老人医療の縦割り制度を社会保険方式によって改革しようとするものである。だが本人負担の軽減の臨時措置等が検討されているが，現行福祉からの後退に違いはない。

さらに1999年7月，中央省庁再編関連法，地方分権一括法が成立した。それは，①現在の23府省庁を内閣府を中心とする1府12省庁に改組する，②機関委任事務を廃止して中央から地方へ権限を委譲し「対等・協力」関係への転換を図る，というものである。しかし，①は小さな政府を目的とするので福祉や教育の後退に繋がるものであり，②はそれに見合う地方財源が確保されていないので「財源なき地方分権」となり地方の福祉後退が予想される。こうして地方の福祉国家財政も危機に直面したのである。

ちなみに，1999年度の地方財政計画の歳入は地方税減収と恒久減税の影響で過去最大の不足となった。そこで資金運用部からの借入，地方交付税率の0.5％の引き上げ，特例地方交付金の交付などによって賄った。公債費は対前年度比8.6％増で歳出の伸び1.6％を上回り，シェアは12.9％となった。なお

2000年には現行32％の交付税率は35.8％に引き上げられる予定である。

3 財政投融資の危機

財投も市中金融機関の預金圧迫，無駄な投融資などで1975年以降に批判が続出することになった。そして金融ビッグバンを控えてさまざまな困難に直面することになる。まず政府系九金融機関については，住宅金融公庫，国民金融公庫を中心に1998年度の6ヵ月以上の遅滞債権総額が前年度を13.8％上回って1兆2332億円に上り，貸付け金に占める遅滞債権率も0.97％となった。むつ小川原開発など事実上破綻した第三セクターもこれを加速した。景気悪化が公的金融の不良債権を発生させ今後いっそう拡大する恐れも出てきた。

また，1999年度決算では財投の柱をなす郵便貯金の収支が大蔵省資金運用部に預託する一般勘定で6337億円の赤字となり，自主運用分を含めても6000億円を越えた。低金利政策で運用部への預託金利が低下したのが主因で，郵貯の赤字は11年ぶりとなる。その他郵便事業も赤字に転落した。なお1999年度も赤字は拡大する見込みである。

さらに郵政省は1999年8月，90年代はじめの高金利時代に集めた定額郵便貯金のうち，106兆円が2000年4月から2年間に満期を迎えて，この間に上位都市銀行の資金量に相当する49兆円が郵貯以外の他の金融商品に流出するとの見通しを発表した。大量流出で戦後はじめて郵貯残高も減少する。それは郵貯を大きな原資とする資金運用部の資金繰りを厳しくして，長期金利を上昇させ景気を後退させる恐れもある。こうして財投も抜本的改革を迫られることになった。郵貯は蓄積＝雇用第一主義の政策金融の主財源として機能したほか，全国津々浦々に支店を持ち，かつ零細な国民貯金を相対的高金利によって保護し，社会政策を補完する性格も有してきた。しかし金融ビッグバンは自己責任を原則として福祉後退を迫ることになり，財投も危機に直面することになったのである。

大蔵省は1999年7月，財投の肥大化を抑制するために財投改革の骨格を固めた。それは，①コスト分析によって財投の効率化を図るとともに，②財投の必要資金とは無関係に郵貯と年金資金を運用部に預託する預託制度を2001年

度に廃止する，③財投は「財投債」ないし「財投機関債」を発行し，債券発行を主力資金調達手段とする，というものである。財投債は国の信用で発行するものであるが，償還は税金ではなく特殊法人の返済資金によるものとされる。だが不良債権となれば税金で埋めざるをえない。財投機関債は個別の政府機関が市場の選択を受けて発行するものであり，民営化の見通しのつく信用力の高い機関に限られることになる。したがって，社会保障・福祉，中小企業など民生関連の財投が圧迫される恐れがある。そこで政府は当分の間，債券を郵貯や年金資金に購入させるとしている。また，国債に上乗せして財投債が発行されれば，国債との競合や金利上昇を招き，国の財源問題，景気後退の原因となりかねない。財投も危機に直面したのである。

小 括

こうして日本型福祉国家財政は危機に陥るとともに，かなり長期の高度経済成長と租税の自然増収を達成しないかぎり，日本経済を国家破産か大増税か，はたまた大インフレかという状況においこんだのである。それは経済のグローバル化，世界的集中・合併が進行している現在，いずれも日本経済に相当な困難を迫ることになる。しかもたとえ長期の経済成長が可能であるとしても，それは他国の失業問題を引き起こして国民国家間対立の原因とならざるをえない。序章でみたようにこの問題解決が最大の困難を抱えている。事実，現在急速に進展する「IT革命」[21]の下で，デジタル・デバイド（情報化が生む経済格差）が世界経済問題となっている。

(21) 鎌田一義「アメリカの好況を主導する情報投資の性格」（前掲『日本経済の現状〈2000年版〉』学文社　2000年）を参照。

このようにみてくるならば，第一次大戦後の世界史は過渡期にあると規定せざるをえない。すなわち労働力商品化の矛盾の解決を模索する時代としての過渡期である。したがってそれは宇野とは別の含意において，ソ連型社会主義をも包摂する現状分析としての世界経済論の対象をなすことになる。その根底に，マルクスや宇野が予想し期待した〈労働者による自主的革命〉が，労働力問題を巡る国民国家間の対立と国内の階級関係のあいまい化によってその必然性を

喪失させられたという現実がある。それゆえ過渡期が唯物史観のいう土台に規定された無意識的な永い歴史過程を辿るとしても不思議ではない。[22]

(22) 第一次大戦後の資本主義の歴史が〈過渡期としてはあまりにも永い〉ことを理由の一つとしてパクス・アメリカーナの新段階論を主張する議論に，馬場宏二『新資本主義論』名古屋大学出版会　1997年がある。第1章で指摘の本書でとりあげた新段階論の諸著も参照されたい。しかしそれは資本主義の基本的矛盾，すなわち労働力の商品化を論理の基軸に据えない正しくない議論である。

なお本章は，榎本正敏教授を中心とする1999年度の現代日本経済研究会の議論を筆者なりにまとめたものであり，文責はすべて筆者にある。また同年9月末に脱稿した後ほとんど手を加えていない。だが2001年4月に「聖域なき構造改革」を公約とする小泉内閣が登場するに及んで，日本型福祉国家財政は本格的な危機に直面した。2002年度予算の概算要求基準では，国債発行額を30兆円以下に抑えるマイナス予算で，公共投資の10％削減，社会保障関係費の自然増分の圧縮（マイナス3000億円），ただしITなど新産業分野を増額する，などが進められている。もちろん戦後の日本型福祉国家構造が危機に直面したのであって，すべてが完全に自由化されるわけではない。従来の高度成長による税収増のメカニズムが破綻し，かつ国債発行増による大きな政府が限界に直面したのである。だからといって現代国家が失業や弱者に対する政策を放棄できるわけではない。今後の予測はできないが，この点を付加しておきたい。

第4章　宇野派の社会主義論と
グローバル・ソーシャリズム史観

第1節　宇野弘蔵の社会主義論

　宇野は,『経済原論』(岩波全書 1964 年, 引用は『著作集』2　岩波書店 1973 年による) において,『資本論』における問題点の一つ「社会主義の必然性の論証について」でつぎのように論じている。「マルクスは『資本論』第1巻第24章第7節の『資本家的蓄積の歴史的傾向』で資本主義から社会主義への転化の必然性を述べているのであるが, 私にはこれは『資本論』で明らかにされている資本主義社会の経済的運動法則による規定とは考えられない。この点は, すでに拙著『恐慌論』……その他でも指摘してきたところである。資本家的商品経済が, あたかも永久的に繰り返すかのごとくにして展開する諸法則を明らかにする経済学の原理自身によって, その原理を否定する転化が説きえないことは当然と考えるのであるが, しかしこのことは資本主義社会自身の永久性が経済学によって説かれるということではない。原理的法則は, そういう面をもって原理となっているのであって, それ以外の方法によって解明されるものではない。むしろ経済学は, そういう法則性を原理的に完全に説きうるという点で, 対象を抽象的に, 一般的にではあるが, 完全に認識しうるという, 特殊の, おそらく他のいかなる科学にもない——対象が歴史的なるものであるということからくる社会科学の基礎をなすものとしての特殊の——性格をもっているのであって, その点で対象の変革の主張を科学的に基礎づけることになるのである。段階論を通してなされる現状分析は, かかる変革活動に対し具体的に役立つ行動基準を科学的に与えるものにほかならない。原理論は勿論のこと, 段階論, 現状分析も, 資本主義の社会主義への転化の過程を経済学的に規

定しうるものではない。そこにまた社会主義運動の組織的実践における主体の意義がある。それは単に経済学的に必然的なるものとして明らかにされた過程を実践するというものではない。経済学を基礎とする社会科学を運動にできる限り利用するのである。といってもそれは決して，自然科学のように技術的に利用しうるわけではない。実践活動の基準として役立つにすぎない。しかしこの基準として役立つということが，重要なのである。いわばそれは無用な暴行を阻止することになるからである。いずれにしろ社会主義の必然性は，社会主義運動の実践自身にあるのであって，資本主義社会の運動法則を解明する経済学が直接に規定しうることではない。実際また資本主義社会の基本的運動法則と共に，その階級性が明らかにされ，しかもそれが従来の諸社会に対し，その一般的基礎を明らかにするものとして，資本主義社会の歴史性として明らかにされることになれば，社会主義運動は，資本主義社会の変革を必然的なるものとして科学的に主張しうることになるわけである」(163〜164ページ)。

(1) 宇野弘蔵『恐慌論』岩波書店（『著作集』5　岩波書店　1974年），同『「資本論」と社会主義』（『著作集』10）も参照されたい。

この宇野の主張＝命題は明らかである。すなわち，①『資本論』で解明された資本主義の原理的運動法則＝原理論は，一回限りで終わるものではなく，永久に繰り返すものとしてはじめて社会科学として基礎づけられる。原理は自らを否定できないからである。②しかしまた，経済法則を完全に認識できるということは，資本主義の歴史性（つまり流通形態にすぎない資本が，本来生産物でない労働力を商品化し生産過程に包摂するという無理をもつ体制としての歴史性）をも論証しうることになり，その変革の主張が科学的に基礎づけられる。③だが原理論も段階論も，そして現状分析論も，社会主義への転化を直接には論証しえない。それは実践運動の課題であって，経済学のなしうることではない。科学は何人にも承認しうるものでなければならないからである。ただ，経済学は無用な暴行を阻止する行動基準としての指針を与え，かつ資本主義の階級性＝歴史性を解明することによって，社会変革の科学的必然性を主張できることになる。しかし③の後半部分，「実践活動の基準」，「行動基準としての指針」

となるか否かについては，筆者としては疑問符を打ちたい。すでにその限界を経験しているからである。

　宇野のこの主張と命題は，資本主義の自動崩壊論や科学は実践によって論証されるというそれまでの誤ったマルクス主義の認識を論破するだけでなく，マルクスの『資本論』を純粋資本主義論として原理論へ昇華させたのである。また原理と現状分析の間に段階論を設けることによって，資本主義の歴史的蓄積様式の特質や，各国の商品経済化の相違を明確化することによって，修正主義論争や日本資本主義論争に終止符を打ったのである。また，経済学と経済政策的主張をすることの相違を明らかにし，政策提言を経済学とする従来の認識の欺瞞を暴露したのである。実際，宇野は『経済政策論』（『著作集』7）でつぎのように論じている。

　「労働力の商品化に一般的基礎を置く資本家的生産様式も，それが労働力の商品化という元来無理な形態をもつものであることを，したがってまた一定の歴史的な発生，発展，没落の過程を経過せざるをえないということを明らかにする。それと同時にまた資本主義社会は，再び経済政策を重要な補強手段として要請することになるのである」（19ページ）。経済政策は「……何らかの個人的な価値判断によってその目的を与えられるものでもなければ，またその目的達成が，科学的に究明された手段を利用して行なわれるというようなものでもない。むしろ反対に資本主義の一定の発展段階に応じて支配的地位を占める資本家的階級的利害関係に基づいて，その目的も，その手段も決定されるのである。いいかえれば，資本主義社会の経済政策は，その経済的社会構成と同様に，いわゆる無政府的性格を逸しえないながらも一定の歴史的に決定される規定を与えられるものとなるわけである。支配的地位にある資本の利益に反するものが行なわれれば，それは新たなる政策をもって補修されることになるのである」（14ページ）。

第2節　宇野派の社会主義論

しかし宇野の主張＝命題に対して，宇野派の諸氏も，資源・環境問題の深刻化と，東ドイツとソ連邦の崩壊後は社会主義による資本主義的諸矛盾の解決を主張するようになる。マルクス＝宇野学派が危機に直面したからである。それは，宇野が第一次大戦後をソ連型社会主義への過渡期として，すなわち現状分析の対象としたことへの反省によるのであって，故なきことではない。そこでまず，宇野派の社会主義論を検討しよう。

A　大内力の自主管理社会主義論

まず大内力の自主管理社会主義論を『新しい社会主義像の探求』（労働センター出版局　1979年）から紹介しよう。氏の議論は他説が抽象的なのに対しかなり踏み込んだ内容となっているだけでなく，後の他説もこれを取り入れているものが多い。なおこれは氏が1978年に旧・社会党の「中期経済政策」の原案づくりに参画し，草稿として加えたものであったが，79年の最終案では削除されたものである。

(2) 大内編『現代社会主義の可能性』東京大学出版会　1975年，同著『世界経済論』〈大系第6巻〉東京大学出版会　1991年，後編第4章，同「現代資本主義の危機と主体の喪失状況」『情況』第2期第10巻第7号　1999年）も参照されたい。

氏は，ソ連や中国の「現代社会主義のエタティズム（国家管理社会主義）といわれるような歪みを正し，真に人間解放を実現しうるような社会主義の理念とそれにもとづいた社会像を構築することが必要なのである」として，社会主義への移行を論ずる。まず「日本における社会主義への移行は，平和的・漸進的なものであろうし，またそうでなければならない……」。「第1に，もともと暴力的な急激な移行は，勤労大衆のいわゆる絶対的窮乏状態を前提として必然となった事態である」。「第2に，右のことと関連して，勤労大衆の要求は今日ではいちじるしく多様化している」。多様な利害対立は，「独善的に上から調整・解決されるべきものではなく，民主主義的な手続きのなかで政治的に解決

される以外にはないものである」。「第3に，社会主義が真に人間解放を，すなわち勤労大衆が社会の主人公となり，経済を運営する主体になることを目ざすものであるならば，そこでは政治においても徹底的に民主主義の実現がはかられなければならない」。「……計画の作成・運用の機構それ自体が大衆によって掌握されている必要がある」（204〜209ページ）からである。

つぎに資本主義の諸矛盾の解決については，従来の生産の社会的性格と領有の私的性格に資本主義の基本的矛盾を求めるのは誤った議論であり，——たとえば社会的所有としたマルクスに対しエンゲルスは国有と定義した——「……その否定のうえに社会主義を樹立するものでなければならない。このような基本的矛盾が労働力の商品化でありその廃絶こそが資本主義の否定＝社会主義の確立を意味する……。……このばあい労働力の商品化の廃絶というのは，賃金形態をなくすということではなく，生産過程そのものを労働者が掌握し，主体的に運営することを基礎として，全経済の管理・運営を勤労大衆がみずから自主的に運用しうるような体制を確立することである。つまり一言でいえば，労働者自主管理の体制の確立ということである」。

「こういう社会主義が建設されてゆく過程で，所有権の所在と作用もそれにおうじて改編されてゆくことが必要であろう。しかしそれはかならずしも形式的所有権を有償なり無償なりで消滅させ，社会的所有に移すことを必要とするとはかぎらない。事実，平和的・漸次的移行を前提とすれば，私有財産を一挙に没収することは不可能であろうし，そうかといってその大部分を時価で国なり地方なりが買収するということになれば，それだけでも莫大な財政負担とならざるをえない。しかし……，資本主義のもとにおいてさえ，企業の実質的な管理・運営はかならずしも資本の所有権にもとづいておこなわれているわけではなく，今日では形式的所有権は，ただ利潤の配当にたいする請求権にすぎなくなっている。したがって企業の管理・運営を労働者が掌握したうえで，この配当請求権を漸進的に縮小し，最終的にはそれを零にすれば，形式的所有権はおのずから消滅するであろう。問題は私的所有の廃絶の代償として，絶大な支配力をもつ国家的所有権をつくりだすという現代社会主義の轍をふまないで，

それを眠らせ安楽死させることにあるのである」(212～213ページ)。

制約条件への対応については，つぎのように論じている。「自主管理社会主義の必要性は，……資源・食糧・環境等の制約がしだいに厳しくなることが予想されることによっても強められる。……先進諸国の国民がこれ以上『豊か』になり，物質的消費をさいげんもなく拡大してゆく余地があまりないことは十分想像のつくところである。ばあいによっては，将来の人間社会は，しだいに『耐乏』を強めてゆくことを覚悟しなければならないかもしれないのである」。「かつては社会主義というものは，勤労大衆を窮乏から解放し，『必要に応じて消費しうる』ような千年王国を建設するものと宣伝されてきた。しかし今もそのようなことを期待するのは多分に空想であり，背理である。……『貧しさの平等』以外にありえない……。そして大衆が社会を自主的に管理運営するということは，そういう厳しい条件のなかで人類が生きてゆくための，人類の英知の発露なのである」(214～216ページ)。

そのための計画化については以下のとおりである。諸利害の調整のための中央機構としては三つの手段＝手続きが必要となる。①「あらゆる必要な情報を的確に下部に流すとともにそこから起こりうべき諸問題とそれにたいする国としての基本的な考え方，対処のし方を徹底的に宣伝し，大衆のあいだに滲透させること」。②「権威ある計画調整機関を中央に設置し，いくつかの前提条件をおいたばあいに成り立つであろう数種の選択可能な計画をたえず用意し改定してゆく体制を確立する」。③「以上の手続きを経て決定された諸計画は，国民的合意にもとづいたものとして自発的に尊重され，遂行されることが期待されるが，なお局部的な利害との衝突のためにその遂行が困難であるばあいにはこれを執行すべき十分な手段をそなえておかなければならない。……投資規制措置，資金配分計画，課税，土地利用規制および輸出入規制などであろう」(217～218ページ)。

また分権化については，中央機構の担当は「国防，外交，司法，警察，計画経済の立案と全国的調整および財政調整等」，分権機構の担当は「経済計画の実施と達成，教育，民生，公共・公益事業等」である。そしてＡ自主管理機

構は，①最下部の「職場＝企業（家族的経営については共同組合）の機構」，②「地域機構」＝都道府県や市町村の民主的自治組織，③「中央＝国」の機構に分かれる。このうち，①最下部の職場＝企業機構は，労働条件，賃金，生産物の種類・量，価格等も自主的に決定する。また①②③はそれぞれ直接選挙，リコール制などによって担保する。B 財政上の措置は，①財政計画と経済計画の一体化，②課税，起債の中央による調整，③国税の地方への自主的調整による配分，④地域機構の自主的歳出予算と中央による調整など，である（219～222ページ）。

　氏の社会主義論の特徴は，①労働者の自主管理体制の一言につきる。②したがって賃金形態は残るが，国有という絶対的権力をつくらない。③資源・環境問題に対しては「貧しさの平等」しかない。④そのための具体的方法，情報公開・選択肢のある計画・国民的合意と分権化などとなっている。それはよくできた理論であり，後の岩田，柴垣，馬場らに部分的に取り込まれている。とくに環境問題については，管見のかぎり宇野派では大内氏が最初であろう。序章で降旗氏が批判した前掲『マルクス経済学の公準』は1974年刊行であった。また国有がエンクロージャー的役割を果たし，大多数の無所有と少数の絶対的官僚を排出した後進国革命への反省もなされている。

　しかし最大の難点は一国社会主義論であり，その限界を越えられないでいる。福祉国家体制でさえ現在限界に直面している。また株式会社の所有と経営の分離を過大評価すると，両刃の剣の理論となる。もちろん大内氏は労働者による企業の管理・運営の掌握を前提としているが，後の柴垣説では日本的経営も忍びよる社会主義となる。

B　岩田弘の世界資本主義と地域共同体社会主義論

　すでに序章で降旗節雄の批判でみたように，岩田弘は『世界資本主義』（未来社　1964年）においてつぎのように論じていた。資本主義は世界(的)性であるが，その社会的生産は部分(的)性である。その世界性は商品経済の社会的生産に対する外面性，つまり人間対人間ではなく物対物の交換関係としての疎外され物化された人間関係としてとりむすばれていることに起因する。またその

外面性，物的疎外性が社会的生産を部分的ならしめている。資本主義は特定国，特定産業を基軸とし，それに商業的，植民地的に従属された諸生産を国内外に配置するような全体としての世界市場的過程として以外には実在せず，一つの統一的な世界編成をなす世界資本主義を形成している。マルクス経済学の理論体系は，資本主義が社会的生産を内部に取り込み，自己を統一的・有機的に編成していく過程を理論化するものであり，資本主義が世界資本主義として生成し，確立し，展開する歴史的な方法を叙述するものである。

そして帝国主義への移行は，「……資本主義がそうした経済的世界編成の矛盾を，最後には，みずからの商品経済的機構によっては解決しえなくなり，その調整を政治的，軍事的過程にもとめざるをえなくなること，したがって資本主義の経済的世界編成の矛盾は，結局はその政治的，軍事的世界編成の矛盾に転化せざるをえないことを，明らかにしたのである。……その最後の帰結が帝国主義戦争にほかならなかった。そしてこうした帝国主義の世界戦争の時代の開始によってはじめて資本主義は，その社会主義的変革を現実の日程にのぼ（ら—筆者—）せたのである」。

こうして資本主義の全般的危機の時代にあってつぎのことが明白となる。「(1)資本主義の矛盾は，現実的には，その世界編成の矛盾——その経済的世界編成およびそれに対応するその政治的，軍事的世界編成の矛盾——としてのみ存在しているということ，(2)したがってその社会主義的変革は，その戦略配置をこうした資本主義の経済的，政治的，軍事的世界編成によって規定される世界的な変革としてのみ提起されねばならぬということ，(3)したがって当然に各国における社会主義的変革は，こうした世界的変革の有機的一環をなすものとして，その世界的な戦略配置に従属して，その一国的な戦略配置を資本主義の世界編成における各国の国際的位置づけやそれに対応する国内編成によって具体的に規定されねばならぬということ，これである」（Ⅲ〜Ⅳページ）。資本主義の全般的危機は第二次大戦後にさらに深化し，暴風雨の時代が迫りつつある。日本は世界資本主義の「もっとも弱い環」である。「事態の進展は，日本が資本主義の世界的変革のあたらしい突破口になり，社会主義の世界史的

第4章　宇野派の社会主義論とグローバル・ソーシャリズム史観　213

事業を一段と高い水準に引上げることを要求している」(Ⅵ〜Ⅶページ)。

　氏の議論は一世を風靡して学生運動の一教祖とさえなった。宇野派としては異質な存在であった。しかし歴史は大きく変わった。学生運動も社会主義運動も手から砂がこぼれ落ちるようになくなった。いつしか氏の名前も忘れさられようとした頃，氏は新たな議論をもって再登場した。地域共同体社会主義論[3]である。

　　(3)　なお，この「地域共同体社会主義論」の命名は，馬場宏二『新資本主義論』名古屋大学出版会　1997年による。馬場氏は，「岩田氏が自ら強調してきた世界資本主義への反立として地域共同体社会主義を示唆し，関根友彦『経済学の方向転換』東信堂　1995年は，もっと積極的に，エントロピー抑制策として地域共同体の構想を示す。今より生活水準は下がらざるを得ないシステムだから，それに対する大衆的反発をどう吸収するかが，最大の難問になるはずだが，そのことを問題としてもいない。この優れた経済学者達にしてこうである。町の評論家クラスの地域主義は山ほどあるが，せいぜい善意のお遊びにしかならない」(345ページ)とこき下ろしている。

　岩田氏は『現代社会主義と世界資本主義』(批評社　1989年)でつぎのように論じている[4]。ソ連体制と中国体制は「資本主義の国家的変種」＝「国民経済の国家主義的な組織化と近代化」にすぎず，また現代資本主義も「国民経済の国家管理統制と組織化」であり，両者は「国家によって管理統制され組織された……現代資本主義の二つの変種」にほかならず，「今日，自然と人間社会に対する破壊力を地球的規模で発揮している」。ロシア革命は「新しい組織原理」を生み出せず「国民経済の近代化，工業化路線」へと転化し，中国革命も挫折して「国民経済の国家主義的な組織化による近代化路線」(3〜4ページ)へと転化した。

　　(4)　岩田弘は「特殊ヨーロッパ的な世界系としての資本主義」(『国家論研究』第21号　1983年)で，ウォーラーステインの『近代世界システム』(第4章注(7)を参照)とポラニーの『大転換』(第1章注(28)を参照)を批判的に検討した後，「……今日の世界に眼を転ずるならば，社会主義を自称するいくつかの国の出現にもかかわらず，人類は権力関係や商品経済関係の支配から少しでも自由になるどころか，それへの従属はますます深まっているのであって，資本主義的世

界関係を突破し、自由で普遍的な人類共同体を実現する日は、なおまだ遠しといわなければならない」(20ページ) と論じている。

そこで氏は〈人類は資本主義と国家を廃棄しうるか〉という原理問題を提起し、〈農業社会の組織原理の人類史的意義〉と、〈それに対する国家と商品経済関係の役割〉を明らかにしようとする。農業社会のあらゆる重要生産要素は本来の自然物ではなく、人工的自然の地域的リサイクルシステムの連続体とされた点に人類史的意義があるが、それは新しい社会関係、国家や国家相互の対抗関係と商品経済関係を生み出した。そして資本主義の世界システムの発展は、①人類史上はじめて部分的商品経済を世界史の支配的関係へと、かつ独自の組織原理によって自己展開する世界関係へと転化させ、農業的社会生産を従属させた。②資本主義は国家それ自体の商品経済化、貨幣化によって、拠って立つ農業社会から解放され、かつそれを解体したのである。それは「近代国家の貨幣的暴力」であった。③国家をも従属物に転化させた資本主義世界システムは「表皮性」と「部分性」という人類史的意義を有していた。つまり農業生産の「人工的な自然循環」=「人工的自然の地域的リサイクルシステムと地球的規模におよぶその連続体」に対し、「世界市場産業を基軸とする近代資本主義の世界システム」は「異質な貨幣的リサイクルとその世界的ネットワーク」を創出し、人間と自然のリサイクルシステムを破壊した。そこにこの世界システムの擬制、虚偽、表皮性、部分性がある。「資本主義の人類史的地位は、こうした擬制的な世界システムに外的に強制されて、人類がはじめて地球的規模での世界生活を開始するにいたったという点にある……」(490～493ページ)。

「資本主義が、人工的自然のリサイクルシステムを基礎とする農業的再生産をその再生産の内部に包摂することができず、たんにそれらを外側から商品経済的に従属させ、収奪し、それを通じてそれらを部分的に破壊したり不具にしたりすることができるにすぎない」点を資本主義の「外に向かっての限界」とすれば、資本主義の「内に向かっての限界」は「資本にとっての『労働力商品化の無理』、すなわち、資本は、その中心基軸をなす近代的大工業の生産過程の内部においても、労働者階級を、必ずしも全面的にその生産関係のもとに包

摂しているわけではなく，したがって，生産過程を基盤とするかれらの闘争は，かれらの主観的な願望や意識にかかわりなく，その事実行為において，資本主義的生産関係をその内部から拒否し否定する闘争へと発展せざるをえない」(503〜504ページ) という点にある。

だが「二つの限界」と「二つの巨大な反資本主義闘争」(＝資本主義の進出・支配を拒否する闘争と資本主義的生産関係を内部から拒否する闘争) にもかかわらず，「資本主義の現代的変種」しか生み出せない「資本主義廃棄の困難性」はどこにあるのか。それは廃棄を可能にする原因が同時に困難性の原因となっているところにある。つまり資本主義は社会的再生産と人間的主体に対する表皮性と部分性以外のなにものでもないが，貨幣的機構を通して世界経済や国民経済を組織しているのであり，人類はそれに外的に強制され，世界生活と国民生活をするものである。「このことは，人類が，こうした貨幣的機構や貨幣化された国家権力によって外的に強制されて世界経済や国民経済を組織するのではなく，自分たち自身の自由で自発的な目的意識的共同性によってそれらを組織することができるようにならないかぎり，資本主義とその国家を突破したり，廃棄したりすることはできない，ということを意味せざるをえないのであって，困難は，まさにこの点にあった」。現代社会主義は階級関係を消滅させたり私的所有をなくすことはできても，貨幣関係や貨幣化された国家を残さざるをえず，「社会主義や労働者国家を看板にする国家資本主義」＝「貨幣的国家によって管理統制され組織化された資本主義的国家」(504〜506ページ) でしかありえない。「こうして，革命の結果として生ずるものは，……革命にもかかわらず依然として存続する国民経済と国家の資本主義的性格と，労働者・人民大衆の共同性の地域的，全国的な連帯とのあいだの矛盾衝突でしかないのである」。しかし「まさにこれこそが，矛盾の真の解決の出発点，したがって資本主義の真の廃棄の，出発点をなすのである」(513〜514ページ)。

結論的にいえば，その「革命的方法とは，『必要に応ずる分配』を根本原則として，すなわち，勤労人民大衆の生活の必要の確保を根本原則として，労働者・人民革命の大衆的連帯組織が，みずから直接に，工業と農業の分業関係を

再組織し，またこれを基軸として，工業相互の分業関係を再組織するということ以外にはありえないのである。

そしてこうした工業と農業の分業関係は，農業的再生産の本質的な地域的性格に規定されて，必然的に，地域経済的な分業関係とならざるをえないのであり，したがって，これを基礎とする工業相互の分業は，こうした地域経済の限界を越える大工業を，地域経済相互の地方的，全国的な連関関係に従属させることを意味せざるをえないのである。

そしてこうした工業と農業との直接的な地域的分業関係なら，労働者・農民革命の地域的な大衆的連帯組織の直接的な全体認識と目的意識的共同性の可能な範囲内にあるわけである。

つまり，それは，世界市場産業や輸出産業を基軸とする資本主義的国民経済の解体以外のなにものでもないのであり，まさにそれこそが，資本主義の解体と廃棄の第一歩をなすのである。

こうして，革命に勝利した労働者階級は，農民革命との連帯を維持し，これによって労働者・人民革命を維持するためには，こうした資本主義的国民経済の解体に向かって真正面から突き進まなければならぬのであり，したがって，資本主義がつくりだした破壊的な大工業生産力をそのまま引き継ぐのではなく，それを解体再編成し，工業をも含むような新しい人工的自然のリサイクルシステムをつくりだし，それらの新しい地方的，全国的なネットワークにこの大工業生産力を従属させねばならぬのである」（516ページ）。

こうして，①人類の目的意識的共同性を可能にする社会基盤は，資本主義がつくりだした近代大工業の生産過程における労働の集団的共同性と，資本主義によって破壊され部分化された地域社会の共同性＝農業社会がつくりだした人工的自然の地域的リサイクルシステムの共同性，以外にはありえない。

②資本主義に対する革命は，この二つの共同性を組織基盤とする勤労人民大衆の闘争が資本主義の限界を突破するところからはじまる。

③労働者・人民革命の勝利を維持する方法は，工業と農業の新しい地域的結合をつくりだし，これに大工業を従属させる以外にはないし，それが資本主義

とその国家権力の廃棄の第一歩をなす。

それは自給自足的な地域経済に逆戻りすることを意味しない。国家をも従属物とする資本主義の世界システムを人類の目的意識的共同性に置き換えるのである。こうして「資本主義の廃棄は，幾多の困難を伴うとしても，とりわけ発達した工業国では今日的生活水準のかなりの低下を伴うとしても，人類にとって可能であり，また緊急に必要でもある……」(529 ページ)。

かくして岩田氏の地域共同体社会主義論の要点は，最後の三点にしぼられる。それはソ連や中国革命の反省に立つとともに，工業の破壊的作用，すなわち環境問題をも解決するものとして提起されている。

しかし「労働者・人民革命の勝利」とか，表現はあいかわらず威勢がよいが，つまるところは人類の目的意識的共同性にすべてを委ねざるをえないものである。それは間違いではないとしても，その根拠もあいまいである。それは空想的社会主義にすぎない。いくら自給自足的な地域経済に逆戻りすることを意味しないと論じても，現実のグローバリゼーションには屁のつっぱりにもならない。むしろ一国社会主義よりもさらにローカルな共同体社会主義論へと夢想的に後退しているのである。大内の自主管理社会主義論の農業版かつローカル版にすぎない。世界資本主義論にはやはり世界革命がよく似合う。にもかかわらずである。労働力商品化を資本主義の基本的矛盾としながらも，その国民国家的包摂の限界の理解さえもない。いまさらソ連や中国を「資本主義の国家的変種」だと論じても，かの全般的危機論の自己批判さえない。

C 降旗節雄の先進国革命と世界革命論

降旗氏は序章で引用した「世紀末大不況の歴史的位相」(『状況と主体』278 号 1999 年) でつぎのように社会主義論を展開している。まず氏は，現代の出発をロシア革命ではなく 30 年代不況による管理通貨制度に求める。それは，社会主義の出現→資本主義の変質という政治論ではなく，金本位制の放棄→管理通貨制度という経済的変質に求めたからである。そして「現代資本主義の原型は 30 年代の不況を通してアメリカに形成されてきた新しい社会システムである。……その生産力的基盤になっているのは，フォード型の自動車生産という新し

い組み立て加工型耐久消費財量産体制……である」(43〜44ページ)。戦間期にこの生産力を確立したのはアメリカであるが,第二次大戦後には管理通貨制度と IMF 体制が確立されて,先進資本主義諸国はドル散布体制の下で,アメリカ型重化学工業化に成功する。しかし日本と西ドイツがアメリカを追い越すにいたると,散布されたドルはアメリカに還流しなくなるだけでなく,自動車産業でも守勢にまわってしまう。1971年のドル・金兌換停止後アメリカは,「強力な二次産業で世界経済をリードするという方向を第三次産業中心へと転換する。アメリカ経済を支える基軸部門は金融,証券,保険,情報,ソフト部門,および軍事産業と農業という形態となる。こうして経済をグローバル化し,自由化しながら金融的に収奪するという政策にアメリカの方向は転換する。これが80年代以降の状況である」(45〜46ページ)。そして ME 化され,自動化された重化学工業生産力を,アメリカは低賃金のメキシコ,カナダ,東南アジアへ,日本も東南アジアに移転する。NIEs の発展である。「しかし問題なのはそこで生産される製品は輸出向け商品だということだ。したがって,アメリカの景気が良かったり,日本が製品を輸入している時は生産は拡大し,経済は成長するが,米日の景気が悪化すると輸出が減り,生産が縮小するばかりか,外国の資金まで引き揚げられてしまう。……ヘッジファンドはたしかに世界金融市場を暴れまわり,経済危機のきっかけを作るけれども,もともと構造的不均衡のないところではヘッジファンドも活動できない。この構造的不均衡の根拠は重化学工業の技術が ME 化されたうえに,先進国では資本が過剰化して途上国へ輸出せざるをえなくなってきた点にある」(46〜47ページ)。

　こうして氏は,「現在は,先進資本主義国が自動車産業を中心として国家独占資本主義というかたちで,福祉国家体制をとりつつ,高度成長を実現する戦後システムが限界に達し,転換していく過渡期である」という。その根拠は,1990年代の「大不況」は資本主義史上三度目のものだからである。第一回目は,自由主義段階から帝国主義段階へのパクス・ブリタニカからドイツ,アメリカの帝国主義的市場争奪時代への過渡期に生じ,第二回目は,帝国主義支配体制から国家独占資本主義体制あるいは福祉国家体制,フォーディズム社会へ

の転換期に起きた。そして「……30年代は世界的にみると，自動車産業と国家とが結びついた時代である。その傾向が第二次大戦後全面的に花開いた。そしてこの自動車中心の福祉国家体制が次の段階へ転換する過程として示しているのが現在の大不況なのである。今の大不況の歴史的意味はここにある」。つぎの段階では中国や東南アジアへとモータリゼーションが急速に展開するであろう。しかしその発展は大きな矛盾をかかえている。というのはモータリゼーションが世界人口57億人のうちわずか7億人に普及しただけで，地球的環境汚染が生じかつ地下資源も限界に近づきつつある。かくしてインドや中国を加えて20億から30億人がモータリゼーション社会に投入されることになると，「……地球のもつ環境も資源もひとたまりもない。だから21世紀の人類社会の末路はすでに予見できるとみてよい。その時期にむかって歴史は着々と進行していると言わざるをえない」。かくてロシアや中国はイレギュラーな社会主義であったが，唯物史観によれば「21世紀はそうではない。おそらく世界は先進国からの革命，しかも世界革命の鉄の必然性をもって導くであろう。私達が現在の大不況から読みとらねばならないのは，この点である」(47～48ページ)。

降旗氏の議論の基軸は，唯物史観のナマの適用による先進国革命と世界革命論である。しかし先進国革命はどこの国が起こすのか，アメリカなのか，EUなのか，日本なのか，さっぱりわからないだけでなくその兆しさえない。むしろ先進国では豊かな分だけ革命の根拠が弱い。なぜ過去の歴史は後進国革命だったのか。なぜロシアは革命に成功し，ドイツは失敗したのか。その意義を探る必要がある。

また，生産力の発展とその先進国から後進国への普及 → 地球的環境・資源問題 → 先進国・世界革命というロジックとなっている。これでは降旗自身が序章で批判した大内力と同様に，資本主義の限界を経済原則＝自然の限界に求めることにならないだろうか。もしそれが社会主義の根拠になるとしたら，その経済的理由を明確にしなければならない。

さらに，史上三度目の大不況だというのは正解だとしても，それがどうして

先進国革命につながるのだろうか。三度目の正直だとでもいうのだろうか。それは類型論にすぎない。一回目の大不況は帝国主義への過渡期であったし，二回目のそれもブロック経済とファシズムへの根拠をなした。いずれも社会革命とはならなかったのである。(5) したがって，三回目の大不況がそれ自体として先進国革命や世界革命を引き起こす必然性を確定しえないのである。もし重化学工業資本の世界的過剰が原因であるとしても，国家独占資本主義や福祉国家体制の危機であって，氏の議論は一国社会主義論の範疇にある。つまり世界革命への経済的根拠が不明なままの議論である。労働力商品の国民国家的包摂の限界の論理がない。むしろ多国籍企業は後発国の低賃金や将来の市場を見据えて投資を拡大している。

(5) 降旗節雄・岩田弘（対談）「現代資本主義と宇野経済学1」（『情況』第3期第2巻第7号 2001年）も参照されたい。

D 馬場宏二の過剰富裕化論とエコ社会主義論

馬場宏二は『新資本主義論』（名古屋大学出版会 1997年）においてつぎのように論じている。「恐るべき速度の経済成長を続けた挙げ句，資本主義は遂に大衆的過剰富裕時代に突入した。……そしてそれは，直接には地球規模の環境破壊を惹起し，同時に人間の脱社会化を併発して，併せて地球の文明と人類の存続をまるごとに危機に陥れつつある」（331ページ）。過剰富裕は個人レベルではダイエットとジョギングに代表されるが，地球規模の問題は資源，廃棄物，温暖化などに代表され，「地球はあと何年間，人の住む星でありえるか。恐らく10年ほどしか保つまい。地球人口の8割が工業化以前の生活水準で生きていたからこそ，地球環境はこの程度に維持されて来た。『西』の所得水準を基準にして人類平等化を図るのが滅びの途であることは簡単に判る。……基準とした先進国の水準は明らかに過剰富裕である。同時に人類が当面する危機の根因である」（335ページ）と論じている。そして「人類という生物の生命維持志向と，人類が自ら生み出した資本主義が持つ社会破壊性との矛盾，これが危機の本質なのである」（337ページ）。

過剰富裕は「合併症」としての「脱社会化」現象をもたらした。脱社会化は

「教育危機，刹那的思考の蔓延，価値相対主義の結果としての虚無化」に代表される。かくして人類が「無事に生きて行くために」は，脱社会化を含む過剰富裕化を解消しなければならない。その前提は，①「軍拡・戦争・兵器実験の類はもはや許されない贅沢である」し，②情報化・サービス化による脱工業化も物的生産や消費を減らさないので不可である。過剰富裕化の解消の方法は生活水準の切り下げであり，一人当たり GDP の 5000 ドル（1982 年水準）でよい。「この水準なら，人類平等をやっても破綻に至る時間は大きく延ばせる」。切り下げの方法は「剰余部分の蓄積を止めて資本相当部分を漸減し，十分縮小したところで生産手段の補塡を始めれば良い。とはいえ，剰余とストックを食い潰すだけでは済まず，結局生活水準を引き下げねばならないのだから，最大の問題はそれに対する抵抗をいかに減らすかに関わってくる。幸か不幸か高齢化が進展しており，文化的要求も高まっている。これら，社会的に要求されながら経済的には不生産的な領域へ，資金と生産手段と労働力を増投することになるだろう。これは結局増税と公共部門の拡大によるしかなさそうである」。縮小のメカニズムに現実性をつけようとすると，それだけで脱資本主義が必要になってくる。また「……神ならぬ人間の絶対的自由をいささかは封じなければ，人類の存続を可能にする社会は構想できない」(339〜344 ページ)。

なお氏は，経済理論学会 1999 年の第 47 回大会『報告要旨』の「不況論より過剰富裕化論を」において，「不況を資本主義の危機だなど騒ぎ立てる知的水準は，景気回復に全力を挙げると繰り返した小渕内閣並みである。不況を好機として経済の縮小を常態化しつつ，安静・平等・連帯・持続の社会を導かねばならない。これは民間活力や市場経済の圧殺を意味するから，社会主義である」(97 ページ) と論じている。氏の議論を〈エコ社会主義論〉とした所以である。

馬場氏の議論は，社会主義論というより過剰富裕化論から始まった。したがってそれは大内力のエコロジー論の部分を拡大評価したものであり，エコロジストと共通な認識を有する。一人当たり GDP の 5000 ドルへの生活水準の切り下げや縮小再生産，脱資本主義論などはそれである。そして現実的対応策と

して，拡充されるべき不生産部門へ資金と生産手段と労働力の増投，そのための増税と公共部門の拡大などを提起する。しかしその核は結局，民間活力や市場経済の圧殺を意味するエコ社会主義論へと落ち着くのである。

だが氏の議論の最大の難点は，労働力問題の国民国家的包摂の限界の観点がないことである。戦後の先進国の重化学工業化も後発国の開発主義も，すべては労働力問題を国民国家的方策によって解決しようとした結果であった。そこに環境問題の解決の困難さの根源がある。豊かになった生活を切り下げろというのは簡単であるが，失業や低賃金にたえ，後発国に開発を止めガソリンを使うなというのは最も難しいことである。この点の経済的観点が欠如している以上，氏が注（3）でのべた「せいぜい善意のお遊びにしかならない」という岩田と関根氏への批判は，天に向かって唾するようなものである。

E　柴垣和夫の日本的経営とクリーピング・ソーシャリズム論

柴垣和夫は「労働力の商品化とその『止揚』」（東京大学社会科学研究所『社会科学研究』第43巻4号　1991年，なお経済理論学会編『経済理論学会年報』第28集　青木書店　1991年も参照されたい）で，日本における「資本主義の枠内での『労働力商品化の止揚』の部分的進行」を開陳する。「現代の先進資本主義諸国においてこそ，本来社会主義が理念とし課題としてきたものを部分的に取り込むことによって『福祉国家』を形成し，そのことによってソ連型社会主義に対する政治的・経済的優位を実現するに至っている」(156ページ)。

その基本は，①「労働者階級による『賃金の自己決定』」と，②「雇用の保障」である。さて，①と②の「労働力商品化の希薄化つまり『労働力商品化の部分的止揚』」の実現は先進各国共通の現象であるが，③「労働者による労働過程の自主管理については欧米諸国と日本とでは，かなり様相を異にする」，日本では「ある種の『自主管理』が成立していることが確認できる」という。もちろん「自主管理」は「部分性」によって「限界づけられている」(157〜161ページ)。

「以上の検討から導出される一応の結論は，『ソ連型社会主義』が『所有の社会化』は実現したものの，社会主義の本来の課題である『労働力商品化の止

揚』という点ではほとんど成功していないのに対して，現代の福祉国家および日本的経営のもとでは，それが部分的でありまた疑似的ではあっても，具体的に実現されつつあるということである。そしてそれが，直接・間接に運動としての社会主義の影響のもとに生みだされたものだということである。これをまとめていえば，現代資本主義のもとにおけるクリーピンク・ソーシャリズムの展開といってよいであろう」。とすれば「社会主義的変革の構想にも，新しい視覚が提起されることになる」。「第1に，……資本主義から社会主義への移行は，より連続的な長期の過程として考えられねばならないであろう」。「第2に，……『労働力商品化の止揚』を完成させるためには何が必要かが問題となる……」(167～168ページ)。「第3に，以上の課題が実現されたとしても，企業相互間，企業と政府・家計間の商品・サービスの取引きは，長期にわたって，原則として市場経済に委ねられることになるであろう。……ただし，労働力の商品化の止揚が進むにつれて，『労働力の売買』は『労働の売買』へと，したがって賃金は『労働力の価格』から『労働の報酬』へと，性格の変化が進むのではないだろうか。……この賃金の『労働の報酬化』は『労働力の商品化の止揚』の他の側面ともいえるのであって，それは周知の社会主義の原則，すなわち『労働の能力に応じて働き，労働に応じて取得する』原則の具体化でもあるのである」(169ページ)。

　柴垣氏の議論は，大内力の自主管理社会主義論の一部を，すなわち日本的経営の労資協調関係にのみ焦点をあてて，それを拡大解釈した幻影にすぎなかった。その難点については，すでに1994年出版の拙著の第2章補論で提示している。現在の日本経済の状況をみれば，それは現実によって否定された議論であるが，宇野派の軌跡の一つとして検討対象としたものである。

　なお2001年7月末日，創業以来80年間，終身雇用を（昭和恐慌時も）守りつづけて日本的雇用慣行のモデルとさえなった松下電器産業は，早期退職制などリストラ策を発表した。グループ5社で，対象者は合計7万人，数千人の応募が見込まれている。アメリカ発のIT株価不況と労賃の低いアジアなどへ生産拠点を移してきた「産業空洞化」の帰結である。同日，NECは半導体部門

で協力会社を中心に約4000人の削減を発表した。富士通も同じである。NTTの労働組合約21万人は同日，会社が提案しているグループ約11万人を対象とした転籍，出向，賃金削減などの合理化計画を受け入れる方針を明らかにした。自動車産業でも銀行業でも，さらに諸産業でも，このような傾向は枚挙にいとまがないのは周知の事実である。なお6月の完全失業率は4.9％，完全失業者数は338万人と，過去最悪水準を継続中である。

F　伊藤誠の復活する社会主義論

伊藤誠は「現代の資本主義と社会主義」(『アソシエ』I　1999年) においてつぎのように論じている。グローバリゼーションと新自由主義の時代に直面して，企業も商品も資金も労働力もグローバルに移動し，メガコンペティションの渦に巻き込まれた。その過程で国家機能の低下，社会主義運動への攻勢，アメリカのデファクト・スタンダードの強要などが顕著となり，「19世紀末以降ほぼ1世紀にわたる資本主義の発展傾向を螺旋的に逆流させている……」(11ページ)。世界経済は，1970年代初頭にはインフレの悪性化とともに，労働力と一次産品に対する資本の過剰蓄積が深刻化して，経済危機に直面する。それとともに資本主義は，高度情報技術をいたるところに取り入れて，国際的国内的に企業の競争力を再強化していく。こうしてそれまでの「……資本主義の発展傾向は，企業の行動様式，労働組合の役割，国家の経済機能の三面にわたり大きく逆転されて，自由で競争的市場での個人主義的な利益の追求が……推進されつつある」。「しかし……新自由主義の主張は現実に大きく裏切られつつある。為替相場の変動をめぐる投機取引の膨脹，株価や地価のバブルとその崩壊による経済生活の不安定，企業の『合理化』による解雇，失業，就職難の深刻化，実質賃金の停滞・低下，社会的配慮を欠く女性労働力の大量動員にともなう少子化，資産と所得の格差の拡大，環境問題の深刻化など，いずれも資本主義経済に本来的な作用原理にかかわる諸問題が，現代的な様相のもとに噴出している」(13ページ)。

「その意味で，われわれは資本主義の現代的発展のなかで，はからずもマルクスに再会する。いわば原理的な時代に原理的な問題を再考するよう促されて

いる……」。「……現代の社会主義は，世界的にみるとソ連型社会の崩壊により最終的に未来を失ったとはとてもいえない。中国では，社会主義市場経済の大規模な実験が続けられている。ロシアでは，新自由主義によるショック療法の失敗をうけて，民主的政治体制を尊重しつつ，生産手段の公有制による計画経済復帰で経済の安定化を図る共産党の路線に民衆の支持がかなり回帰しつつある。東欧では西欧とともに社会民主主義をめざそうとする政権が，かつての共産党もしくはそれにあたる政党の自己革新により，しばしば成立している。現代の社会主義も，少なくとも見通しうるかぎりでの中期的展望としては，資本主義とおなじく，むしろ多型的な発展の可能性を広げているのではなかろうか。とくに，中国から，ベトナム，キューバに広がりつつある社会主義市場経済は，土地や重要企業などの生産手段の公有制を基礎としながら，市場経済の刺激や調整作用を組み込む市場社会主義の可能性を探るものである」(16ページ)。また「……世界的にはとくに1970年代以降の欧米マルクス・ルネッサンスの展開をうけて，西欧では，ソ連型社会の呪縛から解放されてマルクスがわれわれのもとに帰ってきているともいわれ，思想と理論の面からも社会主義の可能性が，広く再評価されつつある」。「……それをふまえ，さらに積極的に未来にむけて，とくにフェミニズム，エコロジズムを組み込み，国家主義的でない社会主義への可能性が，企業，労働組合，協同組合，地域の生活にそくした社会的活動の意義と重ね合わされて，多面的に探られつつある」[6](17ページ)。

(6) なお伊藤誠「現代資本主義のグローバリゼーション」同編『現代資本主義のダイナミズム』(御茶の水書房 1999年)の「結語—21世紀への日本の選択—」(28ページ)と，同「宇野弘蔵と『資本論』」(『アソシエ』第6号 2001年)，同『現代の社会主義』講談社学術文庫 1992年，同『現代の資本主義』講談社学術文庫 1994年，伊藤・野口真・横川信治編『マルクスの逆襲』日本評論社 1996年も参照されたい。

　伊藤氏の議論の基軸は，資本主義経済に本来的な作用原理にかかわる諸問題が現代的な様相のもとに噴出している，したがってマルクスが見直されつつある，そしてロシア共産党や中国などでの市場社会主義に社会主義の復活を求め

ようとするものである。氏の議論を復活する社会主義論とした所以である。なお現代の社会主義も中期的展望としては資本主義とおなじくむしろ多型的な発展の可能性を広げている，というのは予測の域を越えないので何ともいえないが，現在のグローバリゼーションはそれを遥かに越える勢いで世界を席巻するのではないか。実際中国が，多国籍資本の導入による経済発展やIT化を進めている事実をみると「多型的な発展の可能性」よりも，グローバル化の渦に巻き込まれる可能性の方が大といわざるをえない。

第3節　グローバル・ソーシャリズム史観と経済学の限界

　さてわれわれは，もっとも難しい段階に到達した。宇野のいうように，経済学と社会主義イデオロギーは厳しく峻別されなければならない。しかしそうでありながら，第一次大戦後の世界史をソ連型社会主義への過渡期と規定した宇野の誤謬をみた。にもかかわらず，宇野派から社会主義論が多数登場した事実もみた。そしてそれはたんなるイデオロギー的自己主張ではなく，現在の社会状況を放置しておけないという危機感から生じたものであったと考えたい。それなくしてマルクス経済学もありえないからである。しかしそれにも限界があった。こうしてわれわれは，経済的土台がいかに，そしてどこまで社会的変革を準備しているかを検討する。しかし社会は変化するものである。未来を予測することはできない。ここで提起するグローバル・ソーシャリズム史観は，その間隙を埋めようとするものであるが，その限界をも十分承知してのことである。したがって以下の議論は，社会変革の処方箋を提起したり，宇野のいう〈実践活動の基準〉に役立つものでもない。

A　新たな労働力の普遍化現象の課題と方法

　ここでも対立する二つの議論を手掛かりとしよう。両者ともにウォーラースティンの流れを汲む世界システム論を論理基軸としている。室井義雄は，森田桐郎編『世界経済論』(ミネルヴァ書房　1995年) 第1章において，「……我々は，『資本主義』を『資本制的生産を基軸として様々な非資本制的諸関係を包

摂・統合し，統一的な分業体系を形成している世界的な経済システム』と規定する。……そしてこの『世界経済』は，……〈中心―周辺〉という大きな構造的連関の中にあって，『支配―従属』，『宗主国―植民地』，『資本制―非資本制』，あるいは『西欧―非西欧』という，複数の対立軸の重なり合いによって構成される複合的構造をもつものとして形成され，また歴史的に展開してきた……」（6ページ）という。そして資本主義の歴史段階を，第一段階＝重商主義期，ウォーラースティンのいう「ヨーロッパ世界経済」，第二段階＝自由主義期（植民地主義），第三段階＝多国籍企業による周辺部の統合・包摂期，つまり開発主義と「世界的分業の構造変化」期（30～31ページ）とする。労働力の供給問題についても「……資本蓄積に必要な労働力は資本制生産様式のモデル内で供給されるという伝統的解釈から離れて，世界的規模での資本蓄積において，資本制領域で調達される『二重の意味で自由な』賃労働のみならず，非資本制領域から供給される多様な『不自由な』労働諸形態が活用されるものと考える……」（12ページ）という。

(7) Wallerstein, Immanuel, *The Modern World-System : Capitalist Agriculture and the Origins of the European World-Economy in the Sixteenth Century*, Academic Press, 1974.（川北稔訳『近代世界システムⅠ』岩波書店 1981年），Wallerstein, Immanuel, *Historical Capitalism*, Vero Press, 1983.（川北稔訳『世界システムとしての資本主義』岩波書店 1985年）

この議論に沿って同著第6章で竹野内真樹は，第二次大戦後の「労働市場国際化の二つの形態」として，①多国籍企業による周辺部の賃金労働化，②第三世界の労働者の中心部への流入を指摘する。そして一般商品の概念とは異なるが，現在「世界労働市場」を形成しているという。それはけっして完全な移動や賃金の平等を意味するものではない。「そうした差異を根拠として，資本は，労働力の選択と調達を世界的な広がりの中で行い，さまざまな種類の労働を自らの生産過程において結合しているのである。……換言すれば，戦後の世界的規模での資本蓄積に規定された，資本の移動と労働の移動の相互連関及びその特徴は，世界労働市場の階層的ヒエラルキーとそこで展開される労働力の充用

においてみることができるのである」(203ページ)。

　他方,同様な方法をとりながら式部信は,柳田侃・奥村茂次・尾上修悟編『新版・世界経済』(ミネルヴァ書房　1998年)第14章においてつぎのように労働力問題を論じている。現代ほど国際人口移動が大規模・活発に展開された時代はない,という議論があるが,「20世紀だけを考えた場合でもこれは疑わしい。国際人口移動を誘発する最大の要因と言えば,最近の湾岸戦争や旧ユーゴスラビアの内戦の例からも推察されるように,戦争である。今世紀になって人類は『世界戦争』と呼ばれるような大規模な国際戦争を二度ほど経験した。国際人口移動が最も活発に展開した時期といえるのは,やはり,そうした大戦争だろう。ヨーロッパ大陸とアメリカ大陸との関係で言えば,今世紀の初頭も国際人口移動が盛んに行われた時期として知られている。要するに,過去のどの時代にもその時々の世界人口の大きさに応じたかなりの規模の人口移動が存在していたのであり,現在になって国際人口移動が急に活発になったり,大規模になったりしたわけではない。

　しかし,世界的に見て,国際人口移動という現象が一つの社会経済現象として現代ほど注目されたことはかつてなかった。しかも,この現象に対する社会の関心は近年ますます強まる傾向にある。これは国際人口移動やそれから派生するさまざまな問題に対してわれわれの感度がそれだけ敏感になったことの証だろう。その意味からすると,確かに現代は,国際人口移動の重要性が歴史上最も高まった『国際人口移動の時代』である」。またその関心の向上は,「近年になって国際人口移動に関係する国々の数が増えてきたということに過ぎない」。「国連の人口統計によると,1965年現在の外国生まれの人口は世界全体で約7600万人であった。85年にはその数が1億600万人に達し,さらに95年には1億2500万人を越えたといわれる。しかし,世界の総人口に占める外国生まれ人口の割合は2％余りで,この30年間ほとんど変わっていない」(316～317ページ)。そして「国際労働移動のゆくえ」では,国際人口移動の加速化は今後もつづくと予想されるが,現在の加速化の原因はソ連や東欧社会主義の崩壊にあり,一過的なものにすぎない。1992年以降先進国の不況によ

って安定化しており，今後加速化が進むとすれば，それは先進国の雇用が急速に拡大する時である，という。

　まず後者，式部信の議論の意義は，国際人口移動を誘発する最大の要因を戦争に求めていることである。そしてその戦争は，部分・地域紛争は別として，世界戦争として第一次大戦以後のことである。つまり第一次大戦後を過渡期世界経済論としての対象としうるものとなっている。しかしそれはまた二度にわたる世界大戦の，労働力商品化の無理を原因とする，労働力問題の国民国家的包摂の限界の視点が欠如した重要な難点を有する。すでに第1章で既述のとおりである。もともと世界システム論は，資本の蓄積様式や産業・生産力の歴史的相違，労働力商品化の無理などを無視したものだからである。[8] それは非歴史的なものであり，その意味で世界システム論をそのまま踏襲した難点だらけの議論である。

(8) 宇野派の世界システム論批判として，樋口均「ウォーラースティンの世界システム論」(『actes』第4号　1988年) を参照されたい。

　さらに式部の議論の難点は，現在になって国際人口移動が急に活発化・大規模化したわけではなく，外国生まれの人口の割合は2％余りで，この30年間変化がない，としている点である。なぜなら外国生まれの人口の割合は，フローの問題であって，ストックの部分を欠落させているからである。先住民族アメリカ・インディアンのシェアが少ないから，アメリカが西欧人の国で移民国でないというのと同じ誤謬である。それは累積的に膨張するからである。また1992年以降は安定化しており，今後加速化が進むとすればそれは先進国の雇用が急速に拡大する時であるという議論は一部妥当であるが，重化学工業資本の過剰化を原因とする資本のグローバル化と，後にみるIT労働力の国際化を無視した産業論なき議論である。

　これに対して前者，室井義雄と竹野内真樹の議論は，世界システム論の範疇にありながら，現在を第三段階として戦後の労働市場国際化の二つの形態として，①多国籍企業による周辺部の賃金労働化，②第三世界の労働者の中心部への流入を指摘している点で評価できる。しかしその根拠となる世界的資本の過

剰化や労働力商品化の矛盾，さらにそれを根拠とする国民国家的労働力商品の包摂の限界などは欠落したままである。たしかに国際的な階層的ヒエラルキーによる労働力の充用は事実であるが，それは1960年代に始まったことではない。過去における奴隷労働や移民者への差別のほうが，はるかに階層的ヒエラルキー的である。むしろ現在は極限状態の移民・難民・出稼ぎでないかぎり，大きく緩和されているのが事実である。それは戦後の福祉国家体制によるものではあるが，その限界に直面しつつも，たとえば後にのべるIT労働では外国人労働者の積極的雇用が図られている。先進国における産業空洞化の意味づけもない。いずれにしろ世界システム論の限界を示している。

新たな労働力の普遍化現象

すでに第1章において，新大陸の発見以降のアメリカへの移民，自由主義期におけるイギリスへの出稼ぎと相対的・潜在的過剰人口によるアメリカへの大量移民の事実をみた。しかしそれは資本主義の形成期ないし自由主義期の「市場」を基軸とする移民問題であった。それは〈資本主義の成立・発展期の労働力の普遍化〉であった。

だが帝国主義期への移行は，ドイツとの間に労働力問題の国民国家的対立を招いて第一次大戦を勃発させた。大戦は難民，移民の原因となった。さらに戦後は米ソの冷戦体制が形成されたが，労働力の流動化は地域戦争のたびに増大した。それをわれわれは〈現代的労働力の普遍化〉の過程とした。先進国は福祉国家体制によって労働力問題を解決しようとしたが，それは一国的方策であって他国に対しては排他的であった。

こうしてここでは，ソ連崩壊後の民族紛争の激化，多国籍企業のNIEsへの資本輸出，IT革命などによる〈新たな労働力の普遍化〉現象を検討しよう。それは第2章のグローバリゼーションの検討でのべたように，第二次大戦後の世界経済における〈新たな資本の普遍化〉現象の，おそらく最終的と考えられる意義をさぐるものでもある。

ソ連崩壊後の民族紛争の激化

すでにベトナム戦争後に大量難民がアメリカやアジアに流出していた。中国

の「市場経済化」後は，規制を解かれた労働者がアメリカやアジアに流出した。ソ連崩壊後はキューバからアメリカへの難民も増えた。新生ロシア連邦からの独立運動も激化した。とくにソ連邦時代に経済的に抑圧されていたイスラム系住民の多い国で，内乱や独立運動が激化した。チェチェン紛争（1994年〜）では2001年事実上の独立を認めた。

　ソ連の崩壊は冷戦構造を解体して，それまで米ソの二極構造の内部で潜在化していた民族紛争を一挙に世界的に発現させた。ソ連型社会主義による労働力問題の解決が限界に直面したのである。これに拍車をかけたのが，多国籍企業によるNIEsへの投資＝発展と，周辺国での移民・難民・出稼ぎであった。後発アフリカ諸国では民族紛争が頻発した。冷戦体制の終結による米ソからの過剰武器がこれら諸国に密輸出されたのも一因となった。

　現在史上空前の2200万人の難民が冷戦終結後発生したといわれている。また激動の10年ともいわれている。UNHCR（国連難民高等弁務官事務所）による難民の支援に関するものだけでも，湾岸戦争（1991年）でイラク北部でクルド難民が発生し，180万人が国境に押し寄せた。また旧ユーゴスラビア内戦・独立（スロベニア，クロアチア，マケドニア，92年3月ボスニア・ヘルツェゴビナ独立）でも難民が発生した。さらにルワンダでは1994年にザイールに100万人を越える難民が集中した。1998年バルカン半島コソボでふたたび民族紛争が発生し，NATO軍による空爆で難民が発生した。この他バルカン，チェチェン，アフガニスタン，シオラレオネでも民族対立による難民が10年で2倍に増加した。なおロシア連邦になっても，ロシア系ユダヤ人への迫害があり，イスラエルに亡命したロシア系ユダヤ人はイスラエル人口の6分の1の100万人にのぼった。多くのばあい貧しい後進国が中心であり，労働力商品化の矛盾が集中して爆発している。

多国籍企業のNIEsへの資本輸出と産業空洞化

　ここでは多国籍企業の，1980年代以降の低賃金を活用した資本輸出と，その先進国の労働者に及ぼす影響，すなわち産業空洞化現象を理論的に考察する。もちろんそれは〈新たな労働力の普遍化〉に焦点をしぼったものである。

すでに第2章において，多国籍企業の発展が，戦後のアメリカ重化学工業資本の過剰にあったことをみた。そしてそれは，先進諸国の復興・発展にともなう貿易摩擦を契機として，リストラの断行と低賃金労働を利用するためにNIEsへの対外投資を増加させた。その技術的根拠となったのが，貿易摩擦のもとで国際競争力を図る ME 化であった。こうして多国籍企業は後進諸国投資へと比重を移して，世界中の可能な諸国への資本のグローバル化を展開したのである。それは，最近の多国籍企業の活躍を，諸氏のいう，グローバリゼーションという新たな現象の一因としたのである（図4.1 参照）。

それは労働問題にいかなる影響を与えたか。労働力の流動化＝その普遍化には，①積極的な移民・出稼ぎと，②間接的な多国籍企業による現地労働者の雇用がある。②は，中枢の経営者は外国の機能資本家であるが，多国籍企業による現地労働者の雇用は，間接的に〈新たな労働力の普遍化〉の根拠となる。つまり多国籍企業資本の，投資状況，利益，雇用，賃金によって，かれらの労働・生活のすべてが支配されるのである。さらにそれが自国民族資本と提携されるばあいは，両国資本の動向に雇用・賃金も規定されることになる。多くの

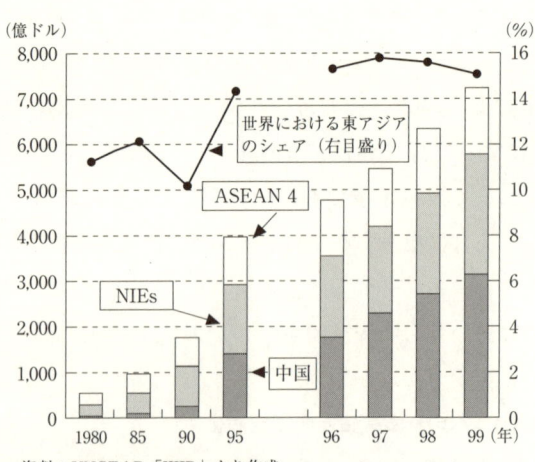

資料；UNCTAD「WIR」より作成。
出典；経済産業省『通商白書』ぎょうせい 2001年

図 4.1　対東アジア直接投資額（ストック）および対世界シェアの推移

ばあい後進諸国では国家による資本誘致が行われるので，それは〈動かざる労働力の普遍化〉現象を呈する。国境を越えたM&Aも同様な機能を有する。もちろんそれは国民国家を解体することはないが，少なくともその労働力の国民国家的包摂の限界を，つまり国民国家的利害対立を緩和させるのである。だがこれに対する反発要因もある。アラブ諸国の石油メジャーがOPECを追放された例が典型的である。それは石油資源の有限性がナショナリズムを台頭させ，かつドル＝金兌換停止がオイルダラーを減価させたからであるが，むしろ特殊な例である。低開発国の多くは失業と貧困に直面しているから，「開発主義」の援助者を必要としたからである。

こうして多国籍企業の発展は労働力を普遍化させる。その点は先進諸国での産業空洞化に集約して現われる。すなわち先進国での雇用の減少と賃金の低下，リストラと労働諸条件の悪化，関連企業の設備の過剰，国全体のGDPの低下などである。それはナショナリズムの台頭の原因となるが，資本の生き残りを賭けた活動も国民国家的利益を代表するものとして否定しにくい。極めて複雑な労働力状況を生むのである。

IT革命による新たな労働力移動問題

アメリカでのIT革命は，ICハード面での日本の躍進やNIEsの追い上げを，ソフト面で先行する現実を最大限活用して経済的復活を企図した結果の産物であった。アメリカ特有の先発明主義による知的所有権の保護や特許をいちはやく世界標準とさせ，かつ強要する対外政策を展開したことはすでにみた。

ソフト開発には，多様な発想が，すなわち多様な民族を包摂するアメリカに有利だといわれている。日本がこれに遅れているのは，画一的教育や中流標準化だといわれている。日本の政財界や文部科学省が，近年数学・物理の飛び級や教育改革に奔走しているのはその証左である。実際アメリカでは，それでも不足するソフト労働者を，1990年代に海外から多く流入させた。ICがシリコンバレーの重要な労働力になっており，Iがインド人，Cが中国人だといわれたのである。

遅れをとった西欧でも日本でも海外IT労働者の採用に，近年躍起となって

いる。まずドイツに西欧を代表させて，IT 労働者の移民状況をみよう。経済企画庁編『世界経済白書〈平成 12 年版〉』（大蔵省印刷局　2000 年）によれば，ドイツでは 2000 年 7 月現在，情報通信関連産業の就業者は 120 万～150 万人に達しているが，なお IT 技術者は 7 万 5000 人不足しているという。約 389 万人もの失業者を抱えていてもである。シュレーダー首相は同年 3 月，この不足を補うために 2 万人のインドや東欧からの移民政策の緩和策を打ち出した。同年 IT 移民を許容する「グリーンカード」法案が可決され，導入された。IT 国アメリカでも，2000 年現在，84 万人以上の IT 労働者が不足している。そこで IT 技術向上に向けた，商務省による「Go for IT !」のホームページや非営利団体による IT 教育「テック・コープ」，その他マイクロソフト社による「マイクロソフト認定資格制度」，シスコ社による「ネットワーキング・アカデミー・プログラム」などが実施されているという。また日本ではインドや中国からの IT 人材受入れを目指した e-Japan 計画で，「技術職」として在留資格をもつ外国人を，今の 1 万 6000 人から，2005 年までに 3 万人に倍増する計画を立てている。大手企業の NEC や東芝も採用の拡大を 2001 年 5 月に発表した。2001 年 8 月には，日韓の間で IT 技術者の入国規制緩和策について基本合意した。なお 8 月下旬の新聞報道ではドイツが IT 技術者の流入に「新移民法」を制定して，年間数万人の移入を目指すとされている。

　流通諸費を削減するための IT 化は，ネットバブルがはじけても，日欧がキャッチアップのために IT 労働者の流入を止めることはないであろう。またアメリカでも追い上げを回避するために IT 労働者の流入をつづけざるをえないであろう。世界的過剰資本を背景とするコスト削減が不可欠だからである。

　桑原靖夫『国境を越える労働者』（岩波新書　1991 年　16 ページ）では，すでに 1980 年段階での移民・難民・出稼ぎは 5000 万人近いと推定されている。以後ソ連崩壊・民族紛争の激化・国境を越えた M&A，多国籍企業の NIEs 投資の拡大と〈動かざる労働力の普遍化〉・IT 労働力のグローバル化などを勘案すれば，現在を〈新たな労働力の普遍化〉過程と規定するに疑いをはさむ余地はない。それは労働力商品化の無理の解決を阻害していた国民国家を直ちに解

体させることはないにしても，いずれ資本の動きや国際機関のあり方に変更を迫るものである。

なお最新のアメリカの国勢調査によれば，スペイン語系のヒスパニックの人口は12.5％で黒人の12.3％を超え，労働力として充用されている。先進国での少子・高齢化にともなう，労働力の確保や市場維持のための移民政策も採られ始めていることを付加しておきたい。アイオワ州では2010年までに移民を中心に31万人を州外から受け入れ，スペイン語教育や低所得者用アパートも整備するという。日本では2000年1月首相の諮問機関「21世紀日本の構想」懇談会は，漸進的な移民の受入れ策を打ち出した。

B 新たな資本の普遍化現象の課題と方法

すでに第1章において，資本に国境はないが労働力商品にはあるとのべた。しかし第2章でみたように，資本にもその普遍化には歴史過程がある。自由主義期のそれが証券投資を中心とする「市場」に基づくものであったのに対して，帝国主義期のそれは直接投資に比重を移し，かつ世界カルテル（第2章注(30)参照）を形成しつつも，結局植民地再分割戦を引き起こした。第一次大戦後には，ドイツの賠償問題に対するアメリカ資本の投資があり，かつイギリスによる国際金融＝短期借りの長期貸しもあった。また大内，安保氏のいう多国籍企業のルーツもあった。しかし資本の動きは，結局国民国家的利害を代表するものであり，ブロック経済やファシズムを帰結して，国際対立，すなわち第二次大戦を引き起こした。戦後のドル散布も国益に沿うかぎりのものであって，ドル危機の発生後は国際的な貿易摩擦を引き起こした。またアメリカ多国籍資本の登場も1980年代までは例外ではない。しかし現在の〈新たな資本の普遍化〉は，国境を越えたM&A，IT革命，大量の国際的労働力の移動とNIEsへの資本投資，先進諸国の産業空洞化＝失業という新局面をもっている。それは資本の国民国家的利害を越えた新たな動向である。諸氏が"グローバリゼーション"と表現したり，国家の機能の衰退を指摘する所以である。その最大の根拠は既述の世界的過剰資本にあるが，一資本や一国では解決しえない多大な問題を包摂するに至ったからである。そこでここでは，その原因と資本の対応を検

討することによって，グローバル・ソーシャリズム史観の経済的根拠としよう．

環境問題と資本の普遍化

宇野派の社会主義論の多くが環境問題の発生の原因が急速な資本蓄積にあり，したがってその解決を社会主義に求めている．たしかにエンゲルス流の，資本主義の社会的生産と私的所有の矛盾に社会主義の根拠を求めるものとは違って，その主張は現実性をもっている．しかし現実的には，グローバルな環境問題は，売上げや企業イメージの問題となるので，資本も無関心ではいられないからである．ただ熾烈な国際競争やコスト問題，さらに莫大な投資資金の必要や新技術，そして国民国家的利害対立がそれを阻んでいるのである．

たとえば地球温暖化防止への国際的取組みは1990年代に本格化し，92年の国際環境開発会議（地球サミット）で，150ヵ国以上が気候変動枠組み条約に調印した（現在は，158ヵ国と欧州委員会が批准ずみ）．1997年には地球温暖化防止京都会議での京都議定書は，先進国と定めた各国が温暖化ガス排出量削減の義務的数値目標を達成することを公約した．だが2000年11月の地球温暖化防止ハーグ会議では，京都議定書で定めたCO_2など六種のガス排出量の削減の国際ルールを合意できなかった．さらに2001年3月にはブッシュ大統領は京都議定書に不支持を表明した．2001年7月のボン会議では，アメリカを置き去りに京都議定書の発効に動きだした．しかし日本の態度は不鮮明で今後の動きは予測できない．

すでに環境問題は一資本・一国では対応できなくなっており，第2章でのべたように，燃料電池車の開発に自動車業界は世界的な再編・集中・提携を進めている．2001年5月にダイムラー・クライスラーは三菱自動車とその共同開発をする方針を固めた．トヨタはGM，米エクソンモービルと提携した．巨大企業連合による開発競争が始まったのである．さらにブッシュ大統領の京都議定書からの離脱発言にもかかわらず，2001年7月の新聞報道によれば，アメリカ産業界は温暖化ガスの削減に向けた自主計画を策定した．原因は，自動車などの燃費改善や充電システムの効率化という新技術を開発しなければ，日欧などとの環境対策の国際競争に遅れて売上げや企業のイメージ・ダウンになる

からだという。デュポン，フォード，アイオワ農業事務局連盟など米中西部の 31 社・団体が 2002 年を目標に温暖化ガス排出権市場「シカゴ・クライメート・エクスチェンジ」の創設準備に着手した。参加企業の排出総量は中西部の約 2 割に相当する。計画は排出総量を 1999 年比で 2005 年に 5 ％削減するというものである。他方，米電力会社エンタジー，英 BP，仏アルミメーカーのベネシーなど 9 社・団体は「気候変動パートナーシップ」を結成して，米環境団体エンバイロメンタル・ディフェンスがノウハウを提供する国境・業種を越えた協力を促すという。また PSEG パワーなど電力 8 社が参加するクリーン・エナジー・グループは発電所の CO_2 の排出規制の法案化を提案している。さらに京都議定書を支持する非営利の専門家組織ピュー＝地球気候変動センターは，会員組織 36 社中 16 社が自主的な削減目標を決めているという。

また EU は，化学物質に対する幅広い規制に乗り出し，年産 1 トン以上の約 3 万種の物質に登録制を導入して，使用方法や安全データの報告を義務づけるとの，2001 年 8 月の報道もある。これが実現されれば世界企業に及ぼす影響は大きい。日本ではソニーが部品調達先を環境対応度で選別するという報道も，同年 7 月にされている。

もちろんそれらが直ちにグローバル・ソーシャリズムの根拠となるものではない。しかし環境問題への対応が資本の活動に大きな規制をグローバルに形成しつつあることは否めない。また一国では資金が莫大すぎる，かつ高度な技術を要する国際宇宙ステーションの建設も，先進各国で進行中である。それがやがて人類の環境や未来に役立つものであればなおさらである。

その他の資本の普遍化要因

現在進行している考えうる新たな資本の普遍化は，①医療関係の国際協力である。それはヒトゲノムの国際協力による解読作業である。2000 年 6 月，アメリカの私的企業セレーナ・ジェノミクスと日欧米同盟の研究国際組織（HUGO）によって，ヒトゲノムの解読がほぼ完了したと発表された。その技術は，自動分析機（1998 年開発）とインターネット IT 技術だといわれている。ここにはアメリカの私的企業の資本的動向と国際協力による解読の相剋がある。

前者は先行するアメリカ企業の秘密主義の開発努力があるが，後者はそれと並行した国際協力の必要を実現したものであった．さらに米企業と国際チームは2001年2月に，解読内容の詳細を研究論文で発表すると共同記者会見した．論文は企業側が米『サイエンス』誌に，共同チームは英『ネイチャー』誌に掲載される．しかし前者は，自社商品を販売しかつ特許出願しているために研究目的以外の利用を認めない，というものである．後者はデータベースに入れて公開するという．これが今後どう展開するか予測不能であるが，国際チームが企業の資本的利益を越えようとしていることは事実である．なお現在，世界とくに後進諸国に蔓延するエイズ＝HIVの新薬が高価すぎるとして国際問題化している点と，その安価な模倣薬が出回り始めていることを指摘しておく．

②は，すでに第2章でのべたITプログラムにおけるリナックスの発展である．それは無料・改造可能などによって企業に急速に普及している．つまり企業にとっては，それが企業独自の必要性において改造でき，かつ無料である点が有益となっている．一方マイクロソフトは，個人には先行技術として，かつ新たな技術習得の繁雑さ，企業ほどの高度性の不必要さにおいてまだ大きなシェアを占めているが，独禁法違反に揺れている．やがて原価近いリナックス・ソフトが普及すれば，国境や資本を越えた情報技術となる可能性がある．

③は，地域統合の進展の動向である．地域統合の歴史は，パクス・ブリタニカから帝国主義期の植民地主義や戦間期のブロック経済，戦後は米ソの冷戦構造（パクス・アメリカーナとパクス・ルッソ）などにもみられるが，EECを前身とするEUは通貨統合や国家統合を最終目標としている点で特徴的である．またそれは加盟国を6ヵ国から15ヵ国に拡大してきた．しかし域内関税は撤廃しているものの，対外的な共通関税を設定している．1994年発効の北米自由貿易協定（NAFTA，米・カナダ・メキシコ3ヵ国）は，域内関税を撤廃しているが，労働市場の統合や各種規制・経済政策の共通化，通貨統合にまで踏み込めない．メスコスール（南米共同市場，1995年，加盟4ヵ国）は関税同盟や投資・サービスの自由化，労働市場の統合，各種規制・経済政策の共通化を目指しているが，域内関税撤廃や通貨統合にはほど遠い．AFTA（ASEAN自由貿

易地域，加盟10ヵ国，1992年合意）は域内関税の引下げ（0～5％）がやっとである。これらをみると，地域統合は弱者の論理で進んでいる。EECが凋落したヨーロッパの回復，NAFTAが停滞化したアメリカの挑戦であったことは明らかである。その他についてはなおさらである。だがEUの通貨統合＝ユーロの創設は，貨幣の資金化したものが資本であることを考えると，その拡大が可能ならば〈最も新しい資本の普遍化〉となるかもしれない。しかし加盟国の利害対立によるユーロ採用・不採用の不統一があるのが現状である。またドイツとイギリス間にEUの「統合」か「連合」かについて確執があるとの報道が最近なされている。それはドイツ経済の発展に対するイギリスの警戒感の現われである。

なお宇野派の諸氏は，ローカルな共同組合的企業・労働を社会主義の未来像としているが，現在の課題はまず国民国家的な労働力商品化の無理を解決する方策が優先されるであろう。現実の動向に逆らうわけにはいかないからである。したがって，われわれのつぎの課題はグローバルな社会主義史観の提起となる。

C　グローバル・ソーシャリズム史観と経済学の限界

本書の課題としたのは，第一次大戦後の世界史をいかに把握するかということであった。そしてそれは，労働力商品化の矛盾の世界的発現期であり，資本主義の過渡期であるというものであった。実際，非「市場経済」的ソ連型社会主義が出現し，かつ拡大した。また「疑似社会主義」ともいわれるワイマール体制も成立した。労資同権化を基軸とするニューディール体制は，第二次大戦後の先進資本主義社会で福祉国家体制として一般化した。戦間期には，ブロック経済やファシズムも登場したが，それぞれ自国の労働力問題を排他的方法で解決しようとしたものであった。戦後の冷戦構造も，外に向かっては資本主義対社会主義の体制間対立を現出させたが，社会主義国家間でも資本主義国家間でも，国民国家的包摂の限界によって労働力問題を解決できなかった。

他方，本書の方法は，第一次大戦後の世界史を，ソ連型社会主義をも包摂する過渡期世界経済論として提起するものであった。すなわち，第一次大戦後を，労働力の商品化の矛盾の世界的解決を，個別的にも世界的にも模索する過程と

してとらえる方法である。

グローバル・ソーシャリズムの根拠

グローバル・ソーシャリズム形成の世界経済的根拠は，すでに詳述した〈新たな労働力の普遍化〉と〈新たな資本の普遍化〉現象にある。覇権国アメリカの経済的衰退とソ連型社会主義の崩壊は，第一次大戦後の国民国家的対立構造を，資本面でも労働力面でも危機に直面させたからである。もちろん1990年代以降のIT革命によるアメリカ経済の復活現象もある。しかしそれは過剰資本を背景とする流通諸費の削減を基軸とするにすぎず，かつEUや日本の追い上げも時間の問題となっており，ネットバブルも21世紀に入ってはじけた。ナショナリズムやリージョナリズム，ローカリズムの台頭もあるが，世界経済の動向はグローバリズムにある。それは不可避的な歴史的過程である。他方その過程で，先進国の福祉国家体制の限界＝失業問題の深刻化や社会保障制度の縮減が現実的となった。強者と弱者の経済構造は，先進国のみならず後進国でのデジタル・デバイドや難民・移民・出稼ぎを激増させて，国民国家を危機に直面させている。それは過去の資本主義史上はじめての多大な矛盾を有した過程である。それを放置したまま，むしろ激化させて歴史が進展するとは考えられない。試行錯誤は不可避であろうが，その解決をやがて国際的に目指す方向を模索せざるをえないであろう。

グローバル・ソーシャリズムへの展望と経済学の限界

従来の社会主義論は，①まず一国革命を出発点としていたこと，②資本主義原理の否定形，たとえば私有に対する国有，資本の廃絶，暴力装置としての国家の廃棄＝共産党の一党独裁などを特質としていた。これに対してグローバル・ソーシャリズムは[9]，今までは考えられなかった形態と内容および過程を経るものと考えられる。グローバル・ソーシャリズム史観は，労働力と資本の普遍化を背景として，まずは現存の国連や各種国際機関の質的変化を図ることを展望する。すなわち，資本や国民国家を残したままその機能の世界化を徹底する方策を模索することから始まる。それ自体永い時間が必要である。しかし後の世代からすれば，あれがグローバル・ソーシャリズムの端緒であったという

ことになる。福祉国家体制も以前の社会に比べれば，社会主義的要素を取り入れたものであった。ただ一国的方策という限界のゆえに，資本の世界的過剰化とグローバリゼーションの荒波に直面しているのである。第1章でみたように宇野も国連の活動に一定の期待を示していた。

(9) international は国際的，国家間の，国際上の，という意味であり，global は球形，地球を意味する。

資本の世界的過剰化は高度成長の終焉による税収減と社会保障の削減を帰結した。グローバル化は大競争と貧富の格差を増幅している。しかし現代は，後の世代からみれば，グローバル・ソーシャリズムの永い産みの苦しみの過程，すなわち過渡期とならざるをえない。それは，資本も国家も階層も残しながら，かつ世界的に労働力の商品化の矛盾を極力抑制したものにすぎない。しかしそれでさえも人類にとっては進歩であるということになる。

それが遅々として進まないばあいは，グローバルな社会変革の主体が登場せざるをえない。それはグローバルな社会変革を必然化させるインパクトに依存する。それが何かは，すなわち何が起爆剤となるかは予想できない。経済学の限界にほかならない。遅れればそれだけ環境問題の激化や失業・福祉（年金）の後退と，貧困・飢餓の国家間格差を増幅する。若い世代の憂鬱と閉塞感の原因がそこにある。

主要参考文献

(五十音順，本文および注で引用した以外のもの)

石弘光監修『財政構造改革白書』東洋経済新報社　1996年
岩田弘『マルクス経済学』上・下　盛田書店　1967年
岩田弘『現代国家と革命』現代評論社　1971年
宇野弘蔵監修『講座・帝国主義論の研究』「1帝国主義論の形成」,「2世界経済」,「3アメリカ資本主義」,「4イギリス資本主義」,「6日本資本主義」青木書店　1973, 1975, 1973, 1975, 1973年
宇野弘蔵『宇野弘蔵著作集』全10巻，別巻1　岩波書店　1973～1974年
宇野弘蔵『経済学を語る』東京大学出版会　1967年
宇野弘蔵『資本論50年』上・下　法政大学出版局　1970, 1973年
宇野弘蔵『経済学の効用』東京大学出版会　1972年
宇野弘蔵『資本論に学ぶ』東京大学出版会　1975年
宇野弘蔵・藤井洋『現代資本主義の原型』こぶし書房　1997年
遠藤湘吉編『帝国主義論』下　東京大学出版会　1965年
遠藤湘吉『財政投融資』岩波新書　1966年
大内力編『現代資本主義の運命』東京大学出版会　1972年
大内力編『現代資本主義と財政・金融』全3巻　東京大学出版会　1976年
大内力編『現代の景気と恐慌』有斐閣　1978年
大内力『大内力経済学大系・帝国主義論』第4巻　第5巻　東京大学出版会　1985年
大内秀明・鎌倉孝夫・新田俊三編『講座・現代資本主義』全6巻　日本評論社　1975, 1975, 1976, 1975, 1975, 1976年
大内秀明・柴垣和夫編『現代国家と経済』有斐閣　1979年
大蔵省財政史室編『大蔵省史』第3・4巻　大蔵財務協会　1999年
金子勝『反グローバリズム』岩波書店　1999年
鎌倉孝夫『スタグフレーション』河出書房新社　1978年
鎌倉孝夫『現代社会とマルクス』河出書房新社　1984年
河村哲二『パックス・アメリカーナの形成』東洋経済新報社　1995年
河村哲二・柴田徳太郎編『現代世界経済システム』東洋経済新報社　1995年
河村哲二『第二次大戦期アメリカ戦時経済の研究』御茶の水書房　1998年
現代インフレ研究会編『現代世界のインフレーション』有斐閣　1981年

厚生省編『厚生省五十年史』〈記述篇〉　中央法規出版　1988年
工藤章編『20世紀資本主義Ⅱ』東京大学出版会　1995年
佐藤進・宮島洋『戦後税制史（増補版）』税務経理協会　1982年
柴田徳太郎『大恐慌と現代資本主義』東洋経済新報社　1996年
渋谷博史・丸山真人・伊藤修編『市場化とアメリカのインパクト』東京大学出版会　2001年
鈴木武雄『日本公債論』金融財政事情研究会　1976年
鈴木直次『アメリカ産業社会の盛衰』岩波新書　1995年
佗美光彦『大恐慌型不況』講談社　1998年
武田隆夫編『帝国主義論』上　東京大学出版会　1961年
武田隆夫・林健久編『現代日本の財政金融』Ⅰ・Ⅱ・Ⅲ　東京大学出版会　1978, 1982, 1986年
塚本健『ナチス経済』東京大学出版会　1964年
東京大学社会科学研究所編『ファシズム期の国家と社会』「3 ナチス経済とニューディール」東京大学出版会　1979年
東京大学社会科学研究所編『福祉国家』全6巻　東京大学出版会　1984, 1985, 1985, 1984, 1985, 1985年
東京大学社会科学研究所編『転換期の福祉国家』上・下　東京大学出版会　1988年
東京大学社会科学研究所編『20世紀システム』全6巻　東京大学出版会　1998年
東京大学社会科学研究所編『戦後改革』「7 経済改革」,「8 改革後の日本経済」東京大学出版会　1974, 1975年
中島将隆『日本の国債管理政策』東洋経済新報社　1977年
納富一郎・岩元和秋・中村良広・古川卓萬『戦後財政史』税務経理協会　1988年
新田俊三編『国境を越えた社会民主主義』日本評論社　1991年
橋本寿朗編『20世紀資本主義Ⅰ』東京大学出版会　1995年
林栄夫・柴田徳衛・高橋誠・宮本憲一編『現代財政学体系』「2 現代日本の財政」有斐閣　1972年
林健久『財政学講義』第1・2版　東京大学出版会　1987, 1995年
林健久・加藤榮一編『福祉国家財政の国際比較』東京大学出版会　1992年
馬場宏二編『シリーズ世界経済』「Ⅰ国際的連関」,「Ⅱアメリカ」,「Ⅲヨーロッパ」,「Ⅳ日本」御茶の水書房　1986, 1987, 1988, 1989年
樋口均『財政国際化トレンド』学文社　1999年
日高晋『マルクスの夢の行方』青土社　1994年

降旗節雄『宇野理論の解明』三一書房　1973 年
降旗節雄『マルクス経済学の理論構造』筑摩書房　1974 年
降旗節雄編『世界経済の読み方』御茶の水書房　1997 年
降旗節雄・伊藤誠編『マルクス理論の再構築』社会評論社　2000 年
馬渡尚憲編『現代資本主義―構造と動態―』御茶の水書房　1992 年
松野充彦編『国債』大蔵財務協会　1983 年
山口重克編『市場システムの理論―市場と非市場―』御茶の水書房　1992 年
楊井克巳編『世界経済論』東京大学出版会　1961 年
楊井克巳・石崎昭彦編『現代国際経済』東京大学出版会　1984 年
横山和彦・田多英範編『日本社会保障の歴史』学文社　1991 年
吉田震太郎編『80 年代の国家と財政』同文舘　1988 年

自由国民社編『現代用語の基礎知識〈2001〉』自由国民社　2001 年
日本経済新聞社，共同通信社・記事

あとがきに代えて

　かくして宇野派に残された課題は三つある。一つは第1章でたんなる指摘に止まった帝国主義論の再構築であり，二つはやはり序章で指摘に止まったソ連型社会主義の現状分析としての理論的整理である。最後は，それらを総合した，過渡期世界経済論の現状分析としての理論的整理である。すべてを一人でなしうるとは考えられないが，少なくとも帝国主義論の再構築と，ソ連型社会主義の現状分析としての理論的整理くらいは，つぎの課題として果たしたいと思う。

　私事ながら，旧・東京教育大学（および筑波大学）と帝京大学の教授をされた今は亡き大島清先生と，大島先生のもとで同じ経歴を経られた現・国士舘大学教授の榎本正敏先生に，この拙き書を捧げたい。いつのことだか忘れたが，院生時代に，「われわれは宇野先生を越えられるのでしょうか」と不遜にもたずねたことがある。榎本先生は，「宇野先生のされていない現状分析だ」と答えられた。大島先生は，「長生きすることだ。歴史は変わるものだから」と答えられた記憶がある。定かでない遠い記憶である。

　大島ゼミでは，先生はあまり発言されなかった。われわれの議論があまりにも低級だったのかもしれない。しかし最後まで聞き入っておられた。そして重要な点になると，基本的な点で再考するよう求められた。多くのことを教わったのは榎本先生である。それゆえ榎本先生なくして現在の自分はありえない。しかし以後歴史は大きく変動した。したがって両先生とは，大小含めて異なった結論となった部分をお許しいただきたい。

初出一覧

序　章　現状分析の課題と方法―宇野経済学の危機と再構築―
　第1節　宇野経済学の危機
　　＊書下し。
　第2節　現状分析の課題と方法―宇野経済学の再構築―
　　＊「戦後日本型福祉国家財政の展開と限界」（『岐阜大学教育学部研究報告＝人文科学＝』第49巻第1号　2000年）の序章の前半部分に加筆・修正。

第1章　過渡期世界経済と労働力の普遍化
　　＊「宇野・三段階論と新段階論の検討」(『岐阜大学教育学部研究報告＝人文科学＝』第46巻第2号　1998年) を改題し，加筆・修正。
第2章　過渡期世界経済と資本の普遍化
　　＊書下し。
第3章　戦後日本型福祉国家財政の展開と限界
　　＊「戦後日本型福祉国家財政の展開と限界」(『岐阜大学教育学部研究報告＝人文科学＝』第49巻第1号　2000年) の序章の後半部分と第1章とむすび部分を加筆・修正。
第4章　宇野派の社会主義論とグローバル・ソーシャリズム史観
　　＊書下し。

著者略歴

松本和日子
　1941年6月15日生れ
　1974年東京教育大学大学院経済学専攻博士課程単位取得退学
現　在　岐阜大学教育学部教授
主　著　榎本正敏・丹下博之・樋口均・松本和日子『財政・金融』（大島清監修『総説・日本経済2』東京大学出版会　1978年）
　　　　武田隆夫・林健久編『現代日本の財政金融』Ⅰ，Ⅱ，Ⅲ　東京大学出版会　1978，1982，1986年
　　　　大野和美・鎌田一義編『現代世界経済の研究』学文社　1994年
　　　　松本和日子『現代資本主義分析の課題と方法』学文社　1994年
　　　　現代日本経済研究会編『日本経済の現状〈1999年版〉』学文社　1999年

過渡期世界経済論の課題と方法
マルクス＝宇野経済学の再構築とグローバル・ソーシャリズム史観

2002年2月10日　第一版第一刷発行　　　　　◎検印省略

著　者　松　本　和　日　子

発行所　株式会社　学　文　社
発行者　田　中　千津子

郵便番号　　153-0064
東京都目黒区下目黒3-6-1
電話番号　03（3715）1501（代）
振替口座　00130-9-98842

© Matsumoto Kazuhiko 2002
乱丁・落丁の場合は本社でお取替します　　印刷所　シナノ
定価は売上カード，カバーに表示

ISBN 4-7620-1099-5

◇◇◇学文社の経済学図書◇◇◇

新版経済学用語辞典
佐藤武男／舘野敏 編
経済学全般にわたる用語905項目を広く解明した現代人の生きた座右の書。学生及び一般向き。
四六判　　　　2000円（税別）

スウェーデンの労働と産業
――転換期の模索――
篠田武司 編
グローバリゼーションの嵐の中で，スウェーデン福祉国家はいかに変貌を遂げつつあるのか，労働と産業の面から実態調査をもとに解説。
A5判　　　　2300円（税別）

成果主義・業績運動の報酬制度論
尾西正美 著
成果主義や業績連動をキーワードとする報酬制度を導入している企業の賃金制度や賞与制度等の仕組みや内容を解明。
四六判　　　　2200円（税別）

上高地・緑陰のマネー経済講座
――これならわかる、外国為替・株式・デリバティブのしくみ――
吉原龍介 著
マネーの正体，外国為替や株のしくみ，金融の妖怪といわれるデリバティブの謎を探る。
四六判　　　　2000円（税別）

日本社会保障の歴史
横山和彦／田多英範 編
日本経済の展開過程を基本に，社会保障制度確立期，拡充期，改革期の三期に分けて詳述。
A5判　　　　2800円（税別）

貿易・為替用語小辞典
山田晃久／三宅輝幸 著
国際貿易に関わる用語550項目を精選。実務で最低必要な知識を要約し，詳しい解説を付す方式を採用!!
四六判　　　　1500円（税別）

日本経済の現状【2001年版】
現代日本経済研究会 編
総特集をIT革命として、IT革命が資本主義の構造変化をもたらし新たな発展の一時代を導くのかを問う。アメリカと、日本の現状を解説。
A5判　　　　2000円（税別）

財政国際化トレンド
樋口 均 著
財政国際化〈世界体制維持コストの分担〉という観点から，IMF体制崩壊以降最近の日本の財政政策を，世界経済と関連させて考察。
A5判　　　　3800円（税別）

労働過程論の展開
鈴木和雄 著
本書は，欧米の労働過程論の研究成果を中心に，現代の職場の構造をつくりあげている労働者統制システムと，これが生み出す諸問題を明らかにした。
A5判　　　　3800円（税別）

北朝鮮と東北アジアの国際新秩序
小林英雄 編
2000年に入り急転した朝鮮半島をめぐる政治・経済・外交面での情勢を日本，中国，米国との相互関連のなかで分析。
四六判　　　　2300円（税別）